RECHERCHES

MONTJEU & SES SEIGNEURS

L'ABBÉ DORET & A. DE MONARD

PREMIÈRE PARTIE
LES SIRES DE MONTJEU

PARIS

RECHERCHES

SUR

MONTJEU & SES SEIGNEURS

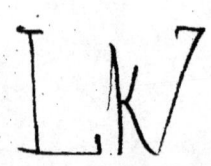

RECHERCHES

SUR

MONTJEU & SES SEIGNEURS

PAR

L'ABBÉ DORET & A. DE MONARD

MEMBRES DE LA SOCIÉTÉ ÉDUENNE

PREMIÈRE PARTIE

LES SIRES DE MONTJEU

1279-1596

PARIS	AUTUN
HONORÉ CHAMPION, LIBRAIRE	DEJUSSIEU PÈRE ET FILS
15, QUAI MALAQUAIS	IMPRIMEURS ÉDITEURS

MDCCCLXXXI

EXTRAIT DES MÉMOIRES DE LA SOCIÉTÉ ÉDUENNE
(NOUVELLE SÉRIE), TOME IX.

MONTJEU ET SES SEIGNEURS

PREMIÈRE PARTIE

LES SIRES DE MONTJEU

1279 - 1596

Nous publions aujourd'hui la première partie d'un travail sur Montjeu et ses seigneurs. On y trouvera tout ce qu'il nous a été possible d'apprendre sur l'origine de cette seigneurie célèbre dans l'Autunois, et sur la première famille féodale qui en porta le nom.

La plus grande partie des documents qui ont permis de reconstituer la liste non interrompue des possesseurs de ce fief, pendant trois siècles complets, a été fournie par les riches archives de Montjeu [1]. Un grand nombre d'autres cependant provient des archives de la Côte-d'Or, de celles de la ville et de l'évêché d'Autun. Les protocoles des notaires autunois ont aussi procuré plus d'un renseignement utile.

Nos amis et collègues, MM. Anatole de Charmasse et Harold de Fontenay, ont bien voulu contribuer à nos recherches, et nous communiquer de nombreuses notes recueillies par eux. Nous ne saurions trop les remercier de leur précieux concours.

---

[1]. Mme la comtesse de Talleyrand-Périgord a bien voulu faire pour moi une gracieuse exception et me permettre de consulter les archives de son château de Montjeu; aussi mon premier devoir est-il de lui offrir l'hommage de ma reconnaissance. ABBÉ DORET.

Ayant entrepris ce travail surtout au point de vue local, nous avons cru ne devoir omettre aucun détail sur les lieux et les familles. Nous avons en outre reproduit en pièces justificatives le plus possible de chartes inédites, et notamment des reprises de fief et des dénombrements des diverses seigneuries ayant constitué le domaine des sires de Montjeu. Aussi ce qui dans notre intention première ne devait être qu'une simple notice est-il devenu une réunion de renseignements sur l'Autunois, groupés autour du sujet principal aussi clairement que nous l'avons pu.

Malgré tous nos efforts, il y a encore bien des lacunes dans notre récit. Il est difficile qu'il en soit autrement toutes les fois qu'on essaie de faire revivre un passé aussi lointain.

Plus tard, nous publierons la suite de ce travail consacrée au président Jeannin et à sa descendance ; et notre désir est de pouvoir terminer en parlant de Mme la marquise d'Aligre et de sa famille qui, encore aujourd'hui, en la personne de Mme la comtesse de Talleyrand-Périgord, née Le Pelletier de Morfontaine, possède le château historique et la belle terre de Montjeu.

I

ORIGINE DE MONTJEU ET DE SES PREMIERS SEIGNEURS.
FIEF ET CHATEAU DE MONTJEU.

Montjeu [1] est situé au sommet des montagnes qui dominent Autun. Selon une opinion encore accréditée le nom de *Montjeu* serait une dérivation des mots latins *mons Jovis*, et on en a conclu que ces hauteurs boisées avaient dû être consacrées à Jupiter. On a dit même qu'il y avait existé un temple du dieu de la foudre. Mais nous ne croyons pas qu'il faille accorder une confiance trop grande à ces assertions, car on ne connaît, à Montjeu ni aux environs, aucuns vestiges de temple, ni même de constructions gallo-romaines. Nous croirions volontiers que le vieux nom français *Montjeu*, dont l'orthographe a souvent varié, *Mongeu, Monjeu, Monjehu, Montjeul*, est plus vieux que le nom latin *mons Jovis*, traduction prétentieuse due à la vanité des possesseurs, ou à la fantaisie archéologique des clercs des treizième et quatorzième siècles. Une seule fois, nous avons trouvé écrit *Monjouz* [2] qui eût été la dérivation naturelle de *Mons jovis*. En tout cas, la traduction latine du nom de *Montjeu*, tel qu'il est écrit dans une charte de 1288 [3], et qu'il s'écrit aujourd'hui, eut plusieurs variantes ; on trouve simultanément dans les chartes latines : « Dominus de Montejovis, dominus de Montejoci, dominus de Montejoco, dominus de Montejocoso. » Il est à remarquer que la première version paraît principalement dans les documents qui émanent des seigneurs de Montjeu eux-mêmes, tandis que les autres

---

1. Commune de Broye, canton de Mesvres, arrondissement d'Autun (Saône-et-Loire).
2. A. de Charmasse, *Cart. de l'Église d'Autun*, p. 331.
3. A. de Charmasse, *Cartulaire de l'Évêché d'Autun*, p. 149. « Inter terram *de Biere* que est Capituli Eduensis... et inter terram *de la Gravetière* que est domine *de Mont Jeu*... »

se rencontrent presque toujours dans les documents d'origine ecclésiastique.

Montjeu, fief relevant directement du duc de Bourgogne, fut à l'origine un démembrement de la châtellenie de la Thoison, dont le château s'élevait au bord de l'étang qui porte encore son nom [1], sur le même plateau accidenté. La maison forte de Montjeu se trouvait à peine à deux kilomètres du château ducal. Il ne faudrait pas juger des limites du domaine des premiers seigneurs de Montjeu par la configuration du parc actuel. Une partie seulement, celle du côté de Broye, qui verse ses eaux dans la vallée du Rançon [2], au sud, appartenait primitivement à la seigneurie de Montjeu ; la partie du nord, avec ses beaux étangs, qui doivent dater des premiers temps de la féodalité, appartint jusqu'en 1614 au domaine du roi qui avait succédé aux ducs de Bourgogne. Ainsi limitée au nord, la seigneurie de Montjeu s'étendait principalement au sud dans la paroisse de Broye, avec des dépendances détachées à l'ouest et au sud-ouest dans les paroisses de Brion [3] et d'Étang. [4]

Sans pouvoir en apporter une preuve matérielle, nous croyons probable qu'un de nos premiers ducs, détachant Montjeu de la châtellenie de la Thoison, dut l'inféoder à quelque famille du pays autunois dont il voulait reconnaître les services.

Au milieu du treizième siècle, Montjeu appartenait à Guy de Riveau, *de Rebello* ou *de Revello*, chevalier, qui semble l'avoir

---

1. Le château de la Thoison, qui reçut souvent les ducs de Bourgogne au quatorzième siècle, fut détruit on ne sait à quelle époque. En 1589 on avait peine à en reconnaître l'emplacement. Courtépée le nomme le château de *la Toison d'or*. C'est là une assertion fantaisiste ; rien ne rattache ce château au célèbre ordre bourguignon ; il portait ce nom de *la Thoison* deux siècles avant que Philippe le Bon n'eût fondé l'ordre de la Toison d'or, à Bruges en 1429. Nous parlerons plus en détail de la châtellenie de la Thoison lorsque nous serons arrivés, en 1614, à l'époque où le président Jeannin en devint possesseur.

2. Rançon, affluent du Mesvrin qui se jette lui-même dans l'Arroux en aval d'Étang.

3. Brion, comm. du canton de Mesvres, arr. d'Autun.

4. Étang-sur-Arroux, commune du canton de Saint-Léger-sous-Beuvray, arrond. d'Autun.

tenu lui-même de sa femme *Rainiars*. Guy descendait d'une des plus anciennes et des plus importantes familles d'Autun, qui tirait son nom du petit village de Riveau, situé au dessus de cette ville, sous les murs mêmes de son enceinte, au pied de la citadelle ducale s'appelant aussi le château de Riveau, du nom des lieux qu'elle dominait. Cette famille dont le plus ancien membre connu est Ponce de Riveau, chanoine de l'église d'Autun en 1112 [1], fut très nombreuse aux douzième et treizième siècles [2]. Guy de Riveau descendait de Barthélemy de Riveau, chevalier, qui vivait en 1178-1191 [3]. Outre Montjeu et ses dépendances, il possédait une partie de Riveau, et nous savons qu'il avait à lui une forêt au dessus d'Autun [4], qui n'était autre que ce que l'on appela plus tard et encore de nos jours la Garenne de Saint-Claude, et qui depuis lors fut toujours du domaine des seigneurs de Montjeu. Guy était mort en 1253, et il avait laissé trois enfants : Jean et Guillaume, qui, en 1260, avec leur mère Rainiars, reconnurent devoir à l'abbaye de Saint-Martin d'Autun une rente de 20 sols dijonnais pour l'anniversaire de messire Barthélemy de Riveau [5], et Béatrix qui fut dame de Montjeu et qui épousa Guillaume d'Ostun. Le premier des fils, Jean de Riveau, fut seigneur de Vilaine [6] ; quant au second, Guillaume, nous ne savons ce qu'il devint.

Béatrix de Riveau eut pour sa part d'héritage, en 1268, une partie de Riveau, relevant de l'évêque d'Autun, la terre de *la Planchete* [7] dans la paroisse d'Etang, relevant de l'abbaye de

---

1. A. de Charmasse, *Cartulaire de l'Église d'Autun*, p. 89 et 91.
2. Voir à la fin la note sur Antully.
3. A. de Charmasse, *Cartulaire de l'Église d'Autun*, p. 109, 113, 114, 115, 345.
4. Id. p. 180, 263.
5. J.-G. Bulliot, *Essai historique sur l'abbaye de Saint-Martin d'Autun*, t. II, ch. 72.
6. Vilaine, comm. d'Étang-sur-Arroux, arr. d'Autun.
7. La Planchete, si ce n'est pas le nom d'une localité disparue de la paroisse d'Étang, il faut croire que le lieu ainsi désigné en 1297 est ce qui s'appelle aujourd'hui *la Planche*, près de la limite de la commune d'Étang, mais faisant partie de celle de Saint-Nizier.

Saint-Martin d'Autun, Montjeu qui relevait du duc, la Gravetière, Poisot, Montfeneaux, Charmeaux, Champmartin dans la paroisse de Broye, relevant de l'abbaye de Maizières [1], Montigny dans la paroisse de Brion, des terres et des vignes à Dracy-sous-Couches dans la paroisse de Saint-Maurice [2], relevant de même de l'abbaye de Maizières. [3]

Dès 1268 nous trouvons donc entre les mains de Béatrix de Riveau le noyau de la seigneurie de Montjeu telle qu'elle la porta à son mari, Guillaume d'Ostun, qui le premier prit le titre de seigneur de Montjeu.

Montjeu proprement dit, Montjeu-en-Montagne, ainsi nommé à cause de sa situation et pour le distinguer d'une autre seigneurie dite Montjeu-en-Autun, que nous verrons se former au commencement du quatorzième siècle; Montjeu, disons-nous, était à l'origine un petit fief peu considérable, dont les dépendances s'accrurent bientôt par suite d'alliances ou d'acquisitions. Jusqu'à la fin du seizième siècle, le siége de cette seigneurie était une simple maison forte qui se composait d'une tour élevée et d'un corps de logis avec un premier étage, contenant trois ou quatre chambres ; le tout entouré de fossés avec pont-levis. A côté, défendue aussi par des fossés, se trouvait la basse-cour renfermant les granges et les étables. Autour de cette modeste demeure seigneuriale, de ce « chastelet, » selon l'expression plusieurs fois employée dans les vieux titres, se groupaient quelques chaumières de tenanciers, formant un petit village dont la dernière maison ne disparut qu'au commencement du dix-septième siècle. Au dessous, dans le vallon, se trouvait un petit moulin qui, mu par les seules eaux s'écoulant des fossés du château, ne servait guère que pour les besoins du seigneur et de ses gens.

---

1. Maizières, abbaye de l'ordre de Cîteaux, comm. de Saint-Loup-de-la-Salle, canton de Verdun, arr. de Chalon-sur-Saône (Saône-et-Loire).
2. Saint-Maurice et Dracy-sous-Couches, communes du canton de Couches-les-Mines, arr. d'Autun (Saône-et-Loire).
3. V. Pièce justificative, n° LI.

On comprend facilement que les sires de Montjeu aient presque toujours préféré le séjour du château d'Antully ou de leur maison seigneuriale d'Autun à la résidence du châtelet de Montjeu, situé dans une position sauvage et d'un accès difficile. Cependant la seigneurie de Montjeu-en-Montagne était assez importante. Les villages de la Gravetière, de Préau, du Foul, de Champmartin, des Gautheys, le meix de Broye-les-Vieilles, dans la paroisse de Broye, les villages de la Longine, des Fourneaux, le meix de Montigny, dans la paroisse de Brion, dépendaient directement du château de Montjeu. De plus, les seigneuries distinctes de Vilaine, de Montgachot et de Montoy dans la paroisse d'Etang, avaient été réunies à celle de Montjeu. Tous les habitants de ces localités, retrayants du château de Montjeu, étaient tenus d'en entretenir les fossés, et devaient le guet et garde en cas d'éminent péril. Les sujets de la seigneurie de Montjeu étaient mainmortables. Les seigneurs étaient haut justiciers. Un juge ou châtelain, assisté d'un procureur et d'un greffier, rendait la justice en leur nom et tenait des jours séparés à Montjeu, Vilaine et Montgachot. Pour les trois justices, un seul signe patibulaire à deux piliers, érigé sur le territoire de Montjeu, à Montfeneaux, servait aux exécutions des malfaiteurs. Les seigneurs entretenaient en outre un receveur pour toucher leurs cens et leurs tailles, et un capitaine à qui était confiée la garde du château [1]. Plusieurs familles autunoises, comme les Buffot, les Deschaseaux et les Ferrant durent les commencements de leur fortune à ces emplois et à la protection des sires de Montjeu.

Les seigneurs d'Alonne [2] tenaient en arrière-fief des seigneurs de Montjeu la petite seigneurie du Foul [3]; de même la Grange-

---

1. Selon le dénombrement donné au roi en 1549 par Hugues de Montjeu, le châtelain recevait quinze livres tournois par an, le procureur cent sols, le greffier dix livres tournois, le receveur trente livres tournois, le capitaine du château de Montjeu vingt livres tournois.

2. Alonne, aujourd'hui Toulongeon, comm. de la Chapelle-sous-Uchon, canton de Mesvres, arr. d'Autun (Saône-et-Loire).

3. Le Foul, comm. de Broye, cant. de Mesvres, arr. d'Autun (Saône-et-Loire).

Montmorin, dépendance de la seigneurie de Villiers [1], mouvait du château de Montjeu. Ces droits féodaux sur la Grange-Montmorin semblent devoir remonter à une époque très reculée. En tout cas, « le mardy après la quinzaine de Pasques,
» 14 avril 1377, Huguenin de Clugny, citoyen d'Ostun, acquit
» de Louis de Vincelles, escuyer, et de Jeanne de Menesserre, sa
» femme, fille de Jehan de Menesserre, chevalier, la Grange-
» Montmorin, au finage de Villers, vingt soitures de preys y
» appartenans, ensemble les terres de deux charrues de bœufs,
» du fief du seigneur de Montjeu, le moulin de Lucrey, les
» pastures, le meix et la ville de Doirant, vers Mont-Saint-Jean,
» qui appartenoient audit feu chevalier, et les hommes, pour
» le prix de trois cents francs d'or; sauf es choses dessus
» dites, la moitié par douhair à Mme Agnès du Meix, mère de
» ladite femme [2]. » En 1549, le 29 janvier, Léonard Guyot, au nom de noble Claude de Damas, seigneur de Villiers, Commune et la Grange-Montmorin, vint à Autun, en la maison seigneuriale de Montjeu, présenter dénombrement à noble Hugues de Montjeu.

Nous verrons les Montjeu posséder bien d'autres seigneuries : celle de Montjeu-en-Autun, formée de parties des patrimoines des Ostun et des Riveau ; celles de Raveloux et d'Aisey, vieil héritage des Ostun ; Antully, Charbonnières, Champiteau, venant des Loges ; Pommard, venant des Saulx ; Sivry, venant des du Bos ; Aunay, venant des Pioche, etc.....

II

FAMILLE FÉODALE D'OSTUN (DE EDUA).

Avant de commencer la généalogie des descendants de Guillaume d'Ostun, seigneur de Montjeu, mari de Béatrix de Riveau, il nous parait opportun de dire tout ce que nous

---

1. Villiers, comm. du canton de Liernais, arr. de Beaune (Côte-d'Or).
2. *Mémoires manuscrits de Palliot*, t. V, p. 261. Bibliothèque de Dijon.

avons appris sur sa famille, certainement la plus ancienne et la plus considérable qui soit sortie de notre ville et qui néanmoins est si oubliée de nos jours.

Ce nom d'Ostun, *de Edua*, fut probablement donné aux ancêtres de Guillaume, à une époque où les noms de famille n'existaient pas encore, pour les distinguer par leur lieu d'origine, et il sera devenu par l'usage et avec le temps leur nom patronymique. Mais nous n'avons pas cru devoir nécessairement ranger parmi les membres de la famille féodale d'Ostun tous ceux que nous avons rencontrés dans les chartes des douzième et treizième siècles avec la qualification de *de Edua*. Certainement un grand nombre de personnes ne sont ainsi désignées que pour indiquer qu'elles habitaient Autun, ou qu'elles en étaient natives. Aussi, quand nous n'avions pas d'autres indications, n'avons-nous retenu comme appartenant à cette noble famille que les personnages dont les noms étaient suivis des qualifications de *miles*, *chevalier*, ou de *domicellus*, *damoiseau* [1]. Nous conservons à leur nom la vieille orthographe *Ostun*, parce que c'était celle du temps où ils ont vécu. On écrivit quelquefois, très rarement, *Hostun;* mais cet usage ne prévalut pas pour la famille dont nous nous occupons. Une autre famille originaire du Dauphiné, à laquelle appartenait le maréchal de Tallard, et qui s'est éteinte au dix-huitième siècle, porta seule presque invariablement le nom d'*Hostun*. Nous aurons plus loin l'occasion d'établir que ces deux familles n'avaient rien de commun entre elles ; l'une s'éteignait, lorsque l'autre par suite d'alliance apparaissait en Bourgogne.

Le berceau des Ostun semble avoir été la ville basse d'Autun, la ville de Marchaux, ou plutôt le faubourg voisin de

---

1. Ainsi nous n'avons pas cru devoir citer *Reinaldus de Edua, burgensis*, témoin dans deux chartes de 1172 et de 1173 concernant la Sainte-Chapelle de Dijon (*Mémoires de la Commission des antiquités de la Côte-d'Or*, t. VI, 1864, p. 170 et 171), et témoin en 1172 de l'accord fait entre Hugues III, duc de Bourgogne, et Étienne II, évêque d'Autun, relativement aux fortifications des châteaux de Touillon et de Thoisy. (A. de Charmasse, *Cartulaire de l'Évêché d'Autun*, p. 254.)

Saint-Jean-le-Grand; comme la ville haute, dite le château, et le village de Riveau, qui s'abritait sous les murs de la forteresse ducale, étaient celui de la famille de Riveau. Si haut qu'on puisse remonter, les Ostun possèdent à Saint-Jean-le-Grand et aux environs des maisons, des rentes, et presque jusqu'au jour où ils s'éteignent, au seizième siècle, les Ostun de Montjeu conservent quelque chose de ce patrimoine primitif. Fidèles à la tradition de famille, c'est aussi à l'abbaye de Saint-Jean-le-Grand qu'un grand nombre des Ostun ont voulu fonder leurs anniversaires et choisir leurs tombeaux.

Tandis que la famille de Riveau étendait ses domaines sur le sommet et sur les versants des montagnes qui s'élèvent au sud d'Autun, la famille d'Ostun était puissante dans la plaine, en remontant la vallée de l'Arroux, où l'importante seigneurie de Dracy-Saint-Loup lui appartenait. Mais là ne s'arrêta pas son influence, car nous trouvons plusieurs de ses membres possédant, au treizième siècle, des fiefs importants dans l'Avallonnais.

En 1194, Hue d'Ostun, *Huo de Edua*, chevalier, maréchal du duc de Bourgogne, est témoin, avec le vierg Renaud, de la reconnaissance que le duc fit à l'Eglise d'Autun du droit de battre monnaie [1]. La dignité de maréchal a toujours été la plus considérable de la cour de nos anciens ducs; aussi pouvons-nous affirmer que Hue était un grand personnage, et que dès la fin du douzième siècle la famille d'Ostun était la première de notre pays.

Au treizième siècle, les Ostun semblent divisés en deux branches; l'une restée dans l'Autunois, l'autre fixée dans l'Avallonnais. Nous parlerons d'abord de cette dernière sur laquelle nous avons des renseignements plus anciens qui nous manquent pour la première.

OSTUN DE L'AVALLONNAIS. — L'Obituaire de Saint-Lazare d'Avallon nous a conservé le nom de plusieurs Ostun : le 6 des

---

1. A. de Charmasse, *Cartulaire de l'Église d'Autun*, p. 115.

ides d'octobre, Comtesse, femme de Renaud d'Ostun, chevalier; Etienne d'Ostun, damoiseau, mort aux ides de mai ; Gauthier d'Ostun, mort le 6 des ides de mai ; Guillaume d'Ostun, mort le 11 des calendes de novembre 1274. [1]

Renaud d'Ostun, chevalier, le premier cité dans l'Obituaire, doit être le même personnage que celui dont il est question dans une charte de Pérard, comme ayant possédé le fief d'Island avant 1210 [2], et qui, en décembre 1236, vendit au Chapitre d'Avallon ce qu'il possédait à Girolles [3] et à Annéot [4]. Ses fils, N..., Jean, *li Bogrus*, Pierre et Guillaume, ratifièrent la vente faite par leur père [5]. Regnaud, outre les fils cités dans la charte de 1236, eut encore un autre fils nommé comme lui Regnaud. En effet, nous connaissons une lettre de Hugues, duc de Bourgogne, par laquelle il confirme un accord passé entre *Regnaut d'Ostun, fils de défunt Mgr Regnaut d'Ostun, chevalier*, et Guillaume d'Ostun, écuyer, son frère. Par cet arrangement, Regnaud céda à son frère Guillaume toutes les maisons, ouches et rentes qu'il possédait à Avallon et ses cens et gardes au *Mont Ylant* [6]. Guillaume mourut en 1274, selon l'Obituaire de Saint-Lazare d'Avallon. Quant à Regnaud, il a laissé son souvenir attaché à une tour ou maison forte située à Avallon. En 1323, dans la reprise de fief faite au duc par Soyer « de la Mote-du-Saulcy-d'Islan » est mentionnée, entre autres domaines, la quatrième partie de la maison forte située à Avallon, « qui fut de feu Regnaudin dit d'Ostun *(de Edua)* [7]. » En 1328, Jean de Chastellux rendit foi et hommage au duc de Bourgogne pour la vicomté d'Avallon et les « deux

---

1. V. *Histoire généalog. de la Maison de Chastellux*, p. 65.
2. Pérard, p. 310. « Et feodum quod Renaudus tenebat apud Yelent. » — Island, canton d'Avallon (Yonne).
3. Girolles, canton d'Avallon (Yonne).
4. Annéot, canton d'Avallon (Yonne).
5. Max Quentin, *Cartulaire de l'Yonne*, t. III, p. 434. « ..... us et Johannes et li Bogrus et Petrus et Guillermus. »
6. Id. t. III, p. 584.
7. Arch. de la Côte-d'Or, B 10499.

» parz de tour d'Avallon qui feut à Regnaudin de Hostun [1],
» avec les deux parz de toutes les rentes, possessions et emo-
» numents de iceluy tour. » [2]

Les renseignements nous manquent sur les descendants de Regnaud et de Guillaume d'Ostun.

Nous connaissons encore un Guy d'Ostun que nous ne savons comment rattacher aux précédents. Ce Guy d'Ostun, chevalier, seigneur de Domecy-sous-le-Vault [3], avec sa femme Hermine (*alias Herwine*) et son fils aîné Guy, fonda en 1247 une chapelle à Domecy, en l'honneur de saint Léger [4]. Après sa mort, en 1251, Hermine, sa veuve, et son fils Guy, fondèrent à la commanderie de Pontaubert [5] un anniversaire pour le repos de son âme [6]. En 1274, le fils du second Guy d'Ostun, Guillaume de Domecy, damoiseau, reconnut que la collation de la chapelle fondée par son grand-père et son père appartenait à l'évêque d'Autun [7]. Nous ignorons aussi quelle fut la descendance de ce Guy de Domecy, qui dans l'acte de 1274 ne porte plus son nom patronymique, mais seulement le nom de son fief.

Cette branche des Ostun de l'Avallonnais se serait-elle continuée sous le nom des sires de Domecy, comme nous verrons une autre branche des Ostun de l'Autunois n'être plus connue au quatorzième siècle que sous le nom de sires de Montjeu ? Perrin et Regnaud de Domecy, seraient-ils aussi des Ostun, comme Simon de Dracy, dans la compagnie duquel ils servaient en 1375 ? [8]

---

1. C'est une des très rares fois où nous trouvons Hostun au lieu de Ostun, aussi la signalons-nous.
2. Arch. de la Côte-d'Or, B 10501, cité par le comte de Chastellux dans les *Recherches sur les anciens seigneurs de Chastellux*. Avallon, 1868, p. 26.
3. Domecy-sous-le-Vault, canton d'Avallon (Yonne).
4. A. de Charmasse, *Cartulaire de l'Évêché d'Autun*, p. 141.
5. Pontaubert, canton d'Avallon (Yonne).
6. E. Petit, *Avallon et l'Avallonnais*. Auxerre, 1868, p. 413. Arch. de l'Yonne, fonds de Pontaubert.
7. A. de Charmasse, *Cartulaire de l'Évêché d'Autun*, p. 130.
8. V. Pièce justificative, nº LV.

OSTUN DE L'AUTUNOIS. — Dans l'Autunois, le premier Ostun que nous ayons rencontré au treizième siècle est Adam d'Ostun, chevalier, qui fonda son anniversaire en la cathédrale d'Autun, selon le nécrologe de cette église, qui ne nous donne pas de date précise. « Quinto decimo kalendas octobris, obiit
» dominus Adam de Edua, miles, qui dedit nobis pro anniver-
» sario suo annuatim faciendo quindecim solidos viennensium
» annui redditus, sitos apud Sangpine [1], super vineam suam
» *dou Crais*, et super aliam vineam suam sitam ultra aquam.
» Dominus Johannes de Edua, filius dicti Ade tenet dictas
» vineas et debet dictos quindecim solidos viennensium. Jacet
» in porticu beati Nazarii [2]. » Nous connaissons plusieurs enfants d'Adam d'Ostun qui était mort en 1268 :

1° Jean, cité dans le nécrologe ;

2° Cole (Cola), femme de Guillaume Pelletier (Pelliparius), qui, avec ses sœurs Adeline et Marguerite, vendit au Chapitre, le 20 novembre 1268, une maison à Autun, qu'elle avait achetée quelques mois auparavant de son frère Jean ; [3]

3° Adeline ;

4° Marguerite ou Margueronne (Marguerona), femme de Pierre dit *l'Hermitat*, de Couches, qui vendit en 1280 à Jacques Boisserand une pièce de vignes sise à Sampigny. [4]

Jean d'Ostun, chevalier, avec sa femme Pétronille, en juillet 1268, vendit à Renaud, curé de Monetoy [5], et à sa sœur Cole une maison située devant l'église Saint-Lazare, à Autun, contiguë à la maison de *Perrin le Vier* d'une part, et à la maison de sa sœur Cole d'autre part [6]. En 1270, il devait un cens à Simon de Millery, sur un pré situé près de Millery, dit de

---

1. Sampigny, canton de Couches-les-Mines (Saône-et-Loire).
2. Bibl. nationale, fonds latin, ms. n° 9883. *Nécrologe de l'église d'Autun*, fol. 46 v°.
3. Arch. de l'hôtel de ville d'Autun, fonds de la Cathédrale.
4. Idem.
5. Monetoy, aujourd'hui Épinac, chef-lieu de canton, arrond. d'Autun (Saône-et-Loire).
6. Arch. de l'hôtel de ville d'Autun, fonds de la Cathédrale.

Marmeot (alias *Martineot*), que ledit Symon et son père Hugues vendirent à l'abbaye de Saint-Martin. [1]

En 1303, il est parlé d'un Jean d'Ostun dans une lettre de Marguerite de Bellevesvre. Cette dame prie le duc de recevoir en hommage Jean d'Ostun, seigneur de *Loys* (?) à qui elle a donné l'usufruit de sa maison de *Cretex* (?) pour sa vie en s'en retenant la justice et la seigneurie [2]. Il nous paraît peu probable que ce Jean soit le fils d'Adam ; nous le croirions plutôt fils du premier Jean, vivant en 1268. [3]

Selon Pérard, Gile d'Ostun (Gilo de Edua), chevalier, fut témoin en 1272 de l'acte de donation faite par le duc Hugues à son fils Robert [4]. Etait-ce un autre fils d'Adam d'Ostun ?

Nous connaissons aussi : Pierre d'Ostun, archiprêtre de Beaune en 1270 [5] ; Guillaume d'Ostun, chanoine de la cathédrale d'Autun en 1270 et 1276 [6] ; Gautier d'Ostun, chanoine de Mâcon en 1281 [7] ; Jean d'Ostun, official de la cour de l'archidiacre de Chalon-sur-Saône en 1300 [8], nommé en 1301 chanoine de la collégiale d'Allerey [9] par le fondateur Guillaume de Bellevesvre, évêque de Chalon [10]. Mais il nous est difficile d'affirmer si le nom sous lequel ils sont désignés est un nom de famille ou un nom d'origine, et par conséquent s'ils appartiennent tous à la famille féodale d'Ostun.

Vers la fin du treizième siècle vivaient Pierre d'Ostun, bailli

---

1. J.-G. Bulliot, *Essai historique sur l'abbaye de Saint-Martin d'Autun*. Autun, 1849, t. II, ch. 30 et 80.
2. Arch. de la Côte-d'Or. *Recueil de Peincedé*, t. X, p. 10. L'original manque.
3. Paraît comme témoin dans l'acte d'achat de Vilaine par Béatrix de Riveau (Pièce justificative, n° XVII) un Jean d'Ostun *(de Edua)* avec la qualification de vierg (vigerius). Nous ne croyons pas devoir le compter comme un des membres de la famille féodale d'Ostun ; le nom *de Edua* nous semblant être ici plutôt une désignation d'origine.
4. Pérard, *Recueil de plusieurs pièces curieuses servant à l'histoire de Bourgogne*, p. 522.
5. A. de Charmasse, *Cartulaire de l'Évêché d'Autun*, p. 189.
6. J.-G. Bulliot, *Essai historique sur l'abbaye de Saint-Martin*, t. II, ch. 83. — A. de Charmasse, *Cartulaire de l'Évêché d'Autun*, p. 27.
7. A. de Charmasse, *Cartulaire de l'Évêché d'Autun*, p. 237.
8. Id. p. 356 et 357.
9. Allerey, comm. du canton de Verdun, arr. de Chalon-sur-Saône.
10. P. Berthaut, *l'Illustre Orbandale*. Chalon-s.-S., Cusset, in-4°, p. 444.

d'Auxois, seigneur de Dracy-Saint-Loup, et Guillaume d'Ostun, seigneur de Montjeu. Nous ne savons comment les relier à Adam d'Ostun ; mais certainement ils avaient avec lui une origine commune. Pierre et Guillaume, qui vraisemblablement étaient frères, furent les auteurs des sires de Dracy-Saint-Loup et des sires de Montjeu dont nous allons parler, et sur lesquels les renseignements sont plus nombreux et plus précis.

Ostun, seigneurs de Dracy-Saint-Loup. — Pierre d'Ostun, chevalier, l'auteur des sires de Dracy-Saint-Loup, nous apparait pour la première fois le 25 novembre 1284. Il est à cette époque bailli d'Auxois, et témoin de l'hommage fait à l'évêque d'Autun par l'abbé de Flavigny [1]. En 1301, au mois de janvier, le duc Robert l'envoya auprès de l'évêque d'Autun demander la remise des clefs de l'abbaye de Flavigny [2]. Il fut vraisemblablement le premier Ostun seigneur de Dracy-Saint-Loup. Cette terre, grâce à la faveur dont le bailli d'Auxois jouissait auprès du duc de Bourgogne, et par suite d'acquisitions successives, devint bientôt entre ses mains une seigneurie considérable que ses descendants augmentèrent encore [3]. Selon le Nécrologe de l'église d'Autun [4], Pierre mourut en 1306. « Sexto decimo kalendas septembris anno
» Domini M° CCC° VI° obiit dominus Petrus de Edua, miles,
» dominus Draceii, qui dedit nobis pro anniversario suo
» annuatim in ecclesia nostra faciendo centum solidos turo-
» nensium annui redditus quos tenentur assidere heredes
» sui. »

Nous connaissons, comme fils de Pierre d'Ostun, Huguenin, Symon et Guy. Le bailli d'Auxois laissa peut-être encore d'autres enfants dont nous n'avons pas rencontré la trace. Nous soupçonnons qu'il dut avoir une fille qui épousa N. de

---

1. A. de Charmasse, *Cartulaire de l'Évêché*, p. 30.
2. Id. p. 353 et 354.
3. Voir la note sur Dracy-Saint-Loup.
4. Bibliothèque nationale, F. latin, n° 9883.

Tenarre, et dont la fille, Marguerite, femme de Hugues de Souterrain, vendit, en 1311 [1], du consentement de son mari, ce qui lui venait de sa mère dans les paroisses de Dracy-Saint-Loup et de Saint-Forgeot [2]. Le premier des fils, Huguenin, ne nous est connu que par le don que lui fit, en 1283 [3], Estienne de Mont-Saint-Jean des fiefs de Barnay [4] et de la Vesvre [5]; le second, Symon, qui suit, fut seigneur de Dracy-Saint-Loup; le troisième, Guy, dont il sera parlé plus loin, fut seigneur d'Arconcey [6] et de Beauvoir. [7]

Symon d'Ostun, venons-nous de dire, posséda Dracy-Saint-Loup; en effet, en 1305, Guillaume *Male-Clerc*, d'Autun, clerc, reconnut tenir en fief de *Symon d'Ostun, chevalier*, ce qu'il possédait dans les paroisses de Saint-Forgeot et de Dracy-Saint-Loup [8]. L'année précédente, Symon de Mailly avait donné à Symon d'Ostun le fief que lui devaient Joffroy d'Eschals, écuyer, Symonette, sa femme, et Isabeau de Chargey, damoiselle, « de toutes les choses à eux appartenant en la ville » et territoire de Mailley sur Saône. » [9]

Symon d'Ostun fut un des officiers intimes de Robert, duc de Bourgogne. Par son codicille de 1302 [10], ce prince nomma Symon d'Ostun au nombre de ses exécuteurs testamentaires. Nous citerons la lettre suivante, où les fonctions remplies par Symon d'Ostun sont nettement définies :

Nous Roberz, dux de Bourgoigne, faisons savoir à touz que nous havons fait recevoir par la dépense de nostre hostel par Henriet, clerc de nostre chapelle, en non de Haymonet de Dijon nostre valet, de

---

1. V. Pièce justificative, n° XXV.
2. Saint-Forgeot, canton d'Autun.
3. Arch. de Montjeu. *Terrier de Dracy-Saint-Loup.*
4. Barnay, comm. du canton de Lucenay-l'Évêque, arr. d'Autun.
5. La Vesvre, territoire de Barnay.
6. Arconcey, comm. du canton de Pouilly-en-Auxois (Côte-d'Or).
7. Beauvoir, comm. de Savigny-en-Terre-Plaine, arr. d'Avallon (Yonne).
8. V. Pièce justificative, n° XVI.
9. Arch. de Montjeu. *Terrier de Dracy-Saint-Loup.*—Mailly, canton d'Auxonne (Côte-d'Or).
10. Du Chesne, *Généalogie de la maison de Vergy. Preuves*, p. 220. Du Chesne a écrit *Aymon*, mais c'est évidemment Symon qu'il dut lire dans l'original

Haut-Viler nostre receveour, par la main de Gilet d'Ostun, cinc cenz et vint petiz florins d'or. En tesmoin de laquele chouse nous havons fait mettre nostre sceaul monsieur Symon d'Ostun nostre amé et féaul chevalier aveuc le nostre. Doné à la Trescherie, le vendredi après la miaost l'an de grace mil trois cens et cinc. [1]

Le sceau de Symon d'Ostun attaché à cette pièce est en cire rouge chargé d'un sautoir cantonné de quatre étoiles à six rais, avec la légende : ..SIMO..S EDVE... [2]

Symon dut mourir peu de temps après son père. Guy d'Ostun, seigneur d'Arconcey, semble lui avoir succédé auprès du duc de Bourgogne.

Nous connaissons deux fils de Symon d'Ostun [3] : Perrin, dont il sera parlé plus loin, sire de Chevigny, et Guy, plus souvent appelé Guiot, sire de Dracy-Saint-Loup. En 1314, ces deux frères firent partie de la ligue des seigneurs bourguignons contre Philippe le Bel [4]. Guiot d'Ostun, *sire de Dracey*, en 1326, donna quittance de 21 livres qu'il avait reçues du duc par les mains de Hugues *Le Moingne* (Le Moine), son châtelain de Roussillon, pour l'enterrement et l'obit « de sa tante Alips de Montjeu. » Le sceau de cet Ostun, dit Peincedé, « est beaucoup effacé et semble porter un sautoir [5]. » De ce fait on

---

1. Arch. de la Côte-d'Or, B 358.
2. Ce sceau, comme tous ceux que nous donnerons plus loin, est malheureusement un peu fruste, et sa légende est peu lisible. Nous avons tenu à reproduire ces sceaux exactement dans leur état actuel.
3. V. pièces justificatives n°ˢ XXV et XXXVI.
4. Du Chesne, *Généalogie de la maison de Vergy*. Preuves, p. 233.
5. Archives de la Côte-d'Or. *Recueil de Peincedé*, t. XXIV, p. 701. L'original manque aux archives.

pourrait déduire que la mère de Guiot d'Ostun était la sœur de Pierre et d'Alips de Montjeu; à moins que ladite Alips, ou Alix, ne fût sa tante *à la mode de Bourgogne*, Guillaume d'Ostun, sire de Montjeu, et Pierre d'Ostun, bailli d'Auxois, étant supposés frères.

Guiot de Dracy avait épousé Jeanne des Barres, fille de Guillaume des Barres, seigneur de Cours-les-Barres [1] et de Givry [2]. Le père de Jeanne appartenait à la branche des seigneurs de la Guerche, de cette illustre maison des Barres qui joua un rôle si considérable aux douzième, treizième et quatorzième siècles. Les des Barres portaient : *de sinople à la croix ancrée d'or*, alias, *d'or à la croix ancrée de sinople*.

Selon un inventaire des titres de l'abbaye de Saint-Jean-le-Grand [3], Guy d'Ostun, chevalier, seigneur de Dracy-Saint-Loup, par son testament, fait en 1331, « choisit sa sépulture » au monastère de Saint-Jean-le-Grand, dans la chapelle que » ses prédécesseurs y avaient fondée, près du tombeau de » Jeanne des Barres, sa femme. » Il est probable que la mort de Guy suivit de près cette disposition testamentaire.

Guy II d'Ostun, seigneur de Dracy-Saint-Loup et du *Bruil des Barres* [4], fils du précédent, épousa Jeanne de Châteauvilain, fille de Jean de Châteauvilain, seigneur de Luzy, qui vendit en 1302 à Robert, duc de Bourgogne, les châteaux de Bourbon-Lancy et de Semur, avec faculté de rachat. Jeanne de Châteauvilain était née, ainsi que son frère Jean de Châteauvilain, du second mariage de son père Jean de Châteauvilain, seigneur de Luzy, avec Catherine de Forez de Beaujeu. Du premier mariage de son père avec Isabeau de Tournonde,

---

1. Cours-les-Barres, com. du canton de la Guerche (Cher).
2. Givry, com. de Cours-les-Barres (Cher).
3. Bibliothèque de M. J.-G. Bulliot, président de la Société Éduenne.
4. Bruil-des-Barres, probablement aujourd'hui le Breuil, com. d'Agonges, canton de Souvigny (Allier). — Pierre des Barres reconnaît tenir de son parent Archambault, sire de Bourbon, la forteresse de *Broglio*, 1222-1230. Odet des Barres fait hommage pour « la terre et seigneurie de *Francesches*, ensemble le tenement du » *Bruyl des Barres*, 1300. » (Dom Bettencourt, *Noms féodaux*, t. I, p. 66.)

elle avait une sœur consanguine se nommant Jeanne, comme elle, qui avait épousé en 1320 Guichard de Beaujeu, surnommé le Grand, le beau-frère de son père [1]. Nous n'insisterons pas sur l'importance de la famille de la femme de Guy de Dracy. Car chacun sait combien étaient puissants les sires de Châteauvilain, issus de la vieille famille de Broye qui portait anciennement : *d'azur à trois broyes d'or* [2] ; les armoiries des Châteauvilain, seigneurs de Luzy, étaient : *de gueules semé de billettes d'or, au lion de même brochant sur le tout.* Selon dom Bettencourt [3], Guy d'Ostun, sire de Dracy-Saint-Loup, chevalier, fit, en 1331, un accord avec sa belle-sœur, la dame de Beaujeu. En 1356, le dimanche après la Saint-Nicolas d'hiver (11 décembre), Jean de Châteauvilain, seigneur de Luzy, abandonna à Guy d'Ostun, seigneur de Dracy-Saint-Loup, les revenus de la terre de Luzy pendant trois ans, pour s'acquitter de 500 livres tournois qu'il restait lui devoir pour la dot de Jeanne de Châteauvilain, sa sœur, mariée audit Guy de Dracy. Un des termes du paiement était fixé aux foires de Beuvray, *in nundinis Bifracti* [4]. En 1363, l'abbé de Fontmorigny [5] assigna Guy d'Ostun devant le prévôt de Sancoins [6] en paiement de vingt livres tournois dues pour la sépulture d'Odet des Barres, son oncle, et du tiers de vingt et une livres dix sols dus pour la sépulture de Guillaume des Barres, seigneur de *Gorz* (Cours) et de Givry, son grand-père. [7]

1. Guichenon, *Histoire de la souveraineté des Dombes*, publiée par M. C. Guigue. Lyon, 1874, t. I, p. 227, 234. — Le père Anselme, dans son *Histoire généalogique de la Maison de France et des grands officiers de la couronne*, dit que la sœur de la dame de Beaujeu mourut sans alliance. Guichenon ne parle pas non plus de Jeanne de Châteauvilain comme étant femme de Guy d'Ostun, seigneur de Dracy. C'est une erreur et une omission à rectifier.
2. Broyes, instruments en forme de peigne pour broyer le chanvre.
3. Dom Bettencourt, *Noms féodaux*, 2ᵉ édition. Paris, Bachelin-Deflorenne, 1867, r. 462, p. 387 ; r. 1388, p. 11.
4. Huillard-Bréholles, *Inventaire des titres de la Maison de Bourbon*, t. I, p. 473.
5. Fontmorigny, com. de Menetou-Couture, canton de Néronde (Cher). Abbaye où les des Barres avaient leur sépulture.
6. Sancoins, arr. de Saint-Amand (Cher).
7. Roubet, *Épigraphie historiale du canton de la Guerche. Bulletin de la Société nivernaise*, 2ᵉ série, t. VI, p. 346.

Guy d'Ostun, seigneur de Dracy-Saint-Loup, obtint du roi Jean, en 1363, des lettres datées du 5 juin à Chalon, par lesquelles il lui était permis d'acquérir 200 livrées de terre sur la seigneurie de *Muressaul* [1], bailliage de Beaune, au profit de Philibert Paillart [2] ; et, le 9 septembre suivant, Guy vendit à ce Philibert Paillart, de Beaune, tout ce qu'il « a es villes de » *Muressaul* et des deux *Aucey* [3] » en s'en retenant le fief. Cette vente fut confirmée par Simon, fils émancipé de Guy.

Ce seigneur dut mourir en 1365 ; car par acte passé en 1366 devant Jacob Serrurier, clerc et juré de la cour du duc de Bourgogne, Jeanne de Châteauvilain, dame de Dracy-Saint-Loup, veuve de messire Guy d'Ostun, le seigneur son fils et la damoiselle sa fille, firent, en l'église de Cordesse, la fondation d'une messe qui devait se dire tous les mardis, et de deux services solennels devant être célébrés chaque année par trois prêtres, pour le salut de l'âme des seigneurs de Dracy [4]. Guy et sa femme furent inhumés dans l'abbaye de Saint-Jean-le-Grand, où, selon Courtépée, on lisait l'épitaphe « de Guy » d'Ostun, seigneur de Dracy-Saint-Loup et de Cordesse, » époux de Jeanne de Châteauvilain en 1370 [5]. » Evidemment, la date de 1370 se rapporte à la mort de la dame de Dracy-Saint-Loup, et non à celle de son mari. Disons aussi en passant que le même auteur parle d'un Jean d'Ostun, seigneur de Cordesse en 1360 [6]. C'est là, croyons-nous, une erreur : c'est *Guy* qu'il aurait dû écrire.

Guy II d'Ostun, sire de Dracy, laissa deux enfants : un fils nommé Simon et une fille nommée Jeanne, qui, par son testament du 26 octobre 1371 [7], fit une fondation en l'église cathédrale de Saint-Lazare d'Autun, et assigna à cet effet, au profit

---

1. Meursault, arr. de Beaune (Côte-d'Or).
2. Arch. de la Côte-d'Or, B 10510.
3. Arch. de la Côte-d'Or. *Recueil de Peincedé*, t. XXVII, p. 108.
4. Archives de Montjeu.
5. Courtépée, *Description du duché de Bourgogne*, t. II, p. 519.
6. Id. t. II, p. 563.
7. Arch. de la ville d'Autun. Fonds de la Cathédrale.

du Chapitre, vingt sols de rente sur ses tailles de l'*Abergement de Marcei* [1]. Elle fut inhumée dans l'église cathédrale, à droite de l'autel Saint-Louis dont nous parlerons plus loin. [2]

Quant à Simon d'Ostun, seigneur de Dracy-Saint-Loup, il fut le dernier de sa branche. Nous le trouvons en 1375, dans une montre d'armes passée à Châtillon-sur-Seine, accompagné de deux écuyers, Perrin et Regnault de Domecy [3]. C'est avec lui que se consomma la ruine de sa maison. Dracy-Saint-Loup et ses dépendances furent mis à décret et adjugés à Guy de la Trémoille, chambellan du duc de Bourgogne, le 11 juillet 1378. [4]

OSTUN, SEIGNEURS DE CHEVIGNY. — Pierre ou Perrin d'Ostun, fils de Symon, petit-fils du bailli d'Auxois, fut la souche des seigneurs de Chevigny-lès-Semur [5]. Il était chevalier et seigneur de Chevigny lorsqu'il reprit de fief pour Island, près Saulieu [6], de l'évêque d'Autun en 1308 [7]. En 1314, il figure, comme nous l'avons dit plus haut, avec son frère Guiot de Dracy, au nombre des seigneurs bourguignons qui s'unirent pour résister aux agissements de Philippe le Bel [8]. En 1331, Perrin d'Ostun, « sires de Chivany », donna quittance à Jean,

---

1. Marcei, nom perdu, paroisse de Tavernay.
2. « Domicella de Draceyo jacet sub tumulo juxta altare sancti Ludovici, a parte dextra, inter pilare dicti altaris. » (Arch. de l'hôtel de ville d'Autun. Fonds de la Cathédrale, ancien obituaire, fol. XLII.)
3. V. pièce justificative n° LVI.
4. Voir pour plus amples détails sur les seigneurs de Dracy, la note concernant la seigneurie de Dracy-Saint-Loup.
5. Chevigny-lès-Semur, canton de Semur (Côte-d'Or).
6. Island, com. de Saint-Martin-de-la-Mer, canton de Liernais (Côte-d'Or).
7. V. pièce justificative n° XXII. — M. l'abbé Baudiau dit (*le Morvan*, t. III, p. 427) que Pierre fit cette reprise de fief avec son frère *Humbert*. Dans la charte du *Cartulaire vert* de l'Évêché d'Autun il n'est pas question de cet Humbert que nous n'avons rencontré nulle part.
8. Perrin d'Ostun, sire de Chevigny, est dit *chevalier* en 1308, tandis qu'en 1314 et 1328 (Pièces justificatives n°s XXVIII et XXXVI), il ne porte, comme son frère Guy de Dracy, que la qualification inférieure de *damoiseau*. Cela nous a fait croire un moment que nous étions en présence de deux personnages distincts. Mais selon du Chesne, Perrin de Chevigny est bien le frère de Guiot de Dracy. (*Généalogie de la Maison de Vergy*. Preuves, p. 233.) Il faut croire que dans les chartes de 1314 et de 1328 le clerc aura donné aux deux frères la qualification qui ne s'appliquait qu'à Guiot, seul présent et agissant en son nom et au nom de son frère Perrin, absent.

vierg d'Autun, de vingt livres, montant d'une rente qu'il possédait sur la viérie du chef de sa femme Marguerite[1]. Le sceau du sire de Chevigny, attaché à cette quittance, est assez endommagé, mais pas assez cependant pour qu'on ne puisse facilement distinguer sur l'écu *un sautoir cantonné de quatre étoiles*. Nous serions très disposés à croire que ce Perrin de Chevigny n'est pas le même que celui qui est chevalier et seigneur d'Island et de Chevigny en 1308. Ce second Perrin nous semble devoir être le fils du premier. Il est difficile souvent de distinguer les pères des fils, quand le même nom se perpétue de génération en génération. En tout cas, Perrin de Chevigny était mort en 1343, laissant des enfants en bas âge, dont l'un, s'appelant Pierre, était encore mineur en 1350.

Marguerite *de Bruillé* [2], dame de Chevigny, sa veuve, fit, le 22 juillet 1343, hommage à l'évêque d'Autun de la maison forte et de la terre d'Island, au nom de ses enfants Guillaume et Alix, dont elle était tutrice, et de son fils Pierre « moindre » d'âge. » [3]

Des trois enfants de Marguerite, nous n'avons pu suivre que Pierre. Cependant, dans un dénombrement que Hugues de Vienne, sire de Seurre et de Sainte-Croix, donna en 1374 de ce qu'il tenait en fief du duc, il est parlé du fief d'Oudète, fille de feu Guillaume d'Ostun, à Longepierre [4]. Mais rien ne nous établit que ce Guillaume fût le fils de Pierre de Chevigny et de Marguerite de Bruillé.

Pierre ou Perrin d'Ostun, seigneur de Chevigny-lès-Semur, rendit foi et hommage au comte de Nevers en 1348, pour « le » château de Ruères et ses appartenances [5]. » Le même,

1. Arch. de la Côte-d'Or, B 490.
2. M. l'abbé Baudiau (*le Morvan*, t. III, p. 427) appelle la veuve de Pierre de Chevigny, *Marguerite de Bouillé*. Il a mal lu le nom de *Bruillé*. Ailleurs le nom de Marguerite est écrit *de Bruillat*. (Arch. de la Côte-d'Or, B 10561.)
3. Arch. de l'Évêché d'Autun. *Cartulaire vert*.
4. Arch. de la Côte-d'Or, B 10525.
5. Ernest Petit, *Avallon et l'Avallonnais*, p. 476. — Ruère, com. d'Alligny (Nièvre). M. l'abbé Baudiau (*le Morvan*, t. II, p. 36) confond Pierre d'Ostun, fils de Marguerite de Bruillé, avec son père mort avant juillet 1343. — Selon le même auteur, Pierre reprit de fief pour Ruère en 1366 et 1367.

en 1350, seigneur d'Island, encore mineur et damoiseau, fut maintenu par sentence du bailliage de Mâcon dans la garde et la justice d'Island, contre Guy de la Chaume, évêque d'Autun [1]. En 1365, Pierre ou Perrin de Chevigny fait partie des hommes d'armes servant sous Guy de Pontailler, maréchal de Bourgogne, dont la montre fut passée à Châteauneuf, le 21 mars [2]. En 1374, il reprit de fief de l'évêque d'Autun pour la terre d'Island [3], et en 1382 il approuva une fondation de messes à Alligny [4]. En 1379, il vendit à Guy de la Trémoille, chambellan du duc de Bourgogne, qui depuis peu avait acquis la terre de Dracy-Saint-Loup, la rente de 20 livres parisis sur la viérie d'Autun qu'il tenait de sa mère [5]. En 1381, il reprit de nouveau de fief de l'évêque d'Autun pour Island [6]. Il avait acquis la seigneurie de Gissey-sous-Flavigny de Hugues de Thenissey, il en reprit de fief en 1391, et la revendit avec la permission du duc en 1404 [7]. Pierre d'Ostun, seigneur de Chevigny, « voulant accomplir la fondation faite par ses feus
» père et mère d'un anniversaire en l'église abbatialle de
» Saint-Jean-le-Grant, pour être célébré par les dames reli-
» gieuses et curez dudit Saint-Jean, assigna sur sa terre de
» Barnay [8], proche Manlay [9], les quarante sols de rente
» affectés à ladite fondation, payables à chaque fête de Saint-
» André. » Cet acte de fondation, reçu par Maignien, notaire, est du 20 avril 1400. [10]

Nous n'avons pas de documents précis nous donnant la

---

1. Arch. de l'hôtel de ville d'Autun.
2. Arch. de la Côte-d'Or, B 11745. — 1364 selon l'ancien style.
3. Arch. de l'évêché d'Autun. *Cartulaire vert.*
4. Abbé Baudiau, *le Morvan*, t. III, p. 427. — Alligny, com. du canton de Montsauche (Nièvre).
5. V. pièce justificative n° LIX.
6. Arch. de l'évêché d'Autun. *Cartulaire vert.*
7. Arch. de la Côte-d'Or, B 10535. — Bibliothèque de M. J.-G. Bulliot, *mss de dom Merle.*
8. Barnay, com. du canton de Lucenay-l'Évêque (Saône-et-Loire).
9. Manlay, com. du canton de Liernais (Côte-d'Or).
10. Extrait d'un *Inventaire des titres de Saint-Jean-le-Grand.* Mss de la bibl. de M. J.-G. Bulliot.

descendance de Pierre d'Ostun, seigneur de Chevigny et d'Island. Tout nous fait supposer cependant que Jean de Chevigny, qui avait épousé N. de la Palue et qui fit foi et hommage pour Empoignepain [1] et Seinsey-lès-Rouvray [2] à Guillaume de Mello en 1411 [3], devait être son fils.

Nous croyons devoir aussi rattacher aux Ostun de Chevigny Jeanne d'Ostun, femme de Guillaume de Clugny, seigneur de Ménesserre, qui vivait au commencement du quinzième siècle. En l'église de Saint-Jean-l'Evangéliste d'Autun, il y avait autrefois, dans la chapelle des Clugny, une tombe à quatre personnages gravés au trait, représentant deux hommes et deux femmes. Les hommes portaient sur leur cotte d'armes les clefs de Clugny. Autour de la première moitié on lisait : « Cy gisent noble seigneur Guillaume de Clugny, escuier, seigneur de Menessaire et Conforgien, qui trespassa le IIe jour d'aoust, l'an mil CCCCXXVII, et damoiselle Jehanne d'Ostun. » Au dessus, à la droite de la tête de l'homme était gravé un écusson, portant *deux clefs adossées, losangées et enlacées*, qui est de Clugny; et au dessus, à la gauche de la tête de la femme, était gravé un autre écusson, parti de Clugny, parti d'Ostun de Chevigny, c'est-à-dire au *sautoir cantonné de quatre étoiles*. Sur la seconde moitié de la tombe on lisait : « Cy gisent noble seigneur Guillaume de Clugny, escuier, seigneur d'Alonne, qui trespassa le XVIII jour de janvier l'an mil CCCCXXXVII, et damoiselle Philiberte de Bussul, sa femme. » Au dessus, à la droite de la tête de l'homme, un écusson portait les armes des Clugny, et au dessus, à la gauche de la tête de la femme, était un autre écusson parti de Clugny, parti de Busseul, *fascé de six pièces*.

Cette tombe, dont le dessin est conservé à la Bibliothèque nationale, est d'un grand intérêt pour nous, car c'est le seul monument funéraire d'un membre de la famille d'Ostun dont

---

1. Empoignepain, com. de Seinsey, canton de Précy-sous-Thil (Côte-d'Or).
2. Seinsey-lès-Rouvray, com. du canton de Précy-sous-Thil (Côte-d'Or).
3. M. l'abbé Baudiau, *le Morvan*, t. III, p. 363 et 366.

nous ayons la description authentique. Le dessin de cette tombe nous fournit l'occasion de bien établir qu'il ne faut pas confondre nos Ostun avec les Hostuns de Gadagne de Tallart, famille qui s'est éteinte en 1755. Il nous permet de rectifier une assertion fausse de la généalogie de la maison de Clugny, donnée par M. de Clugny de Thenissey, lors d'un procès intenté par lui à M. de Clugny, conseiller honoraire au parlement de Bourgogne en 1720 environ. Le mémoire de M. de Thenissey [1] affirmait que l'écusson de Jeanne d'Ostun portait une *croix engrêlée, chargée en cœur d'un écu parti de Clugny et d'un sautoir d'azur accompagné de quatre étoiles d'or*. D'après le dessin dont nous avons parlé, il n'y avait point de croix engrêlée. Ce qui dut pousser l'auteur du mémoire de M. de Thenissey à faire croire à l'existence de cette *croix engrêlée* fut le désir non avoué de relier la famille de Clugny à celle des Hostun de la Baume, famille complétement étrangère à celle des Ostun de Dracy, de Chevigny, de Montjeu, et sur laquelle le maréchal de Tallard jetait, à cette époque, un lustre considérable, malgré la défaite d'Hochstett. Peut-être qu'aussi il ignorait quelles étaient les armoiries des Ostun de Chevigny éteints depuis longtemps, et qu'il a été trompé par la similitude des noms [2]. Mais il s'est permis tant d'autres allégations contraires à la vérité, il s'est servi de pièces si manifestement fausses ou altérées [3] qu'on ne peut absolument croire à sa bonne foi [4]. La maison d'Hostun *(de Obsteduno)* prit son nom d'un ancien château situé sur une hauteur, à peu de distance de la rive gauche de l'Isère, et distant de deux lieues de Romans et d'une lieue et

---

1. *Généalogie de la Maison de Clugny*, Michard, Dijon, p. 77, 78.
2. *Généalogie de la Maison de Clugny*, p. 79. Le généalogiste attribue faussement un écu d'azur au sautoir d'or à un cadet de la Maison de Ménades. Ce sont les armes des Ostun de Chevigny.
3. V. *Annales de la Société Éduenne*, 1862 à 1864, p. 12 et suiv.
4. On sait qu'en 1464, Aglantine de Clugny, sœur du cardinal Ferry de Clugny, épousa Loys de la Baulme, fils de Guillaume, seigneur d'Agey et de Promenois, et de Marguerite de Corbeton; mais était-ce un Hostun de la Baume? Ne serait-ce pas plutôt un la Baume-Montrevel ou un la Baume-sur-Cerdon? C'est ce que nous n'avons pu éclaircir.

demie de Pont-en-Royans [1]. Après la réunion du Dauphiné à la France, les Hostun s'attachèrent au service de nos rois. Antoine de la Baulme d'Hostun, conseiller du roi en ses conseils, capitaine de cinquante hommes d'armes, sénéchal de Lyon, maréchal de camp en 1595, avait épousé en 1584 Diane de Gadagne, fille de Guillaume de Gadagne, sénéchal de Lyon, comte de Verdun-sur-Saône, et de Jeanne de Sugny. Son fils aîné, Balthasard, marquis de la Baume d'Hostun, fut institué héritier par son aïeul maternel Guillaume de Gadagne, à la charge de porter le nom et les armes de Gadagne qui sont : *de gueules à la croix endenchée ou engrêlée d'or* [2]. C'est du second fils de Balthasard de la Baume d'Hostun que descendait Camille de la Baume d'Hostun, plus connu sous le nom de maréchal de Tallard, mort en 1728.

OSTUN, SEIGNEURS D'ARCONCEY ET DE BEAUVOIR. — Guy d'Ostun, troisième fils de Pierre, bailli d'Auxois, paraît pour la première fois comme témoin dans un acte de vente d'une maison située à Saint-Pierre-l'Étrier [3], en 1302. Nous croyons que c'est le même personnage qui, sous le nom de Guy d'Ostun, chevalier, seigneur d'Arconcey [4], devint seigneur de Beauvoir [5] par son mariage avec Marguerite de Beauvoir, fille de Guy de Beauvoir et d'Isabelle de Roussillon. Il était un des officiers importants de la cour du duc de Bourgogne près duquel il semble avoir remplacé Symon d'Ostun. En 1311, il est qualifié receveur du duc dans une quittance qu'il donne à Jehan de Brusselles, héritier de feu Gauthier de Brusselles, son père [6]. Un certificat de lui établissant qu'il a acheté pour le

---

1. A. de Courcelles, *Généalogie de la famille d'Hostun*. — Le père Anselme donne la généalogie des Hostun dans son *Histoire généalogique de la Maison de France et des grands officiers de la couronne*, t. V, p. 259.
2. Par une coïncidence extraordinaire, les Hostun portaient de même : *de gueules à la croix engrêlée d'or*.
3. Arch. de l'hôtel de ville d'Autun. F. de la Cathédrale.
4. Arconcey, canton de Pouilly-en-Auxois (Côte-d'Or).
5. Beauvoir, com. de Savigny-en-Terre-Plaine, arr. d'Avallon (Yonne).
6. Arch. de la Côte-d'Or. *Recueil de Peincedé*, t. XXV.

duc quinze tonneaux de vin de Beaune, cette même année 1311, et conservé aux archives de la Côte-d'Or, est scellé de son sceau portant *un sautoir au lambel à trois pendants* [1]. Le même sceau est encore attaché à la lettre suivante :

Guiz d'Ostun, chevaliers le duc de Bourgoigne, à Gauterim prévost d'Avalon, salut. Je vous mans que vous paiez à Arvier de Borbon, escuier, trois cens livres de tournois que lediz messire li dux li doit por sa terre qu'il a reprise de li. Et retenez la lettre que le diz Arviers ha doudit Mons' por le dit argent et la portez quant vous conteriez. Donné à Beaune le vendredi après la fête St Martin d'esté, l'an de grace M CCC et treze. [2]

Quoique dans les pièces ci-dessus citées le titre de seigneur d'Arconcey ne soit pas énoncé, il ne peut y avoir doute ; c'est bien à Guy d'Ostun, seigneur d'Arconcey, qu'il faut les rapporter. Ce qui le prouve, c'est une autre pièce concernant toujours Arvier de Bourbon, comme la dernière précitée, datée de 1312, que nous donnons aux pièces justificatives, et expressément adressée à *Guy d'Ostun, seigneur d'Arconcey* [3]. Nous avons reproduit le sceau de Guy avec d'autant plus de soin, que l'auteur de l'histoire généalogique de la maison de Chastellux nous semble avoir fait erreur en attribuant à Guy d'Ostun, seigneur d'Arconcey et de Beauvoir, un écusson qui fut effacé, nous dit-il, en 1867, dans la grande salle du

---

1. Arch. de la Côte-d'Or. *Recueil de Peincedé*, t. XXV.
2. Arch. de la Côte-d'Or. B 10493, cote 55. *Recueil de Peincedé*, t. XI, p. 39.
3. V. pièce justificative n° XXVI.

château de Chastellux, et qui était *bandé d'or et de gueules de six pièces, au lion d'azur passant sur le tout.* [1]

Guy d'Ostun, sire d'Arconcey, figure parmi les seigneurs de Bourgogne qui s'associèrent et protestèrent en 1314 contre les empiétements de Philippe le Bel [2]. Guy déclara en 1316 le château de Beauvoir jurable et rendable au duc. Il posséda les terres de Bierre-lès-Semur [3] et de Ruffey [4], qu'il vendit du consentement de sa femme au duc de Bourgogne, moyennant 800 livres de rente, par acte du dimanche avant la Saint-Martin 1323 [5]. Selon l'historien de la maison de Chastellux, Guy d'Ostun, sire d'Arconcey, et sa femme, Marguerite de Beauvoir, moururent vers 1335, et laissèrent trois enfants : 1° Girard (d'Ostun) d'Arconcey, qui eut en partage la maison de la Chaux [6] avec ses dépendances et la terre de Villars-Liernais [7] ; 2° Jacquette d'Ostun, femme de Jean d'Auxerre, à qui elle porta Beauvoir ; 3° Alix d'Ostun qui épousa Artaud de Beausemblant, et à laquelle advint la terre d'Arconcey. [8]

Gérard d'Ostun d'Arconcey vit, en 1340, saisir et vendre par commission royale sa terre de Villars-Liernais, à la requête de Simon de Gayes. Cette exécution était le résultat d'une obligation contractée par son père de payer une somme de 1500 livres que le duc Eudes devait au comte de Bar. Pour s'acquitter de cette obligation Guy d'Ostun avait emprunté plusieurs sommes, notamment 840 livres à Eudes de Gayes, père de Simon, qui en avait poursuivi le remboursement [9].

---

1. Comte de Chastellux, *Histoire généalogique de la Maison de Chastellux*, p. 65.
2. Duchesne, *Généalogie de la Maison de Vergy*. Preuves, p. 233. — Comte de Chastellux, *Recherches sur les anciens seigneurs de Chastellux*; Avallon, 1868. Pièce justificative, n° XXX, p. 99.
3. Bierre-lès-Semur, canton de Précy-sous-Thil, arr. de Semur (Côte-d'Or).
4. Ruffey, com. de Courcelles-lès-Semur, canton et arr. de Semur (Côte-d'Or).
5. Dom Plancher, t. II, p. 171. — Courtépée a écrit par erreur 1223 (*Description du duché de Bourgogne*, t. III, p. 553).
6. La Chaux, com. d'Alligny (Nièvre).
7. Villars, com. de Liernais (Côte-d'Or).
8. Comte de Chastellux, *Hist. généal. de la Maison de Chastellux*, charte CLX, p. 363.
9. Id. p. 66.

Nous n'avons pu découvrir ce que devint depuis Girard d'Arconcey.

Nous avons rencontré au quatorzième siècle d'autres personnages encore devant appartenir à la famille féodale d'Ostun, mais que nous n'avons pu rattacher à une branche plutôt qu'à une autre. Ainsi, en 1334, Guillaume d'Ostun était sacristain de l'abbaye de Saint-Martin [1]; c'était « *une noblesse,* » selon l'expression employée par l'auteur anonyme d'un travail fait pour dom Mabillon et conservé aux archives de l'évêché d'Autun. Humbert d'Ostun, écuyer, faisait partie des hommes d'armes réunis à Argilly en décembre 1361, sous le commandement de Girard de Longchamp, bailli de Chalon, pour aller assister aux funérailles du duc Philippe devant avoir lieu à Citeaux [2]. En 1386 (n. st. 1387), Jean d'Ostun était valet de garde-robe du comte de Nevers. Il est conservé de lui la quittance suivante :

Je Jehan d'Ostun, varlet de garde robe de Mons. le conte de Nevers, certiffie par ces présentes que un drapier demourant à Tournay a délivré en l'ostel de mondit seigneur par l'ordonnance de Josset de Halle, argentier de Mons. de Bourgoingne, quatre aulnes d'escarlate vermeille à l'aulne dudit lieu, de quoy on a fait des chausses pour mondit seigneur le conte. En tesmoing de ce j'ai mis mon seel à ces presentes le XIIe jour de mars l'an mil trois cens IIII^{xx} et six.

Cette quittance est revêtue d'un sceau orbiculaire en cire rouge avec la légende : IEAN DOSTVN. Au centre de ce sceau est un écu très fruste, sur le champ duquel on distingue *un trait croisé en sautoir ;* l'écu est flanqué de *deux étoiles à six rais.* [3]

Nous connaissons aussi un Guillaume d'Ostun [4], prieur du

---

1. J.-G. Bulliot, *Essai historique sur l'abbaye de Saint-Martin*, t. II, ch. 112.
2. *Manuscrits de dom Merle*, extraits des archives de la Chambre des Comptes de Dijon. Bibliothèque de M. Bulliot.
3. Archives de la Côte-d'Or, B 365. Nous devons la copie de cette pièce et de plusieurs autres à M. Garnier, conservateur des archives de la Côte-d'Or, qui fut pour nous d'une obligeance extrême.
4. *Mémoires de la Société Éduenne*, 1836-1837, p. 157.

Val-Saint-Benoît [1] en 1353, et un Jean d'Ostun [2], diacre au prieuré du Val-Croissant [3], en 1393, sous le prieur Jean de Goix. Mais pour ces deux derniers, il est possible que le nom d'Ostun ne soit qu'une désignation d'origine.

Dans un recueil des montres d'armes du quinzième siècle [4], nous avons encore trouvé un Jean d'Ostun au nombre des hommes d'armes assemblés pour le siége de Larrey et passés à montre, le 19 mars 1429 (n. st. 1430), par Hugues du Bos, bailli du Charollais. On retrouve ce même Jean d'Ostun, en 1444, parmi les chevaliers et les écuyers réunis sous les murs de Semur-en-Auxois pour marcher contre les écorcheurs.

Palliot [5] parle d'un Guy d'Ostun, abbé de Cîteaux, qui assista à la tenue des Etats en 1460. Mais ce Guy d'Ostun, d'abord moine à Fontenay [6], ensuite abbé de Charlieu [7], puis de Pontigny [8] en 1458, qui mourut abbé de Cîteaux le 26 juillet 1462, n'appartient pas à la famille féodale d'Ostun. Selon le *Gallia Christiana* [9], il était du diocèse de Sens. Il existait en effet à Sens, dès le treizième siècle, une famille portant le nom d'Ostun, dû probablement à son origine autunoise, mais qui n'avait, selon nous, rien de commun avec les sires de Domecy-sous-le-Vault, les sires de Dracy-Saint-Loup, les sires de Montjeu. Clément d'Ostun, *Clemens de Edua*, citoyen de Sens, et sa femme Luce, *Luca*, reconnurent, en 1233, devoir au Chapitre de Sens des droits censuels sur des héritages sis sur le territoire de cette ville [10]. En 1364, Guillaume d'Ostun

---

1. Le Val-Saint-Benoît, prieuré de l'ordre du Val-des-Choux, com. d'Épinac, arr. d'Autun.
2. M. l'abbé Baudiau, *le Morvan*, t. III, p. 264.
3. Le Val-Croissant, prieuré de l'ordre du Val-des-Choux, com. de la Motte-Ternant, canton de Saulieu (Côte-d'Or).
4. *Manuscrits de dom Merle*. Bibl. de M. Bulliot.
5. Bibliothèque de Dijon. *Mémoires généalogiques de Palliot*, mss n° 481, p. 1029.
6. Fontenay, abbaye, com. de Marmagne, canton de Montbard (Côte-d'Or).
7. Charlieu, départ. de la Loire.
8. Pontigny, départ. de l'Yonne.
9. *Gallia Christiana*, t. IV, col. 1004.
10. Max Quantin, *Cartulaire de l'Yonne*, t. III, n° 399, orig. Bibliothèque nationale, carton 1811.

était *prévôt de Sens* [1] ; le même, en 1376, portait le titre de *receveur des bailliages de Sens et d'Auxerre* [2]. Pierre d'Ostun était *prévôt de Sens* en 1394 [3]. C'est à cette famille bourgeoise de Sens que nous croyons devoir aussi rattacher Pierre d'Ostun, avocat, qui est peut-être le même que le précédent, et qui figure comme témoin dans l'acte de la transaction passée en 1402 entre Pierre de Grancey et Jeanne de Marmeaux, sa femme, et les coseigneurs de Ravières d'une part, et les habitants de Ravières d'autre part. [4]

En résumé, si malgré nos efforts nous n'avons pu bien clairement établir l'origine de la famille féodale d'Ostun ; si nous n'avons pu relier entre elles d'une manière précise les différentes branches qui existaient aux douzième et treizième siècles, il n'en est pas moins certain que les sires de Dracy-Saint-Loup, les sires de Chevigny, les sires d'Arconcey et les sires de Montjeu, vivant au commencement du quatorzième siècle, sont tous sortis d'une souche commune.

Symon d'Ostun, sire de Dracy, 1305.   Perrin d'Ostun, sire de Montjeu, 1310.   Guy d'Ostun, sire d'Arconcey, 1313.

Leurs sceaux, conservés aux archives de la Côte-d'Or, en sont une preuve irrécusable. Tous, ils portent un sautoir, tantôt seul, tantôt brisé d'un lambel, tantôt cantonné d'étoiles, pour distinguer les diverses branches entre elles.

1. Arch. de l'Yonne, E 295.
2. Arch. de l'Yonne, G 503.
3. Arch. de l'Yonne, E 295. — Ces renseignements inédits nous ont été gracieusement communiqués par M. F. Mollard, conservateur des archives de l'Yonne.
4. Comte de Chastellux, *Histoire généalogique de la Maison de Chastellux*, p. 375.

A partir du milieu du quinzième siècle, on ne retrouve plus d'Ostun. Plusieurs des branches de cette famille se sont éteintes ; celles qui ont survécu ont abandonné le nom patronymique, ne portant plus que le nom de leur fief, sous lequel il est fort difficile de les reconnaître, comme il est arrivé pour la branche de Montjeu.[1]

III

GÉNÉALOGIE DES SIRES DE MONTJEU.

I [2]. — GUILLAUME D'OSTUN, SIRE DE MONTJEU. — Guillaume d'Ostun, qui devint par sa femme seigneur de Montjeu, était de son chef seigneur d'Aisey [3] et de Raveloux [4], et possédait à Saint-Jean-le-Grand et aux environs tout ce dont Marguerite de Saillenay, veuve de son petit-fils, donnera dénombrement en 1365 [5]. En 1279, il donna au prieur et aux religieux du Val-Saint-Benoît cinq sols de rente sur son moulin d'Aisey, dans la paroisse de Dracy-Saint-Loup, pour le remède de son âme, de celles de ses prédécesseurs, et pour la célébration de son anniversaire [6]. Il figure en 1282 au nombre des témoins qui déposèrent en faveur des droits et des priviléges que le duc Robert II contestait à l'Eglise d'Autun [7]. En 1283, Guillaume d'Ostun, seigneur de Montjeu, fut, avec Hugues de la

---

1. Nous n'avons pas parlé d'un Jean d'Ostun cité dans la liste des viergs (*Histoire d'Autun*, par Edme Thomas; Autun, 1846, p. 409) aux dates de 1324 et 1331, car il nous a semblé porter un nom d'origine. Nous tenons à dire que nous ne le regardons pas comme un membre de la famille féodale d'Ostun.

2. Les chiffres romains mis en tête de chaque article indiquent les générations, et les lettres en italique, l'ordre de primogéniture entre les frères et sœurs, autant que nous avons pu l'établir. Ces chiffres et ces lettres reproduits sur un tableau généalogique aideront le lecteur à mieux se reconnaître.

3. Aisey, com. de Dracy-Saint-Loup, canton d'Autun. — Aisey relevait du seigneur de Lally.

4. Raveloux, aujourd'hui Ravelon, com. de Dracy-Saint-Loup. Raveloux relevait du seigneur de Dracy-Saint-Loup.

5. Pièce justificative n° L.

6. Pièce justificative n° LIII.

7. A. de Charmasse, *Cartulaire de l'Église d'Autun*, p. 240.

ALLIANCES DES SIRES DE MONTJEU

1 Riveau.
2 Loges.
3 Saillenay.
4 Saulx.
5 Lugny.
6 Pioche.
7 Du Bos.
8 Ferrières.
9 Poupet.
10 Choiseul-Traves.
11 Bouton.

Perrière, arbitre d'un différend entre Robert, comte de Nevers, et l'abbé de Vezelay. [1]

On lit dans le *Cartulaire d'Autun* [2] à propos de l'anniversaire du vierg Renaud : « Duodecimo kal. aprilis, obiit,
» Renaudus vigerius Eduensis, pro cujus anniversario Domi-
» nus Guillermus de Monjouz, miles, debet solvere viginti
» s. parisien. supra homines suos de Rebello. » Nous croyons que ce vierg Renaud, pour l'anniversaire duquel Guillaume devait vingt sols sur *ses hommes de Riveau*, et qui, en 1194, était témoin de la reconnaissance que le duc Eudes III faisait à l'Eglise d'Autun du droit de battre monnaie [3], devait être un ancêtre de Béatrix de Riveau, sur la seigneurie de laquelle était établie la fondation.

Nous ignorons la date de la mort de Guillaume, qui fut inhumé à Saint-Jean-le-Grand ; Béatrix, sa femme, était veuve en 1297, alors qu'elle constitua à l'abbé et au couvent de Saint-Martin une rente de cent sols, assise sur la terre de *la Planchète*, dans la paroisse d'Etang [4]. Elle mourut l'année suivante : « Tertio decimo kalendas junii anno Domini
» Mº CCCº VIº obiit bone memorie domina Beatrix, uxor
» domini Guillelmi de Edua, militis, domina Montis Jovis,
» que dedit nobis, pro anniversario suo in nostra ecclesia
» annuatim faciendo, sexaginta solidos viennensium. » [5]

Nous ne connaissons d'une manière certaine que deux enfants de Guillaume et de Béatrix.

 II. *a.* — Pierre ou Perrin qui suit ;

 II. *b.* — Alips ou Alix, à qui Gilète, fille de Blainchart d'Autun, et femme d'Helye Bretenat, constitua en 1323 une rente de quarante sols assise sur une

---

1. De Soultrait, *Inventaire des titres de Nevers* par l'abbé de Marolles. Nevers, 1873, col. 63.
2. A. de Charmasse, *Cartulaire de l'Église d'Autun*, p. 331.
3. Id. p. 115.
4. Pièce justificative nº X.
5. Archives de l'hôtel de ville d'Autun. F. de la Cathédrale. *Fondations. Extraits faits en 1544.*

pièce de terre des *Cités* d'Autun [1]. Elle mourut en 1326 ; car cette année-là Guiot d'Ostun, sire de Dracy, reçut du duc « pour l'enterrement et l'obit » de sa tante Alips de Montjeu » 21 livres dont il donna quittance à « Hugues Le Moingne, » châtelain de Roussillon. [2]

II. *a*. PERRIN DE MONTJEU. — Pierre, plus souvent appelé Perrin d'Ostun, sire de Montjeu, apparait comme témoin dans plusieurs chartes dès 1300 [3]. Il avait épousé Isabeau d'Antully, fille de Guillaume de Loges, seigneur d'Antully [4], et de Hodierne de Limanton. Isabeau, qui peut-être était déjà sa parente, lui apporta la terre de Charbonnières [5] et une partie de la seigneurie d'Antully. [6]

En 1307, Perrin de Montjeu acheta de Perreaul de Varennes [7] et de Dameronne de Broyes, le fief du Petit-Montjeu, situé au dessus d'Autun [8]. Le Petit-Montjeu dépendait en arrière-fief de Hugues dit *Cahins* de Varennes, mais ce dernier qui avait des obligations à Perrin de Montjeu et qui vraisemblablement était son parent, lui abandonna tous ses droits féodaux sur tout ce qu'il avait acquis de Perreaul. L'acte de cette cession, en date de juillet 1307, nous apprend que Perrin avait acheté non-seulement le Petit-Montjeu, mais *le tiers du*

---

1. Pièce justificative n° XXXIII.
2. Archives de la Côte-d'Or. *Recueil de Peincedé*, t. XXIV, p. 701.
3. Arch. de la Côte-d'Or. *Recueil de Peincedé*, t. III, p. 319.
4. Antully, commune du canton d'Autun (Saône-et-Loire).
5. Charbonnières, comm. de Saint-Émiland, cant. de Couches-les-Mines (Saône-et-Loire).
6. Voir sur les Loges la note concernant Antully.
7. Perreaul de Varennes, fils de Hugues *le Moyne* de Varennes, chevalier, et Hugues dit *Cahins* de Varennes, tiraient leur nom de Varennes-lès-Igornay, comm. d'Igornay, cant. de Lucenay-l'Évêque, arr. d'Autun.
8. Pièce justificative n° XIX.

château de Riveau et tout ce que Perreaul de Varennes avait possédé dans la ville d'Autun. [1]

Ce nom de *Petit-Montjeu*, qui s'est conservé jusqu'à nos jours, indique que ce fief avait dû primitivement être une dépendance de *Montjeu - en - Montagne* et qu'un partage de famille en avait probablement distrait. Depuis 1307, le Petit-Montjeu réuni à tout ce que Perrin possédait déjà à Autun, soit du chef de son père, soit de celui de sa mère, forma, sous le nom de *Montjeu - en - Ostun*, une seigneurie importante, distincte de la seigneurie de *Montjeu* proprement dit, ou de *Montjeu-en-Montagne*. La maison seigneuriale de Montjeu-en-Autun, se trouvait devant les fossés intérieurs du château de Riveau, dans la rue de Riveau [2]. L'habitation, qu'on appelle aujourd'hui le Petit-Montjeu, en la partie supérieure du faubourg Saint-Blaise, fut construite par le président Jeannin au dix-septième siècle.

En 1309, Perrin de Montjeu, obéissant aux dernières volontés de sa mère, donna à l'église cathédrale d'Autun dix livres de rente pour être employées *en œuvres pies* à l'autel Saint-Louis, et soixante sols de rente pour la célébration de l'anniversaire de dame Béatrix; il assigna lesdites rentes « sur tous ses » biens sis dans la ville, finage et territoire d'Autun, mouvans » du fief de l'évesque qui pour lors s'appelait Elie. » [3]

La fondation de l'autel, qui en 1309 est désigné sous le vocable de Saint-Louis, remonterait à 1223 [4] et était due probablement à la famille de Béatrix de Riveau [5]. Il était adossé à l'un des piliers qui se trouvent en face de la chapelle fondée en l'honneur des apôtres Pierre et Paul par l'évêque Nicolas de

---

1. Pièce justificative n° XX.
2. Voir plus loin la note sur la seigneurie de Montjeu-en-Autun.
3. Arch. de l'évêché d'Autun. *Extrait des fondations faites en l'église d'Autun.*
4. Arch. de l'hôtel de ville d'Autun. F. de la Cathédrale. *Mémoire réductif de 1693*, fol. 17 v°.
5. Il avait dû être élevé d'abord sous un autre vocable.

Toulon [1]. A partir du quatorzième siècle, un grand nombre des membres de la famille de Montjeu furent inhumés auprès de cet autel, qui était presque toujours désigné sous le nom d'autel de Montjeu. [2]

En 1310, Perrin fit au duc de Bourgogne Hugues V la reconnaissance suivante :

A touz cels qui verront ces lettres, je Perrins de Mont Jeul, escuiers, fais savoir que je tienz et doi tenir en fie liege de mon tres chier seigneur Hugue duc de Bourg⁰ⁿ la vile que l'on appele le Petit Mont Jeul, assise dessus la cité d'Ostun, laquele j'ai de noveaul acquise de Perreaul de Varenes, escuier, fil jadis Monsʳ Hugue Le Moine de Varenes, chᵉʳ, et la reprise ou dit fie et fait homaige audit Monsʳ le duc, ensemble le font, les appendises et les pertenances de ladicte vile, et touz les droiz d'icele, tant en hommes, mes, maisons, tailles, costumes, censies, terres, prez, bois, justises et autres droiz quelsquil soient. Ou tesmoing de la quele chose je mez mon seaul a ces lettres et les delivroi audit Monsʳ le duc. Doné à Talant, le mardi devant Penthecoste, l'an de grace M CCC et dix. [3]

Au bas de cette reconnaissance est encore attaché le sceau en cire verte; au centre, dans un encadrement polylobé, est un écu chargé d'un sautoir ; autour se lit la légende : S. PETRI DE MONTE.O....

---

1. « Magister Philibertus Seurre, cannonicus Eduensis, jacet ante capellam apos-
» tolorum, sub una tumba suo nomine scripta, contra pilare altaris Sti Ludovici. »
(Arch. de l'hôtel de ville d'Autun, fonds de la Cathédrale. *Ancien obituaire*, fol. xxxix, 21 fév. 1499. — *Mémoire réductif de 1693*, fol. 13 v°.)

2. « Nobilis vir dominus Claudius de Montejoco, canonicus Eduensis et archidiaconus Cabilonensis, jacet ante altare Montisjoci. » (Arch. de l'hôtel de ville d'Autun, fonds de la Cathédrale. *Mémoire réductif de 1693*, fol. 8 v°.)

3. Arch. de la Côte-d'Or, B. 10191.

Depuis Pierre de Montjeu, nous verrons tous ses descendants porter un sautoir. Dans plusieurs armoriaux, on a donné à tort d'autres armoiries aux sires de Montjeu, et on a prétendu qu'ils portaient : *d'or semé de billettes de sable, au lion de même brochant sur le tout.* C'est une erreur que nous devons rectifier et dont voici probablement l'origine. Dans *le Catalogue des noms, surnoms, faits et vies des connétables, chanceliers, grands maistres, admiraux, mareschaux de France et prévosts de Paris,* par Jean Le Féron, imprimé à Paris en 1598, à l'article des Prévôts de Paris [1], on lit : « Messire » Robert de Montieu, seigneur de *, fut institué prévost de » Paris, l'an mil quatre cens dix neuf, du temps du Roy » Charles sixième, comme j'ay veu par les registres de la » court de Parlement à Paris. Et portoit *d'or au Lyon de sable,* » *billeté de même.* » Ce Robert de Montieu n'était pas un de nos Montjeu.

Dans les *Mémoires de la commission des antiquités du département de la Côte-d'Or* [2], il est donné la description de la tombe de Guynot de Mongeu, religieux de l'ordre de Saint-Jean de Jérusalem, natif de Dijon, maître de Fauvernay et de l'hôpital de Sombernon, mort le 24 juin 1498. A deux des angles de la tombe est gravée la croix de Malte, aux deux autres est représenté un écu portant une fasce accompagnée de trois figures rappelant des trèfles, 2 en chef et 1 en pointe. Ce personnage ne doit pas non plus être relié aux d'Ostun, sires de Montjeu, et ses armoiries n'ont jamais été portées par ces derniers.

Les armes véritables des Montjeu sont : *d'azur au sautoir d'or.* Chasseneuz s'est trompé en leur attribuant *un sautoir d'azur sur un champ d'or* [3]. Par inadvertance, il a donné

---

1. Fol. II.
2. T. IX, p. 278.
3. « Civitas nostra Heduensis olim habebat septem nobiles vicinos, qui hoc signo pro armis utebantur, diversis tamen coloribus; hodie tantum sunt tres, quorum unus est dominus de Loges, habens prædictum signum *de saultoir* coloris aurei in campo azureo. Alius est dominus de Montejoco, habens prædictum signum azureum in campo aureo. Alius est dominus de Perreria, qui habet hoc signum album in campo viridi. » (Chasseneuz, *Catalogus gloriæ mundi,* 1529, fol. 50 v°.)

aux Montjeu les armoiries des Loges et aux Loges celles des Montjeu. Les sceaux des quatorzième et quinzième siècles ne reproduisant pas les émaux, nous ne pouvons les apporter à l'appui de notre dire ; mais nous avons bien d'autres preuves. Entre autres, Palliot décrivant les armoiries d'Antoine de Salins, qui fut reçu conseiller clerc au parlement de Bourgogne en 1486, dit qu'il portait « *d'azur à une tour d'or, parti d'azur au sautoir d'or* [1]. » C'est-à-dire parti de Salins et parti de Montjeu. Il était en effet fils de Claude Montjeu et d'Etienne de Salins, seigneur de Corrabœuf. Gaignières, en donnant la description du sceau de Philibert de Montjeu, évêque de Coutances en 1429, met en marge « les armes : *d'azur au sautoir d'or.* » [2]

En 1321, Perrin de Montjeu et Jehan d'Antully, son beau-frère, furent pris pour arbitres par Jehan Le Roux (Rufus), seigneur de Sully [3], et Girard de Châtillon, seigneur de la Roche-Milay [4], qui se disputaient la seigneurie de Grôme [5]. En 1327, le 9 février : « Monsieur Pierre de Mont Jehu, chevalier [6], » fut témoin d'une transaction entre les religieux de Saint-Martin et le seigneur de Monestoy [7], au sujet de la justice de Dinay. [8]

Dans un dénombrement donné au duc en 1327, Perrin de Montjeu reconnut posséder entre autres choses « les deux tiers » du château de Riveau. » Un tiers lui venait probablement de sa mère Béatrix de Riveau ; et l'autre tiers il l'avait acquis, comme nous l'avons vu, de Perreaul de Varennes. Cette pièce,

---

1. Palliot, *Parlement de Bourgogne*, p. 152.
2. Bibliothèque nationale, départ. des mss., fonds Gaignières, vol. CXXXVII, p. 151. — Les Montjeu ne portèrent pas seuls en Bourgogne : *d'azur au sautoir d'or*. Les Noblet et les Messey portent de même.
3. Sully, cant. d'Épinac, arr. d'Autun.
4. La Roche-Milay, canton de Luzy (Nièvre).
5. Grôme, comm. de Sully, cant. d'Épinac, arr. d'Autun. — Arch. de l'évêché d'Autun.
6. J.-G. Bulliot, *Essai historique sur l'abbaye de Saint-Martin d'Autun*, t. II, p. 170, ch. 108.
7. Monestoy, aujourd'hui Épinac (S.-et-L.)
8. Dinay, comm. d'Épinac.

curieuse par les détails qu'elle donne sur la maison seigneuriale située devant le château de Riveau et sur ses dépendances, étant trop longue pour être citée ici *in extenso*, nous y renvoyons le lecteur qui la trouvera aux Pièces justificatives [1]. Elle relate au profit du seigneur de Montjeu le droit de chasse dans les forêts qui avoisinent Autun, et le droit d'épave sur tous les animaux sauvages pris sur les montagnes qui dominent ladite ville. Ce singulier droit d'épave ne s'exerça pas toujours sans de vives oppositions de la part des seigneurs voisins, et plus d'une fois les sires de Montjeu virent leurs prétentions condamnées.

Peu de temps avant sa mort, Béatrix avait eu un procès avec le Chapitre de la cathédrale d'Autun au sujet d'un cerf d'épave trouvé sur le territoire de Corbigny, aujourd'hui Filliouse, dont les gens dudit Chapitre s'étaient emparés. [2]

La dame de Montjeu prétendait être en saisine et possession depuis longtemps « d'avoir et de percevoir la choite de toutes
» les bestes sauvaiges qui sont venues eschoites d'espave anvi-
» ron Ostun, *en quelque justice que ce soit*, a sehue de ladite
» dame dedanz les termes et les bornes qui s'ansuiguent :
» c'est à savoir, dois le vilaige que l'on appelle *le Chaigne saint
» Syphoryain* [3] à venir droit à la rivière de *Rainçon* [4] et toute
» ladite rivière jusques lou ou ele se fiert en la rivière de
» *Mevrain*, et dois au qui en traversant par dessus la maison
» Mons. *Gauthier des Choux* [5], et par mi la vile de *Guinant* [6],
» et par dessouz Mont Drue jusques à la rivière d'Arroux,
» amprès Orné [7], et tout le fy d'Arroux en traversant devers

---

1. Pièce justificative n° XXXV.
2. Corbigny, aujourd'hui Filliouse, comm. d'Autun. La terre de Filliouse fut donnée à l'église d'Autun par Hugues de Saint-Andoche au douzième siècle. (A. de Charmasse, *Cartulaire de l'Église d'Autun*, p. 95.)
3. Le Chêne-Saint-Symphorien, aujourd'hui *les Cerisiers*, comm. d'Antully, cant. d'Autun.
4. Le Rançon, affluent du Mesvrin, qui prend sa source sur le plateau d'Antully.
5. V. *Mém. de la Société Éduenne*, nouv. série, t. VI, p. 362.
6. Gueunant, comm. de Brion, cant. de Mesvres, arr. d'Autun.
7. Ornée, comm. d'Autun.

» Ostun jusques au ru de *Pierre Cerveault* [1], et dois le devant
» dit ru de *Pierre Cerveault* jusques à la devant dite vile dou
» *Chaigne saint Symphorien.* » Ce procès ne fut terminé que longtemps après la mort de Béatrix, en vertu d'une sentence rendue le 27 septembre 1312, par Guiz, sire de Villers, gouverneur et garde de la terre de la Vallée et d'outre Saône pour Mons. le duc de Bourgogne, et d'après laquelle la possession de l'épave trouvée sur le territoire de Corbigny fut confirmée au Chapitre d'Autun [2]. En 1330, Perrin de Montjeu ne fut pas plus heureux dans la défense de ce droit, toujours contre le Chapitre de la Cathédrale. Cette fois-ci, c'étaient ses gens qui avaient trouvé un porc d'épave dans le val de Bierre [3], dépendant de la justice du Chapitre. Ce dernier réclama l'animal, et Perrin de Montjeu fut condamné à en faire restitution [4]. Cependant, dans le dénombrement donné par Marguerite de Saillenay en 1365 [5], et dans celui donné par Huguenin de Montjeu en 1394, ce droit d'épave des animaux sauvages, dans les mêmes limites, est toujours mentionné.

En 1333, Perrin donna dénombrement à l'évêque d'Autun de ce qu'il tenait en fief de lui à Chanteloup, Rivoau et Sainte-Anastasie. [6]

Pierre ou Perrin d'Ostun, seigneur de Montjeu, mourut en 1338, et voulut être inhumé, comme son père, dans l'abbaye de Saint-Jean-le-Grand d'Autun. On lit en effet dans un inventaire des titres de cette abbaye : « Extrait de certaines clauses
» du testament de noble Pierre d'Autun, chevalier, seigneur
» de Montjeu, du 5 juillet 1338, par l'une desquelles il élit sa
» sépulture dans l'abbaye de Saint-Jean-le-Grand, au tombeau

---

1. Le ruisseau du Cerveau prend sa source à Auxy ; il reçoit près de Saint-Pantaléon le ruisseau d'Accorron venant des étangs de Montjeu.
2. Arch. de la ville d'Autun. Fonds de la Cathédrale, carton de Corbigny-Filliouse.
3. Bierre, comm. de Broye.
4. Arch. de Montjeu.
5. Pièce justificative n° L.
6. Pièce justificative n° XXXIX.

» de feu Mʳ son père et de dame Isabeau, sa femme. Et par
» une autre il fonde audit monastère un anniversaire pour
» être célébré annuellement à pareil jour de son décez [1] pour le
» repos de son âme, de sadite femme et de feu Jean d'Autun,
» son fils. Et à cet effet il lègue aux dames religieuses dudit
» monastère quatre livres de rentes qu'il assigne sur tous ses
» biens. » [2]

L'épitaphe de Perrin de Montjeu nous a été conservée. En voici la transcription évidemment incorrecte :

HIC IACET DOMINVS PETRVS DE MONTEIOVIS QVI OBIIT DIE V...
AN.. FESTVM BEATI MARTINI ESTIVALIS ANN DNI M.CCC.XXXVIII
ET IACET DOMINA ISABELLA DE ANTVLEYO VXOR EIVS MILES. ANIMAE
IPSORVM REQVIESCANT IN PACE AMEN. [3]

Il faut lire pour les mots effacés *die V... ante festum* ; d'où il résulte que la Saint-Martin d'été étant le 4 juillet, Perrin de Montjeu mourut cinq jours au moins auparavant. Cela ne concorde pas avec la date donnée par l'inventaire ; mais nous croyons devoir nous en rapporter de préférence à celle mentionnée par l'inscription.

Nous connaissons plusieurs enfants de Perrin de Montjeu et d'Isabeau d'Antully :

III. *a*. — Hugues qui suit ;

III. *b*. — Jean, mort avant son père ;

III. *c*. — Alixant, religieuse à l'abbaye de Saint-Andoche et qui mourut en 1354 ; [4]

---

1. Malgré la clause du testament, l'anniversaire se célébrait à Saint-Jean-le-Grand le 13 nov. — « L'anniversaire de Montjeu se fait le jour de saint Clément ;
» les curés chacun deux gros, chasque chapelain prébendé chacun six blancs, la
» secrestaine et marillier chascun un gros, qu'est pour tout en somme XX sols
» V deniers. » (*Papier des anniversaires fondés en l'église et monastère de Saint-Jean-le-Grand*, copie du dix-septième siècle faite sur l'acte du 27 sept. 1525. — Arch. de l'hôtel de ville d'Autun, fonds de Saint-Jean-le-Grand.)

2. *Inventaire des titres de Saint-Jean-le-Grand de 1689*, fol. 253. — Arch. de l'évêché d'Autun.

3. Bibl. nationale, départ. des mss., fonds Bouhier, n° 53, p. 235.

4. *Obituaire de Saint-Andoche*. Arch. de l'évêché d'Autun. Fonds de Saint-Andoche.

III. *d*. — Béatrix de Montjeu, dame de Charbonnières, qui, en 1356, était femme de Perrin de Saint-Franchy, seigneur de Magny, près Avallon [1]. Par son testament du 17 juin 1361, elle choisit sa sépulture à Saint-Martin d'Autun, près de la chapelle de la Vierge, et fonda en l'église de ce monastère son anniversaire et sept messes devant être célébrées annuellement au jour de son décès. Au service de cette fondation elle assigna trente-sept bons petits tournois de rente sur sa terre de Charbonnières, en réservant l'assentiment de son frère Hugues de Montjeu, de qui ce fief relevait à cause de la maison forte d'Antully. Perrin de Saint-Franchy [2] avait d'un précédent mariage deux fils : l'un nommé Pierre, grand prieur de Saint-Martin, l'autre appelé Hugues, damoiseau. Il ne semble pas avoir eu d'enfant de son union avec Béatrix de Montjeu. Charbonnières alla à Hugues de Thenissey, probablement neveu de Béatrix. [3]

III. *e*. — Marguerite, que nous ne connaissons que parce qu'elle est nommée dans le testament de sa sœur Béatrix. Il nous paraît vraisemblable qu'elle était la mère de Hugues et de Robert de Thenissey, héritiers de Béatrix et d'Agnès de Thenissey, religieuse de Saint-Jean-le-Grand.

III. *a*. — Hugues I de Montjeu. — Hugues, premier du nom, fut, si l'on en croit dom Plancher, maître d'hôtel du duc Hugues V [4]. Mais comme ce prince mourut en 1315, il est

---

1. Arch. de Montjeu, charte de 1356. Pièce justificative n° XLVIII.
2. Nous connaissons le sceau de Perrin de Saint-Franchy ; il porte un écu chargé d'une fasce, accompagnée de trois annelets en chef.
3. Pièce justificative n° XLIX.
4. Dom Plancher, *Histoire de Bourgogne*, t. II, p. 349.

probable que dom Plancher s'est trompé, et que c'est Eudes IV qui eut Hugues de Montjeu pour maître d'hôtel. Quoi qu'il en soit, Hugues de Montjeu occupa cette charge sous les ducs Eudes IV, Philippe de Rouvres et Philippe le Hardi; durant sa longue carrière, il remplit toujours un rôle considérable à la cour de Bourgogne.

En 1344, Hugues d'Ostun, sire de Montjeu, se qualifie *chevalier de monseigneur le duc* dans une quittance qu'il donne au vierg d'Autun des arrérages d'une rente qu'il possédait sur la viérie [1]. Son sceau attaché à cette quittance est dans un état parfait de conservation. L'écu qui porte un sautoir est surmonté d'un heaume ayant une tête de *chien de garde* pour cimier. Autour se lit la légende : SEEL : HVGVES : SIRE : DE : MŌIEV.

Le mardi après Pâques 1344, Hugues de Montjeu vendit à son parent Guy d'Ostun, sire de Dracy-Saint-Loup, Villez [2], Abost [3] et Chamborre [4], dans les paroisses de Dracy-Saint-Loup, Cordesse et Saint-Forgeot. [5]

D'après une charte rapportée par Pérard [6], Hugues aurait été le premier gouverneur du château de Saulx pour le duc de Bourgogne. En 1348, il assista à la ratification du traité d'alliance conclu l'année précédente entre le duc Eudes IV et

---

1. Arch. de la Côte-d'Or, B. 357.
2. Villez, nom perdu.
3. Abost, comm. de Cordesse, cant. de Lucenay-l'Évêque, arr. d'Autun.
4. Chamborre, comm. de Saint-Forgeot, cant. d'Autun.
5. Pièce justificative n° XLI.
6. Pérard, *Recueil de plusieurs pièces curieuses servant à l'histoire de Bourgogne*, p. 464.

Amé, comte de Savoie. Ce traité, fait en considération du mariage du jeune comte de Savoie avec Jeanne de France, petite-fille du duc de Bourgogne, fut ratifié par les deux princes, le 8 juin, au château de Montréal en Auxois, et le nom de Hugues de Montjeu figure dans l'acte avec ceux des plus grands seigneurs de Bourgogne appelés à en être les témoins [1]. En 1354, il accompagna le jeune duc Philippe de Rouvres à Beaune, pour la tenue du parlement, et l'une de ses quittances, conservée aux archives de la Côte-d'Or, nous apprend qu'il touchait à cette occasion des gages de cinquante sols par jour.

En 1355, le roi de France Jean, qui avait pris en main la régence du duché pendant la minorité du duc Philippe, ayant mandé à son aide les seigneurs bourguignons pour repousser les ennemis du royaume, Hugues de Montjeu fut un des premiers à répondre à son appel, et se rendit avec ses hommes d'armes à Châtillon, lieu de réunion indiqué [2]. En 1358, le duc Philippe, sentant le besoin de secours pour défendre ses Etats menacés, fit un traité d'alliance avec Amé, comte de Savoie, confirmant ceux conclus antérieurement par ses prédécesseurs ; Hugues de Montjeu est un des témoins de ce traité passé à Cuisery, le 17 juin [3]. Il est encore un des témoins de l'acte par lequel le duc confirma les priviléges de la commune de Dijon [4], le 26 janvier 1359 (nouv. st. 1360).

L'année 1359 avait été néfaste pour les armes bourguignonnes ; l'armée du duc avait été défaite par les Anglo-Navarrais conduits par Jean de Neufchâtel, à Brion, près Châtillon-sur-Seine [5]. Les Anglais de leur côté envahirent la Bourgogne ; le 27 janvier 1360, ils prirent Flavigny ; Saulieu subit

---

1. Arch. de la Côte-d'Or, B 292. *Recueil de Peincedé*, t. I, p. 464.
2. Dom Plancher, *Histoire de Bourgogne*, t. II, p. 214.
3. Id. t. II, p. 221.
4. J. Garnier, *Chartes de communes et d'affranchissements de Bourgogne*, t. I, p. 68
5. Aimé Chérest, *l'Archiprêtre, épisodes de la guerre de cent ans, au quatorzième siècle*. Paris, Claudin, 1879, p. 118 et suiv.

après le même sort ; l'ennemi poussa jusqu'à Autun, où il brûla au cœur même de la ville plusieurs maisons, principalement dans la rue Chauchien [1]. Pour sauver ses Etats, le duc de Bourgogne fut obligé de conclure avec le roi d'Angleterre Edouard III le trop fameux traité de Guillon (10 mars 1360, nouv. st.), par lequel il lui promit 200,000 deniers d'or au mouton [2]. Pour payer cette énorme et humiliante rançon, il fallut faire appel au patriotisme de tous. Hugues de Montjeu et Guillaume d'Antully, son cousin, s'engagèrent pour le duc avec un grand nombre d'autres seigneurs [3]. Hugues fut même chargé avec Guy de Rossoy et Jean de Chassagne d'aller porter à Calais un des termes montant à 40,000 moutons, dont il lui fut donné quittance, le 25 juillet 1361, par Thomas de Brancyngham et Barthélemy de Malpiles, fondés de pouvoir du roi d'Angleterre [4]. Dans son testament daté du 11 novembre 1361, le duc Philippe de Rouvres n'oublia pas les services que Hugues de Montjeu lui avait rendus ; il lui laissa « cent livres de terre en héritaige a li asseoir et délivrer convenablement. » [5]

Après la mort de Philippe de Rouvres qui n'avait pas laissé

---

1. Dom Plancher, *Histoire de Bourgogne*, t. II, p. 226. — Courtépée, *Description du duché de Bourgogne*, nouv. éd., t. II, p. 488. — Dom Plancher et Courtépée donnent à ces faits la date de 1359, selon l'ancien style. — Nous devons rectifier aussi la date de 1356 à laquelle le désastre d'Autun est rapporté dans l'*Histoire d'Autun*, par Edme Thomas (Notes du livre deuxième, p. 349). C'est à la fin de février 1360 (nouv. st.), après l'engagement de Rouvray où le connétable anglais Roger de Mortimer, comte de la March, fut tué, 26 fév. 1360. (Froissart, édition Buchon, t. Ier, p. 431, note 5), après la prise de Saulieu, que les Anglais brûlèrent une partie d'Autun.

2. 200,000 moutons d'or représenteraient aujourd'hui 2,900,000 fr., sans tenir compte de la différence de pouvoir entre la monnaie du quatorzième siècle et la nôtre.

3. Dom Plancher, *Histoire de Bourgogne*, t. II, p. 230.

4. Arch. de la Côte-d'Or, B 11924. Dom Plancher (t. II, p. 234) donne par erreur à cette quittance la date du 27 mars 1361. Il a confondu la date de la quittance donnée le 25 juillet 1361 en présence de « Hugone domino de Mongieu, milite, » de Guy de Rossoy et de Jean de *Chassigny*, écuyers, avec la date de la procuration donnée le 27 mars précédent par le roi Édouard d'Angleterre à Thomas de Brancyngham, receveur de Calais, Antoine de Vale et Barthélemy de Malpiles, et relatée dans ladite quittance.

5. D. Plancher (*Histoire de Bourgogne*, t. II. Preuves, p. cclxiv), négligeant le trait abréviatif mis sur l'o, a lu *Mogen* au lieu de *Mongeu*.

d'héritier, le duché ayant été réuni à la couronne de France, Hugues fut maintenu dans sa charge ; il est désigné dans de nombreuses pièces comme « maître d'hôtel de Mgr le duc de » Touraine, fils et lieutenant du Roy au duché de Bourgogne. »

En 1363, le duc de Touraine, devenu duc de Bourgogne sous le nom de Philippe le Hardi, se rendant auprès de son père, délégua, par lettres patentes données à Dijon, le 8 août, Hugues de Montjeu, chevalier, son maître d'hôtel, pour passer en qualité de *maréchal* la revue des gens d'armes, archers et autres gens de guerre qu'il faisait lever en Bourgogne [1]. Le même jour, Hugues qui se trouvait alors avec nombre d'autres grands vassaux réunis à Auxonne, fit montre de sa compagnie qui se composait d'un chevalier bachelier et de neuf écuyers, devant messire Jean de Montagu, sire de Sombernon, lieutenant de Monseigneur le duc [2]. En 1364, la compagnie du sire de Montjeu se trouvait à Pouilly-en-Auxois. D'après la revue qui s'en fit le 21 mars, elle se composait « de *Jacques de Saint-Germain*, chevalier, de *Guillaume de* » *Fontaines*, d'*Odile de Montjeu*, de *Jean de Laisy*, de *Jean de* » *Conflans*, de *Vauthelet de Perlette*, de *Pierre d'Aulnay* et » d'*Aymonin Davou*, écuyers. » [3]

Hugues de Montjeu, qui dut mourir dans l'année 1364, avait épousé Marguerite de Saillenay [4], issue d'une ancienne famille féodale. Cette famille était représentée en 1323 par Jean de Saillenay, seigneur d'Annay et de Sainte-Péreuse, dont la fille épousa Hugues de Montagu, seigneur de Couches. La dame de Montjeu était probablement la nièce de la dame de Couches [5]. Nous n'avons pu établir d'une manière précise

---

1. Dom Plancher, *Histoire de Bourgogne*, t. III, p. 3.
2. Dom Plancher, *Histoire de Bourgogne*, t. III, p. 555.
3. Arch. de la Côte-d'Or, B. 11744.
4. Saillenay, aujourd'hui Seignelay, département de l'Yonne.
5. Selon l'abbé Henry (*Histoire de Seignelay*, t. III, p. 206), en 1421 *Jacques de Montjeu* était seigneur *de la ville et terre du mont Saint-Sulpice*, démembrement de la seigneurie de Seignelay. Au lieu de *Jacques*, il faut lire *Jean*.

leur lieu de parenté. Les Saillenay portaient *d'or à trois fasces d'azur*. [1]

Béatrix de Saillenay, qui alors était veuve, donna au duc en 1365 dénombrement pour Montjeu-en-Montagne, Montjeu-en-Autun et Antully. On voit dans cet acte que Hugues avait eu la maison forte d'Antully du chef de sa mère Isabeau d'Antully [2]. En 1368, Marguerite reprit de fief de l'abbé de Maizières pour tout ce que ses enfants et elle possédaient dans les paroisses de Broye, de Brion, de Dracy et St-Maurice près Couches [3]. Marguerite de Saillenay vivait encore en 1372. [4]

Hugues de Montjeu et sa femme furent inhumés dans la cathédrale d'Autun sous une même tombe près de l'autel Saint-Louis. Cette tombe, où ils étaient représentés tous les deux, se voyait encore vers la fin du dix-septième siècle. [5]

Ils eurent pour enfants, à notre connaissance :

IV. *a*. — Odile qui suit ;

IV. *b*. — Pierre de Montjeu qui, en 1372, est qualifié écuyer [6], entra plus tard dans les ordres ; il fut chanoine d'Autun en 1381, prévôt de Sussey en 1391, curé de Notre-Dame en 1400 [7]. En 1399, Pierre fut élu doyen de Lyon. En 1401, il assista en cette qualité au sacre de Milon de Grancey, évêque d'Autun, et, en 1410, il prit part à l'enquête faite sur l'authenticité des reliques de saint Irénée. [8]

---

1. D'après leurs sceaux conservés aux archives de l'Yonne et cités par M. Douët d'Arcq (*Collection de sceaux*, t. II, p. 75 et 76, nos 3593, 3594 et 3595), Daimbert de Saillenay, fils d'Agalon, portait en 1202 *trois seaux avec leurs anses 2 et 1* (seaux, en patois bourguignon *soillots*, armes parlantes des *Soillenay*) ; Étienne, fils de Daimbert, portait *un fascé de six pièces à la bordure*... en 1244.
2. Pièce justificative n° L.
3. Pièce justificative n° LI.
4. Pièce justificative n° LIV.
5. « Dominus Hugo de Montejoco, miles, et domina Margareta ejus uxor, jacent simul juxta altare Sancti Ludovici sub una tumba prope dictum altare in qua sunt duo personnagia. » (Arch. de l'hôtel de ville, F. de la Cath. *Mém. de 1693*, fol. 17 v°.)
6. Pièce justificative n° LIV.
7. Arch. de l'hôtel de ville d'Autun, fonds de la Collégiale.
8. *Gallia christiana*, t. IV. col. 208.

iv. c. — Jeanne de Montjeu qui, en 1382, était veuve de messire Jacques de la Sorme [1], chevalier, et qui avait deux filles, Catherine et Philiberte, dont était tuteur Guillaume de la Sorme, curé de Cressy. [2]

IV. a. — ODILE I DE MONTJEU. — Odile passa comme son père une grande partie de sa vie à guerroyer pour le service des ducs de Bourgogne. On a vu plus haut qu'en 1364 il était écuyer et faisait partie de la compagnie de son père Hugues. En 1367, Odile de Montjeu, chevalier, suivi d'un écuyer, se rendit à Dijon où le duc Philippe le Hardi avait convoqué toute sa noblesse pour aller chasser les ennemis de l'Autunois et du Nivernais [3]. En 1372, il suivit en Guyenne le duc allant combattre les Anglais et porter secours au roi de France, son frère [4]. Le 14 novembre, il faisait montre de sa compagnie à Angers, et avait alors pour écuyer Jean du Pin. [5]

Avant de partir pour cette expédition, Odile avait fait, le 20 avril 1372, donation au Chapitre d'Autun d'une rente annuelle et perpétuelle de 12 florins d'or, valant 10 livres, monnaie courante, payables par moitié les 2 mai et 27 octobre de chaque année, à la charge par ledit Chapitre de faire célébrer à perpétuité pour le salut de l'âme de Hugues de Montjeu, chevalier, son père, deux anniversaires, l'un le 2 mai, l'autre la veille de saint Simon et de saint Jude de chaque année. [6]

En 1381, le mardi, jour de la saint Barnabé, Odile donna au duc dénombrement de Champitault [7]. Ce fief, lui était venu

---

1. La Sorme, comm. de Charmoy, cant. de Montcenis, arr. d'Autun.
2. Arch. de la Côte-d'Or. *Recueil de Peincedé*, t. IV, p. 568.
3. Dom Plancher, *Histoire de Bourgogne*, t. III, p. 559.
4. Dom Plancher, *Histoire de Bourgogne*, t. III, p. 563.
5. Arch. de la Côte-d'Or, B. 11748.
6. Pièce justificative n° LIV.
7. Champitault, aujourd'hui Champiteau, comm. de Saint-Firmin, arr. d'Autun. Il existe encore à Champiteau une vieille tour carrée dont les ruines sont curieuses. — Arch. de la Côte-d'Or, B. 10529.

par héritage du dernier des Loges d'Antully, Guillaume d'Antully. Ayant fait retrait en 1369 de la seigneurie de Charbonnières, comme étant « du plus prochain lignage de Hugues de Thenissey » qui l'avait vendue à Jean Doudry d'Autun, il se trouva ainsi posséder toute la terre d'Antully, qui ne sortit plus de sa famille jusqu'au seizième siècle. [1]

Il est conservé aux archives de la Côte-d'Or [2] une quittance « d'Odile de Montjeu, fils et héritier seul pour le tout de feu » messire Hugues, seigneur dudit lieu, de la somme de » 400 écus d'or que le duc [3] lui avait donnés pour une fois » en recompensation de 400 livrées de terre à héritage que le » duc Philippe [4] avait données par testament à fut Hugues de » Montjeu. » Cette quittance, datée de 1391, est scellée du sceau d'Odile, dont nous donnons ici la reproduction.

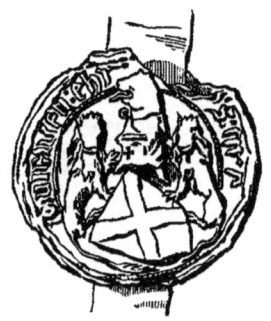

Odile dut mourir dans le courant de 1391. Le 18 juillet, son frère, Pierre de Montjeu, approuva le compte de Quaroillon, receveur pour la dame de Montjeu, et signe : « Prévost de Sussey en l'esglise d'Ostun. »

Odile avait épousé Marie de Saulx, fille d'Emonin de Saulx et de Jeanne de Pommard, et petite-fille de Jean de Saulx, seigneur de Courtivron, gruyer de Bourgogne en 1360, et de

---

1. Arch. de Montjeu.
2. Arch. de la Côte-d'Or, B. 339.
3. Jean sans Peur.
4. Philippe de Rouvres.

Marie Aubriot, sœur du fameux prévôt de Paris. C'est par elle que le fief de Pommard entra dans la famille de Montjeu. Dom Plancher [1] donne pour seuls enfants à Emonin de Saulx : 1° Jean qui devint chancelier de Bourgogne ; 2° Philibert qui fut évêque de Chalon, puis d'Amiens ; 3° Jacques ; 4° Marie qui aurait épousé Jean Bonvalot et ensuite Thomas de Grandmont. Il est certain néanmoins que Marie de Saulx, dame de Montjeu, était la sœur de Jean de Saulx, le chancelier, et de Philibert, évêque d'Amiens. En effet, nous connaissons un accord passé en 1424 à propos du château et de la terre de Molinot [2] entre « Pierre de Beauffremont, seigneur de Charny, et Anne de » Saulx, sa femme, fille et héritière seule pour le tout de feu » Jean de Saulx, jadis seigneur de Courtivron et chancelier du » duc de Bourgogne, d'une part ; et Philibert de Montjeu, » évêque de Coutances, Huguenin et Jean de Montjeu, frères » dudit évêque, et dame Marguerite, leur sœur, *cousins ger-* » *mains* de ladite dame de Beauffremont, et *enfants d'Odile* » *de Montjeu et de Marie de Saulx.* » C'est là une preuve irréfutable. [3]

La famille de Saulx-Courtivron à laquelle appartenait la dame de Montjeu ne doit pas être confondue avec celle des Saulx-Tavannes. Elle s'éteignit après 1503 [4]. Elle portait *d'azur au lion d'or.*

En 1392, Marie de Saulx, dame de Montjeu et d'Antully, tant en son nom qu'en celui de ses enfants, Hugues, Philibert, Marguerite, Nicolas et Amédée, reconnut tenir en fief de Jean de Vienne, sire de *Chaseu* [5], certains meix situés en la paroisse de Broye et mouvant du *château fort de Chaseu* [6].

---

1. Dom Plancher, *Histoire de Bourgogne*, t. II, p. 440.
2. Molinot, cant. de Nolay (Côte-d'Or).
3. Arch. de la Côte-d'Or. *Recueil de Peincedé*, t. XVII, p. 101.
4. Voir *la Noblesse aux États de Bourgogne*, par MM. Beaune et d'Arbaumont, p. 294.
5. Chaseu, aujourd'hui Chazeu, comm. de Laisy, arr. d'Autun (Saône-et-Loire).
6. Pièce justificative n° LXII. Dans cette charte Jean n'est pas cité. V. Pièce justificative n° LXIII, où tous les enfants d'Odile sont nommés.

En 1402, elle fut condamnée à tenir le château de Brandon [1] en fief des religieux de Saint-Sernin-du-Bois [2]. En 1413, elle vivait encore, car elle et ses enfants, Huguenin, Philibert, Jean et Amédée, obtinrent des lettres du duc leur accordant l'établissement d'une foire à Antully. [3]

D'après ce qui précède, Odile de Montjeu et Marie de Saulx eurent pour enfants :

v. *a.* — Hugues ou Huguenin qui suit ;

v. *b.* — Philibert, évêque de Coutances, qui aura son article à part ;

v. *c.* — Jean, qui continuera la descendance ;

v. *d.* — Marguerite qui dut épouser N. de la Haye ou de Laye, et qui fut mère de Hugues de Laye, chanoine de Coutances, grand vicaire de son oncle Philibert. Marguerite vivait encore en 1424 ; [4]

v. *e.* — Nicolas qui vivait en 1392 et dont il n'est plus parlé en 1413 ;

v. *f.* — Amédée ou Aymé, qui vivait en 1413 et sur lequel nous n'avons aucuns renseignements.

V. *a.* — HUGUES II DE MONTJEU. — Hugues, plus souvent appelé Huguenin, l'aîné des fils d'Odile I et de Marie de Saulx, fut seigneur d'Antully et de ses dépendances, d'Aisey et de Raveloux. Il eut aussi le fief de Pommard [5] qui venait de sa grand'mère maternelle, Jeanne de Pommard. Selon Courtépée, la maison que les Montjeu y possédaient et à laquelle ils avaient donné leur nom, était « entourée de fossés, avec » chapelle et un pourpris assez vaste. » [6]

---

1. Brandon, comm. de Saint-Pierre-de-Varennes, arr. d'Autun (Saône-et-Loire).
2. Saint-Sernin-du-Bois, arr. d'Autun (Saône-et-Loire). Arch. de Montjeu.
3. Arch. de la Côte-d'Or: *Recueil de Peincedé*, t. XXXIII, p. 514.
4. V. p. 62 et 63, à l'art. de Philibert de Montjeu, évêque de Coutances, le passage relatif à Hugues de Laye, neveu et grand vicaire de cet évêque.
5. Pommard, cant. de Beaune (Côte-d'Or).
6. Courtépée, *Description du duché de Bourgogne*, nouv. éd., t. II, p. 342.

En 1394 [1], Huguenin donna dénombrement au duc, de Montjeu-en-Montagne, de Montjeu-en-Autun, de Charbonnières et d'Antully. A cette époque, le partage des biens paternels entre lui et ses frères et sœur n'avait pas encore été fait. Il ne semble avoir eu lieu que beaucoup plus tard, après la mort de sa mère.

Huguenin de Montjeu, chevalier, écuyer du duc Jean sans Peur [2], fut nommé bailli d'Autun et de Montcenis [3] par lettres du duc, données à Paris le 30 mars 1411. En cette qualité, il commandait en 1412 la noblesse de l'Autunois au siège de Château-Chinon, et il comptait sous sa bannière un chevalier bachelier et quarante-sept écuyers [4]. On le retrouve à l'assemblée convoquée par la duchesse et qui se tint à Saint-Bénigne de Dijon, les 14 et 15 février 1413 (ancien st. 1412), et où on délibéra sur le traité fait par le duc avec la ville de Besançon [5]. Il fut un des députés du duc qui conclurent et signèrent en 1414 le traité de trève entre le duché et le comté de Bourgogne et le comté de Charollais, d'une part; et le comté de Bourbonnais, les seigneuries de Beaujolais, de Château-Chinon et de Combraille, d'autre part [6]. En 1416, Huguenin de Montjeu, bailli d'Autun et de Montcenis, encourut les reproches de la duchesse pour sa faiblesse ou sa négligence dans l'exécution des ordres qu'elle avait envoyés à tous ses baillis, leur enjoignant de ne point laisser séjourner dans leurs bailliages les compagnies des gens de guerre qui couraient et ravageaient les campagnes. Elle lui écrivit à ce

---

1. 16 février 1393, selon l'ancien style. Arch. de la Côte-d'Or, B. 10540. — Nous n'avons pas publié aux Pièces justificatives le dénombrement donné par Huguenin de Montjeu, car il reproduit dans les mêmes termes celui de Marguerite de Saillenay en 1465.
2. *Mémoires pour servir à l'histoire de France et de Bourgogne, contenant un journal de Paris sous les règnes de Charles VI et de Charles VII.* Paris, 1729, B. p. 148.
3. Id. p. 162.
4. Pièce justificative n° LXVI.
5. Dom Plancher, *Histoire de Bourgogne*, t. II, p. 349. — H. Beaune et J. d'Arbaumont, *la Noblesse aux États de Bourgogne*, p. 3.
6. Dom Plancher, *Histoire de Bourgogne*, t. II, p. 349.

sujet une lettre sévère pour stimuler son zèle et sa vigilance [1].
Le 4 mai 1417, la duchesse Marguerite appela tous les grands
vassaux de Bourgogne pour aider le duc à reconquérir par
les armes le gouvernement des affaires qui lui échappait.
Huguenin de Montjeu, bailli d'Autun, fut un des premiers
mandé à cet effet, et il dut amener avec lui quinze hommes
d'armes [2]. Après la mort du duc Jean sans Peur, assassiné sur
le pont de Montereau, en 1419, Huguenin fut relevé de ses
fonctions de bailli, et il eut pour successeur Jacques de Busseul. Nous connaissons la quittance qu'il donna le 3 juin 1420
au receveur du bailliage d'Autun, pour ses gages de l'office
de bailli d'Autun et de Montcenis, « du terme du mois de
» Pâques précédent, » et dans laquelle il se qualifie « naguères
» bailli d'Autun [3]. » Son sceau porte un écu penché, surmonté d'un heaume ayant pour cimier une tête de chien, avec
deux lions pour support; l'écu est chargé d'un sautoir.

Cependant, selon dom Merle [4], après la prise de Montereau par le duc Philippe le Bon, qui arriva le 24 juin 1420,
Girard de Bourbon, bailli de Chalon, Huguenin de Montjeu,
bailli d'Autun, et Guillaume de Vienne, avec leurs hommes
d'armes, partirent pour Cravant [5], allant au devant du corps
de Jean sans Peur qu'on ramenait à Dijon, et ayant ordre de

---

1. Dom Plancher, *Histoire de Bourgogne*, t. III, p. 456.
2. *Mémoires de la Société Éduenne*, 1836-1837, p. 69.
3. Arch. de la Côte-d'Or, B. 348.
4. Dom Merle, *Histoire de Bourgogne*, t. IV, p. 17.
5. Cravant (Yonne).

lui servir d'escorte. Huguenin, avec le titre de *bailli d'Autun*, est encore cité parmi les seigneurs qui assistèrent à Dijon aux funérailles du feu duc, le 11 juillet 1420. Mais c'est par erreur qu'on lui donne le titre de bailli en juin et juillet 1420.

Huguenin de Montjeu, obéissant au devoir féodal, n'en continua pas moins à porter les armes pour le service du duc. Il accompagnait Philippe le Bon au siége de Melun, et après la prise de cette ville, il recevait du duc cent livres en récompense de ses services [1]. Avec son frère Jean, Huguenin assista en 1424 à la prise de Solutré et fit partie de l'expédition du Hainault. En 1434, il prenait part au siége de Grancey [2]. Le 9 janvier 1435 (1434 anc. st.), le duc écrivit aux « seigneurs de la Ferté et de Bellatre, à Hugues Dubois (du » Bos), à Huguenin de Montjeu, au seigneur de la Guiche, à » Jacques Dubois (du Bos), à Pierre de Traves, à Claude et » Pierre de Trezette, à Guiot d'Ocle, au seigneur de Viteau, » au sire de la Marche, au seigneur de Jengley, à Jean de » Longvy, à Rousseau de la Marche, au seigneur d'Estrabonne, » à Olivier de Longvy, aux seigneurs de Scey et de Corcelles, » des lettres par lesquelles il leur mande de venir devers luy » en la ville d'Ostun, ou à Molin-les-Engiberz pour le accom- » pagner à la journée qui devait être tenue à Desize entre » mesdits et Mgr de Bourbon. » [3]

Huguenin de Montjeu avait épousé Marie de Lugny, d'une vieille et noble famille de Bourgogne, dont la devise était : *Il n'est de si bon nid qui n'ait plume de Lugny*. La branche de Lugny à laquelle appartenait la dame de Montjeu possédait Dracy-sous-Couches [4]. Les Lugny portaient *d'azur à trois*

---

1. *Mémoires pour servir à l'histoire de France et de Bourgogne, contenant un journal de Paris sous les règnes de Charles VI et de Charles VII*, A. p. 242.
2. Dom Merle, *Histoire de Bourgogne*, t. IV, p. 188.
3. M. Canat, *Documents inédits pour servir à l'histoire de Bourgogne*. Chalon-sur-Saône, 1863, p. 363.
4. C'est par erreur que M. l'abbé Baudiau a fait les Lugny seigneurs de Dracy-Saint-Loup. (*Le Morvan*, nouv. édition, t. II, p. 431.)

quintefeuilles d'or, posées 2 *et* 1, *accompagnées de sept billettes de même, trois en chef, une en cœur et trois en pointe.*

Nous ignorons la date précise de sa mort, qui dut avoir lieu vers 1445; car le mercredi avant la Purification de Notre-Dame 1444 (v. st.), il entragea des vignes de Pommard à Jean Doillot [1]. Il ne fut point inhumé auprès de ses ancêtres, dans la cathédrale d'Autun, où cependant se célébrait son anniversaire [2]. Il est à croire qu'il eut son tombeau dans la chapelle d'Antully. Il ne laissa qu'une fille.

VI. m. — Marie de Montjeu épousa Guillaume de Sercey, seigneur de Champallement [3] et d'Igornay [4], bailli de Chalon et écuyer de Philippe le Bon. Elle fut dame d'Antully, de Charbonnières, de Champiteau, du Chêne-Saint-Symphorien, d'Aisey, de Raveloux et de Pommard. Elle posséda en outre des fiefs à Pernant [5], à Alose [6], et une partie de la terre de Saffres [7] valant cent livres de rente [8]. En 1466, elle exempta du « ban et garde » les vignes de Sainte-Marguerite, situées aux villages d'Alose et de Pernant [9]. En 1474, elle devait pour le service du duc, comme dame d'Antully, d'Aisey et de Raveloux, *un homme d'armes,* et comme dame de Charbonnières, *un homme d'armes, un coustelier à cheval et un*

---

1. Arch. de Montjeu.
2. « Sexta octobris, pro nobili viro domino Hugone de Montejoco, quondam militi » et domino de Anthuilleyo. Jacet extra ecclesiam, neominus dicuntur septem psalmi » cum orationibus defunctorum ante altare sancti Ludovici. » (*État des fondations qui se font en l'église cathédrale d'Autun, 1530.* Arch. de l'hôtel de ville d'Autun, vol. in-4°, fol. XXIX.)
3. Champallement (Nièvre).
4. Igornay, cant. de Lucenay-l'Évêque, arr. d'Autun.
5. Pernant, cant. de Beaune (Côte-d'Or).
6. Alose, aujourd'hui Aloxe, cant. de Beaune (Côte-d'Or).
7. Saffres, cant. de Vitteaux (Côte-d'Or).
8. Arch. de la Côte-d'Or, B. 11729.
9. *Recueil de Peincedé,* t. XVII, p. 135.

homme de pied [1]. Marie de Montjeu qui était restée veuve de bonne heure n'eut pas d'enfant ; aussi de son vivant assura-t-elle la plus grande partie de sa fortune aux enfants de son cousin germain, Odile de Montjeu. Elle mourut vraisemblablement au commencement de 1484, car cette année-là eut lieu entre ses neveux à la mode de Bourgogne, un arrangement de famille au sujet de sa succession et de celle de son cousin Antoine de Montjeu. Antully et ses dépendances, Pommard, Aisey, Raveloux, firent retour aux enfants de Montjeu.

V. b. — PHILIBERT DE MONTJEU. — Philibert, second fils d'Odile et de Marie de Saulx, entra dans les ordres. Il fut d'abord chanoine d'Autun ; en 1406, il était conseiller et maître des requêtes de l'hôtel du duc de Bourgogne Jean sans Peur [2]. Lorsque le frère de sa mère, et vraisemblablement son parrain, Philibert de Saulx, fut promu à l'évêché de Chalon-sur-Saône, en 1408, il lui succéda dans la dignité d'archidiacre de Beaune [3]. C'est en effet le titre qu'il prend dans deux quittances, conservées aux archives de la Côte-d'Or, et qu'il donnait de ses gages de maître des requêtes de l'hôtel du duc, en 1410. A ces quittances son sceau est encore attaché. Il est en cire rouge ; au centre est un écu soutenu par deux oiseaux à tête humaine, portant un sautoir chargé en

---

1. Arch. de la Côte-d'Or. *Déclaration en brief des noms et surnoms de tous les grands seigneurs tenant fief, de Mgr le Duc, par Louis Garnier, clerc et greffier au bailliage d'Autun et de Montcenis, 17 octobre 1474.* B. 11724.

2. *Mémoires pour servir à l'histoire de France et de Bourgogne, contenant un journal de Paris sous les règnes de Charles VI et de Charles VII.* B. p. 113.

3. Gandelot fait à tort de l'oncle et du neveu un seul personnage qu'il appelle : *de Saulx-Montjeu.* (*Histoire de Beaune*, p. 310.)

cœur d'un écusson que le temps a rendu fruste, mais où l'on semble encore distinguer un lion rampant[1]. Le sautoir est de Montjeu ; le lion rampant est de Saulx.

Son oncle Philibert de Saulx ayant été transféré du siége de Chalon au siége d'Amiens, en 1412, le nomma, en 1414, chânoine de sa nouvelle cathédrale et archidiacre de Pontivy[2]. Philibert de Montjeu cependant ne quitta point la cour de Bourgogne, où il continua d'exercer la charge de conseiller maître des requêtes. Il était un des favoris du duc qui, pour reconnaître son mérite et ses services, lui octroya une pension de deux cents livres[3] par lettres patentes du dernier jour d'avril 1417.

En 1418, Philibert de Saulx, évêque d'Amiens, mourut et institua pour son exécuteur testamentaire son neveu, Philibert de Montjeu, qu'il semblait ainsi désigner pour son successeur[4]. Ce dernier fut en effet nommé évêque d'Amiens[5] par bulles du pape Martin V, datées du 8 des ides de septembre 1418. Mais il se vit disputer son siége épiscopal par Jean de Harcourt que le Chapitre d'Amiens avait élu évêque[6] et dont l'élection fut confirmée par Charles VI en 1419. Philibert de Montjeu

---

1. Arch. de la Côte-d'Or, B. 382.
2. *Gallia Christiana*, t. XI, col. 891.
3. Dom Plancher, *Histoire de Bourgogne*, t. III, p. 242.—*Mémoires pour servir à l'histoire de France et de Bourgogne, contenant un journal de Paris pendant les règnes de Charles VI et de Charles VII*. B. p. 99.
4. *Gallia Christiana*, t. X, col. 1198-1199.
5. Bibl. nation. dép. des mss. fonds Gaignières, vol. 137. — A. de Marsy, *Armorial des Évêques d'Amiens. Revue Nobiliaire*, nouvelle série, t. I, 1865, p. 266.
6. *Gallia Christiana*, t. XI, col. 891.

ne put prendre possession de son évêché, mais il ne renonça pas à son droit. En 1421, il est qualifié parmi les officiers de la maison de Philippe le Bon *R. P. en Dieu maître Philibert de Montjeu, esleu évêque d'Amiens, conseiller du Duc* [1]. Cette même année, le 9 septembre 1421, Philibert, avec son frère Huguenin, assista, au château de la Porcheresse [2], au mariage d'Aymé de Rabutin, seigneur d'Epiry, et de Claude de Traves, fille de Pierre, seigneur de la Porcheresse [3]. L'auteur de la généalogie de la maison de Rabutin lui donne, nous ne savons pourquoi, le titre d'évêque de Paris, ce qui est évidemment une erreur.

En 1424, Philibert, appuyé par le duc Philippe le Bon auprès du duc de Bedford, qui prenait le titre de régent de France pour son neveu Henri VI d'Angleterre, fut transféré du siége épiscopal d'Amiens à celui de Coutances. Les bulles qu'il obtint du pape Martin V sont du 6 des ides de mai 1424. Suivant le *Gallia Christiana* [4], il fut installé à la fin de cette année ; mais d'après l'histoire manuscrite du diocèse de Coutances par Toustain de Billy [5], il n'aurait été sacré à Rouen qu'au commencement de 1427. Si cette dernière assertion ne repose pas sur une erreur de date, l'état de la France, et en particulier de la Normandie, à cette époque, expliquerait facilement les difficultés qui auraient fait différer son sacre.

Philibert de Montjeu n'était pas le premier autunois qui se fût assis sur le siége de Coutances. Nicolas de Toulon, chancelier du duc Philippe le Hardi, chantre de la cathédrale d'Autun, avait été évêque de Coutances d'octobre 1386 à septembre 1387, avant d'être évêque d'Autun.

---

1. *Mémoires pour servir à l'histoire de France et de Bourgogne, contenant un journal de Paris pendant les règnes de Charles VI et de Charles VII.* B. p. 181.
2. *La Porcheresse*, com. d'Auxy, cant. d'Autun. Château détruit depuis longtemps.
3. Henri Beaune, *Généalogie de la Maison de Rabutin*. Dijon, 1866, p. 15.
4. *Gallia Christiana*, t. XI, col. 891.
5. Toustain de Billy, curé de Mesnil-Opac, cant. de Tessy, arr. de Saint-Lô (Manche). Il mourut en 1709. Une copie de son manuscrit nous a été gracieusement communiquée par la Société d'archéologie de la Manche.

Gaignières [1] cite sur Philibert de Montjeu une pièce assez curieuse que nous transcrivons intégralement :

Nous Philibert par la permission divine évesque de Coustances, Enguerrant de Champront, chanoine dudit lieu, et Bernard Le Comte, escuier, B^r de Coustances, confessons avoir receu de Pierre Surreau, receveur général de Normandie, la somme de 225 livres pour moitié de 450 livres à nous ordonnée par letre du Roy du 29 juin dernier pour avoir faict un voyage du païs Coustintin en la ville de Paris par devers Monsr le Régent le Roy° de France, le duc de Bedford et le C^{eil} du Roy pour le bien, proufit et utilité dudit païs à l'expulsion des brigans et ennemis dudit païs estant en ycellui, auquel voyage nous avons vacqué 47 jours, le 14 juillet 1428.

Cette pièce est revêtue de la signature de Philibert de Montjeu dont voici le *fac-simile* :

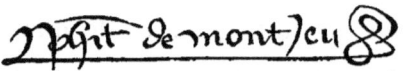

Cette même année ce prélat termina un différend considérable qui s'était élevé entre les bourgeois de Coutances et les religieux de l'Hôtel-Dieu, et par sa sentence arbitrale du 24 décembre 1428, il ordonna que lesdits religieux seraient tenus de faire célébrer le jour de Pâques une messe basse ou chantée, dès le matin, en l'église Saint-Pierre, puis après, une grand'messe chantée avec diacre et sous-diacre, et qu'ils seraient tenus en outre d'envoyer des prêtres pour recevoir les confessions et administrer le sacrement de l'Eucharistie [2]. Quelques jours auparavant, le 6 décembre, il avait fait une transaction avec les prêtres et les marguilliers de l'église de Notre-Dame de Saint-Lô, transaction dont il est question dans le *Gallia Christiana*, mais dont nous ne connaissons pas l'objet.

Gaignières cite encore une autre charte de Philibert de Montjeu du 2 mars 1429 et qui a de l'importance pour nous

---

1. Bibl. nat. dép. des mss. fonds latin 17025, Gaignières, 137. Coutances, p. 150.
2. Toustain de Billy, *Hist. du diocèse de Coutances*, ms.

parce qu'elle est scellée. Le sceau est rond ; on y voit une vierge sous un portique, et au dessous deux écussons. Le premier, qui est de l'évêché de Coutances, porte *un lion léopardé, au chef cousu de deux fleurs de lys, une crosse brochant sur le tout;* le second porte *un sautoir* qui est de Montjeu. Gaignières met en marge la note suivante : *les armes d'azur au sautoir d'or.* [1]

Le 16 décembre 1430 l'Université de Paris envoya à Philibert de Montjeu, évêque de Coutances, des lettres pour toucher l'indemnité allouée aux Pères qui devaient se rendre au concile de Bâle [2], réuni dans le but de mettre un terme aux guerres et aux schismes qui déchiraient l'Europe.

Mais avant de partir, Philibert fut malheureusement compromis dans le procès de Jeanne d'Arc qui était tombée aux mains des Bourguignons et que ceux-ci venaient de vendre aux Anglais. Il ne fut pas, il est vrai, au nombre de ses juges ; mais, comme l'évêque de Lisieux, il se laissa arracher [3] une consultation favorable à la mise en accusation de la Pucelle comme coupable de sortilége et d'hérésie [4]. Il fut probablement difficile à Philibert de Montjeu de résister au duc de Bedford à qui il devait son évêché, et de se mettre en

---

1. Bibl. nationale, Gaignières, vol. 137, p. 151.
2. *Gallia Christiana*, t. XI, col. 891.
3. La lettre de Philibert de Montjeu à l'évêque de Beauvais est datée du 5 mai 1431. V. J. Quicherat, *Procès de condamnation et de réhabilitation de Jeanne d'Arc*. Paris, Renouard, 1841, in-8°, t. I, p. 361 et suiv.
4. O'Reilly, *Les deux procès de condamnation, les enquêtes et la sentence de réhabilitation de Jeanne d'Arc.* Paris, chez Henry Plon, 1868, t. I, p. 113.

opposition avec l'Université de Paris. Puis Jeanne était pour Philibert de Montjeu, bourguignon, évêque de Normandie, favori du duc Philippe le Bon, Jeanne était une ennemie contre laquelle ses compatriotes, ses propres frères avaient rudement combattu. Si tout cela n'est pas une excuse, tout cela du moins doit rendre moins sévère pour un homme que nous allons voir rendre de si grands services à la chrétienté. Du reste, sans attendre l'issue du procès de Jeanne, Philibert s'empressa de partir pour Bâle, heureux de saisir ce prétexte pour échapper à la tyrannie anglaise, aux guerres, aux calamités de toutes sortes qui désolaient la France. Il semble être parti sans idée de retour dans son diocèse, où, sous le joug de Bedford, il ne pouvait exercer son ministère sacré avec liberté et indépendance [1]. C'est du moins le sentiment que lui ont prêté ses contemporains, et entre autres Thomas Basin, évêque de Lisieux, obligé comme lui, sous le règne de Louis XI, d'abandonner son diocèse par suite des malheurs de son temps.

« Unde propter hujuscemodi effugiendas molestissimas curas
» et perturbationes, vidimus ætate nostra venerabiles patres
» Hugonem archiepiscopum Rothomagensem, Martialem
» Ebroicensem, *Philibertum Constantiensem*, et item suum
» antecessorem de Malatestis, Italum, aliasque plures prelatos
» ejusdem provinciæ suas ecclesias reliquisse et, quæsitis qui-
» busque occasionibus, alibi extra provinciam suas residentias
» in remotis elegisse : quemadmodum tres prius nominati Ba-
» sileam dum ibi concilium generale celebrari inchoasset, se
» contulerunt, nec ad suas ecclesias postmodum reversi inibi
» aut adjacentibus terris dies suos finierunt. » [2]

En partant pour Bâle, Philibert, selon le *Gallia Christiana*, aurait confié l'administration de son diocèse à deux de ses neveux, chanoines de son église, qui furent plus tard inhumés

---

1. *Gallia Christiana*, t. XI, col. 891.
2. J. Quicherat, *Histoire des règnes de Charles VIII et de Louis XI*, par Thomas Basin, évêque de Lisieux. Paris, Renouard, 1857, in-8°, t. III. Livre II, *Apologie de Thomas Basin*, p. 375 et 376.

dans la chapelle Saint-Jean de la cathédrale de Coutances [1]. Leurs tombes, si elles existent encore, sont aujourd'hui cachées par un parquet qui recouvre les dalles de la chapelle Saint-Jean, devenue une sacristie [2]. « Ce sont, dit Toustain de
» Billy, deux grandes pierres blanches comme du marbre, sur
» lesquelles sont gravées les figures des deux chanoines en
» leurs habits de cérémonie, avec leurs armes et leurs épita-
» phes à l'entour [3]. » Sur l'une de ces tombes on lisait :

HIC IACET NOBILIS VIR GVILLELMVS DE ALBARIPA, DE LINGONIA, DECRETORVM DOCTOR, QVONDAM ARCHIDIACONVS DE BAPTERIO CANONICVS QVE EIVS ECCLESIE, VICARIVS D^{NI} PHILIBERTI DE MONTEIOCO, CONSTANT. EPISC. QVI DECESSIT ANN. D. MCCCCLIII, SECVNDA IVLII.

A côté était un écu *d'argent à la bande de sable accompagnée de sept billettes de même.* Sur la seconde pierre tombale était gravé ce qui suit :

HEC EST REPRESENTATIO GENEROSI VIRI DE HAYA DE MVLIERCVLA LVGDVNENSIS DIOECESIS ORIVNDI, ARCHIDIACONI DE BAPTERIO ET CANONICI HVIVS ECCLESIE, NEPOTIS PHILIBERTI DE MONTEIOCO CONST. EPISC. QVI OBIIT ANNO MCCCCLXXVI 1^a IVNII.

Au dessous de cette inscription était un écu *d'argent à la croix pleine de sable* [4]. De la lecture de ces deux inscriptions, il ressort que les auteurs du *Gallia Christiana* se sont trompés

---

1. « Interim dum a diœcesi abfuit, duos sororum suarum filios et ecclesiæ cano-
» nicos ejusdem regiminis preposuit qui statuta synodalia ediderunt anno 1434, et
» in sacello beati Johannis quiescunt. » (*Gallia Christiana*, t. XI, col. 892.)
2. L'abbé Pigeon, *Histoire de la Cathédrale de Coutances*, p. 337.
3. Toustain de Billy, ouv. cité.
4. L'abbé Pigeon, *Histoire de la Cathédrale de Coutances*, p. 338. — Quant aux émaux des armoiries donnés par l'abbé Pigeon, d'après Toustain de Billy, il paraît opportun de rappeler qu'au quinzième siècle, il n'était pas d'usage de les reproduire par la gravure, ni sur les sceaux, ni sur les monuments. Toustain de Billy n'aurait-il pas pris pour *sable* le travail de l'ouvrier destiné seulement à faire trancher la pièce sur le fond de l'écu ? Cette observation n'a pas pour but de mettre en doute les émaux indiqués, qui par hasard pourraient bien être exacts, du moins pour le second écusson.

en faisant ces deux chanoines *fils de sœurs* de l'évêque de Coutances. Un seul est désigné comme étant neveu de Philibert de Montjeu ; cela confirme ce que nous avions dit plus haut : que nous ne connaissions qu'une fille d'Odile de Montjeu et de Marie de Saulx et qui s'appelait Marguerite. Il est regrettable que l'on ne puisse contrôler le texte de la dernière épitaphe qui pourrait bien avoir été mal lu. Toustain de Billy, dans son *Histoire du diocèse de Coutances*, appelle le neveu de Philibert *Hugues de Laye* ou *de la Haye*. Il faut probablement s'arrêter au premier nom, *de Laye*, porté par une antique famille du Beaujolais, dont les armoiries étaient : *d'argent à une croix de sable*. [1]

Philibert de Montjeu fut un des premiers prélats qui se rendirent au concile de Bâle. C'est lui qui célébra la messe du Saint-Esprit à la première session, le 14 décembre 1431 ; c'est lui qui monta en chaire, sur l'invitation des Pères, et qui lut le décret du concile de Constance réglant la célébration des conciles généraux, l'acte par lequel à Sienne il avait été fait choix de la ville de Bâle pour le présent concile, l'approbation de ce choix donnée par le pape Martin V et son successeur Eugène IV, la désignation du cardinal Julien Cesarini pour président, etc... [2]. C'est ainsi que la haute personnalité de l'évêque de Coutances s'affirmait dès le début de ce long et orageux concile où elle devait tenir une si grande place.

Philibert fut le président de la deuxième session qui fut tenue le 15 février 1432 [3]. Il présida parce que le cardinal Julien Cesarini, à qui cette présidence revenait de droit comme représentant du Pape, crut devoir abandonner cette fonction en présence des bulles d'Eugène IV qui avait prononcé la dissolution du concile. L'évêque de Coutances présida encore les troisième, quatrième, cinquième et sixième ses-

---

1. Guichenon, *Histoire de Bresse*.
2. *Gallia Christiana*, loc. citat.
3. Le P. Longueval, continué par le P. Berthier, *Histoire de l'Église gallicane*. Nismes et Toulouse, 1782, t. VI, p. 193.

sions [1], durant lesquelles grandit le conflit entre les Pères qu voulaient continuer de tenir le concile à Bâle, et le Pape qui refusait d'annuler ses bulles de dissolution. En cette sixième session, le 6 septembre 1432, Philibert fit un discours sur ce texte de saint Luc, chap. x : *Dixit Jesus discipulis suis : qui vos audit, me audit, qui vos spernit, me spernit...* Puis sur la réquisition des promoteurs du concile, qui demandaient que l'on prononçât la contumace du Pape et des cardinaux qu'ils prétendaient obliger à assister en personne au concile, l'évêque de Coutances, président, enjoignit aux évêques de Périgueux et de Ratisbonne de faire les trois citations canoniques. Mais, sur l'intervention des évêques de Maguelonne et de Tarente, un délai fut accordé au Pape et aux cardinaux absents.

« L'évêque de Coutances, dit Toustain de Billy, était pour » ainsi dire l'âme et l'organe du concile; tout se faisait par » lui... » Ce qui augmentait encore l'autorité et l'influence de Philibert de Montjeu, c'est qu'il était auprès du concile de Bâle ambassadeur du duc de Bourgogne, l'un des plus puissants princes de ce temps [3]. Mais ce qui fit surtout sa gloire, ce fut l'habileté qu'il déploya dans les négociations avec les Hussites.

Sur son conseil, le concile résolut d'essayer avec ces hérétiques le moyen de la persuasion, puisque la force des armes avait jusqu'alors si mal réussi. En conséquence l'évêque de Coutances fut envoyé avec d'autres membres du concile, à la diète d'Egra [4], assurer les Hussites de la bienveillance des Pères assemblés à Bâle, et il parvint à leur faire accepter un sauf-conduit pour se rendre au concile où leurs propositions seraient écoutées et discutées. Ce sauf-conduit était revêtu du

---

1. Toustain de Billy, *Hist. du diocèse de Coutances*, ms.
2. Le P. Longueval, continué par le P. Berthier, *Histoire de l'Église gallicane*, t. XVI, p. 208 et 212.
3. Le P. Longueval, continué par le P. Berthier, *Histoire de l'Église gallicane*, t. XVI, p. 231. — Dom Merle, *Histoire de Bourgogne*, t. IV, p. 175.
4. Jacques Lenfant, *Histoire du concile de Basle et de la guerre des Hussites*. Utrech, 1731, t. I, p. 377.

sceau de Philibert et se terminait ainsi : *Acta fuerunt hæc sanctæ synodi Basiliensis nottariis et scribis subscriptis sub sigillo reverendi in Christo patris domini episcopi Constantiensis provinciæ Rothomagensis quo ad presens utimur, die veneris 28 mensis martii, anno nativitate Domini MCCCCXXXII.*

Le 4 janvier 1433, les délégués des Hussites, au nombre de trois cents, arrivèrent à Prague sous la conduite de deux de leurs chefs, Procope et Rockysane. Ils furent reçus avec honneurs, et pendant plus de soixante jours on disputa avec eux sur les quatre articles en lesquels ils avaient résumé leurs prétentions, et dont le principal était celui par lequel ils demandaient que la communion fût librement administrée sous les deux espèces dans la Bohême et la Moravie.

Ces longues discussions n'ayant abouti à aucun résultat, les Hussites quittèrent Bâle le 15 avril 1433 [1]. Les Pères du concile décidèrent alors d'envoyer à Prague même une députation de dix docteurs qui pourraient s'entendre avec la secte des Hussites, plus facilement peut-être qu'avec ses délégués, et qui dans ce but reprendraient les controverses au foyer même de l'hérésie et chercheraient des termes d'accommodement. Philibert de Montjeu, évêque de Coutances, fut encore le chef de cette députation [2]. Pour rendre cette sorte d'ambassade plus solennelle, s'y joignirent les représentants de plusieurs princes, de plusieurs évêques et de plusieurs villes d'Allemagne.

Les envoyés du concile furent accueillis avec de grandes démonstrations de respect et de sympathie, et aussitôt de nouvelles conférences commencèrent à Prague. Mais là encore on disputa longtemps sans pouvoir s'entendre, et Philibert et ses collègues furent obligés d'en référer au concile qu'ils pressaient

---

1. Jacques Lenfant, *Histoire du concile de Basle et de la guerre des Hussites*, t. I, p. 408.

2. L'abbé de Berault-Bercastel, *Histoire de l'Église*. Paris, 1783, t. XV, p. 329. — Le P. Longueval, continué par le P. Berthier, *Histoire de l'Église gallicane*, t. XVI, p. 215.

de céder sur certains points de forme, et surtout sur la communion sous les deux espèces à laquelle les Hussites étaient très attachés.

Pendant ce temps, profitant des rivalités qui divisaient les différentes sectes des Hussites, Philibert s'appliquait à séduire la noblesse et la bourgeoisie de Bohême opprimées par l'élément populaire que fanatisait le fameux Procope ; il s'efforçait de les détacher de la ligue et de les ramener par la persuasion sous le sceptre de l'empereur Sigismond et à l'union catholique. Il sollicita et obtint des membres du concile qui se cotisèrent un secours de 8,000 ducats d'or, qui servit à organiser les catholiques. Il fit si bien que bientôt la fraction des Hussites, dite des *Calixtins*, s'unit aux catholiques ; Prague tout entière tomba en leur pouvoir le 6 mai 1434 ; le siége de la ville catholique de Pilsen fut levé, et Procope lui-même fut défait et tué à la bataille de Bakmischod.

Ces grands événements furent suivis de la diète de Ratisbonne où l'empereur Sigismond fut reconnu roi de Bohême. Philibert de Montjeu y assista avec les autres envoyés du concile, sur la demande de l'empereur lui-même qui proclamait indispensable l'intervention de l'évêque de Coutances pour le réconcilier avec ses peuples, tant ce dernier avait su s'attirer de crédit parmi eux.

Sur les instances de Philibert [1], les hérétiques de Bohême avaient réduit leurs exigences au seul article de la communion sous les deux espèces, et le concile, impatient de mettre un terme à l'hérésie, avait enfin cédé sur ce point ; mais avec cette restriction que la communion sous les deux espèces ne serait donnée qu'aux personnes en âge de discrétion qui la demanderaient, et qu'après que le prêtre les eût averties qu'il y aurait erreur de croire que la chair de Jésus-Christ fût seulement sous l'espèce du pain et son sang seul sous l'espèce

---

1. Varillas, *Histoire des révolutions dans l'Europe en matière de religion*. Paris, 1686, t. I, p. 346.

du vin, mais que le corps entier de Jésus-Christ, sa chair et son sang sont également sous les deux espèces. [1]

La réconciliation définitive entre le concile et l'empereur Sigismond d'une part, et les Bohêmes et les Moraves, d'autre part, fut proclamée et signée à Iglau, le 5 juillet 1436. Rockysane, au nom du clergé hérétique, y fit sa soumission solennelle à l'Eglise et à l'empereur, et Philibert de Montjeu, revêtu de ses ornements pontificaux, entouré des députés du concile, du haut d'un trône élevé, donna solennellement une absolution générale et leva toutes les censures et les excommunications encourues par les peuples de Bohême et de Moravie.

« C'est ainsi, dit Toustain de Billy, que se termina cette
» grande affaire qui avait répandu tant de sang, désolé tant
» de provinces, et fait périr tant de millions d'âmes, et que
» ce royaume entier retourna sous l'obéissance de l'Eglise
» et de son prince naturel, par l'effet du concile de Basle,
» mais particulièrement par les sages négociations, les veilles,
» la prudence et la conduite de notre incomparable Philbert
» de Monjeu. » [2]

L'empereur Sigismond avait nommé archevêque de Prague Rockysane en récompense de sa soumission; mais ce dernier ayant donné publiquement, malgré le concordat intervenu, la communion sous les deux espèces à un séculier qu'il avait aposté à cet effet, Sigismond donna l'administration de son diocèse à Philibert de Montjeu qui ne semble pas avoir pris part depuis aux discussions du concile de Bâle.

L'évêque de Coutances se consacra tout entier à combattre les restes de l'hérésie, à réparer les profanations commises et à rétablir dans le diocèse de Prague le culte divin selon les usages et les rites de l'Eglise catholique. Le 11 février 1437,

---

1. Fleury, *Histoire ecclésiastique*. Nismes, 1779, t. XV, p. 102.
2. « Gentes integræ ad pacem et ecclesia unitatem restitutæ, bella sævissima
» sopita, cultus divinus, religio et templa restaurata prudentiam ejus et in rebus
» gerendis dexteritatem prædicant. » (*Gallia Christiana*, t. XI, col. 891.)

à Prague, il couronna reine de Bohême l'impératrice Barbe, femme de Sigismond. [1]

Philibert de Montjeu mourut à Prague de la peste qui ravageait cette ville, le 20 juin 1438 [2]. Il fut inhumé avec de grands honneurs dans l'église cathédrale de Saint-Vit. On ignore l'emplacement de son tombeau [3]. Les archives du Chapitre de Prague possèdent encore plusieurs documents concernant Philibert de Montjeu : 1° des fragments de son registre d'officialité ; 2° le registre des ordinations faites par lui ; 3° les registres intitulés : *Divisiones subventionis Regis Sigismundi* (A et B reliés avec d'autres registres) ; 4° trois pièces autographes de lui, dont deux ont rapport aux dons faits à son secrétaire, *Johannes de Torniez, clericus diocesis Parisiensis*. [4]

L'anniversaire de Philibert de Montjeu se célébrait à Coutances au mois de juillet. Selon Toustain de Billy, on lisait dans l'Obituaire de la Cathédrale de cette ville : « *Kalendis Julii obiit Philbertus de Montejoco, quondam episcopus Constentiensis, continue præ manibus non moveatur nisi prima dies Julii fuerit dominica, quo casu celebretur et anticipiter in vigilia sanctorum Petri et Pauli apostolorum ; in ejus obitu quatuor partes medietatis decimæ Ceriseïo videlicet de portione acquisita de domino de Garros distribuantur.* »

Nous ne savons d'après quelle autorité Toustain de Billy dit que Philibert de Montjeu était « bien fait de corps et d'es-
» prit, d'une grande taille, bel homme, ayant la voix forte,
» claire, aisée, parlant bien et charmant par son éloquence. »

---

1. Jacques Lenfant, *Histoire du concile de Basle et de la guerre des Hussites*, t. I, p. 468.
2. Le *Gallia Christiana* dit que Philibert de Montjeu mourut le 20 juin 1439. C'est une erreur ; l'historien du diocèse de Coutances prouve par la date de l'élection de son successeur que Philibert de Montjeu dut mourir en 1438. — Jacques Lenfant, dans son *Histoire du concile de Basle*, t. II. p. 17, donne la date du 20 juin 1438, comme étant celle de sa mort et tout nous fait croire qu'il est dans la vérité.
3. L'auteur du *Canon Capituli Pragensis* dit : « Sepultus in ecclesia Sancti Viti loco nobis ignoto. »
4. Nous devons ces renseignements à M. le chanoine A. Frind, bibliothécaire du Chapitre de Prague, auteur d'un ouvrage sur l'histoire de Bohême.

Aussi lui laissons-nous la responsabilité d'un portrait qui pourrait bien être tout d'imagination, comme aimaient à en faire les auteurs de la fin du dix-septième siècle.

En tout cas, Philibert de Montjeu fut un des grands personnages de son temps. On ne s'explique pas comment tous ceux qui ont écrit sur Autun, sur l'Eglise éduenne, n'ont pas revendiqué pour notre pays l'honneur de l'avoir vu naître. Il est vrai que le nom de Philibert de Montjeu fut souvent défiguré par les auteurs des nombreuses histoires ecclésiastiques ; ainsi Berault-Bercastel et le P. Berthier l'appellent *de Montjoyeux*, ce qui est une mauvaise traduction des mots latins *de Montejoco* ou *de Montejoci* ; le continuateur de l'abbé Fleury et Varillas le nomment *de Montjay* [1], ce qui est un mot mal lu. Mais en revanche le *Gallia Christiana* et nombre d'autres historiens lui ont conservé son vrai nom et auraient dû préserver sa mémoire d'un injuste oubli.

V. c. — JEAN I DE MONTJEU. — Jean, troisième fils d'Odile et de Marie de Saulx, fut seigneur de Montjeu-en-Montagne et de Montjeu-en-Autun.

En 1406 il était écuyer et échanson du duc Jean sans Peur. Le 16 octobre 1407 il recevait de ce prince 16 écus d'or pour acheter un collier de son ordre [2]. Le duc venait alors de prendre pour emblème un rabot, pour répondre au duc d'Orléans qui avait pris un bâton noueux comme signe distinctif ; et les colliers qu'il donnait à ses fidèles étaient formés de petits rabots alternant avec des arbres et des copeaux.

---

1. Il y eut une famille de Montjay en Bourgogne, que ceux qui ont lu trop vite les vieilles chartes ont confondue à tort avec les Montjeu.
2. Arch. de la Côte-d'Or. *Recueil de Peincedé*, t. XXII, p. 369. — Dans les *Mémoires pour servir à l'histoire de France et de Bourgogne, contenant un journal de Paris sous les règnes de Charles VI et de Charles VII* (B. p. 141) le fait est rapporté à la date du 15 octobre 1407. L'auteur fait une confusion entre le collier du Rabot et le collier de la Toison d'or, oubliant que ce dernier ordre date du 10 janvier 1429 (1430 nouveau st.).

En 1416 Jean prit possession de l'office de capitaine de Montréal pour un mois ; et après lui Jean Gossey fut institué capitaine dudit château. [1]

En 1425 il portait le titre *d'écuyer d'écurie* de la duchesse. Nous donnons ici la reproduction du sceau dont il se servait alors. [2]

L'empreinte de ce sceau conservé aux archives de la Côte-d'Or est en mauvais état. Il est difficile de reconnaître la tête d'animal servant de cimier au heaume qui surmonte l'écu ; ce devait être une *tête de chien colletée et bouclée,* comme sur les sceaux de Hugues I, d'Odile I, de Hugues II frère de Jean.

Jean de Montjeu est souvent cité parmi les seigneurs bourguignons qui prirent part aux guerres de cette époque. En 1424 il assista au siége et à la prise de Solutré dans le Mâconnais ; en 1425 il est au nombre des chevaliers et écuyers du duché de Bourgogne et des comtés de Bourgogne et de Charollais, assemblés à Châtillon-sur-Seine pour aller « au pays de » Haynaut porter secours au duc de Brabant contre le duc de » Glocester ; » en 1430 il est au siége de Larrey, dans la compagnie de Hugues du Bos, bailli du Charollais. [3]

Nous avons dit que Jean fut seigneur de Montjeu-en-Montagne et de Montjeu-en-Autun ; mais ces seigneuries ne lui appartinrent en propre qu'après la mort de sa mère Marie de

---

1. Arch. de la Côte-d'Or. *Recueil de Peincedé,* t. XVII, p. 796.
2. Arch. de la Côte-d'Or, B. 370.
3. Dom Merle, *Notes manuscrites extraites des arch. de la Chambre des comptes. Portefeuille des montres d'armes du quinzième siècle.* Bibl. de M. J.-G. Bulliot

Saulx qui vivait encore en 1413. Jusque-là les biens de la famille étaient restés dans l'indivision. Le 28 novembre 1427 il vendit à Huguenin Colart, maréchal, « une place au ruisseal
» qui vient de son escluse de Riveal d'Ostun, entre ses deux
» molins, pour mettre rouhe, mole et engins audit ruisseal et
» en ladite place pour esmourcer couteaulx, espées, cougnées
» et autres chouses [1]. » En 1440 il « baille à Jehan Caillet un
» mex à Sainte-Anastase, appelé le mex Pasquelin qui souloit
» tenir Me Henry Chervy, jadis prestre bénéficier en l'esglise
» cathédrale [2]. » Il dut mourir peu après, et fut inhumé dans la cathédrale d'Autun, près de l'autel Saint-Louis. [3]

Jean de Montjeu avait épousé Philiberte Pioche, fille de Jean, chevalier, seigneur d'Aunay [4], de la Cour-du-Bois [5], de Cindré [5], de Quemignerot [7], conseiller et maître d'hôtel du duc de Bourgogne. [8]

Jean Pioche descendait d'une vieille famille de chevalerie qui semble originaire du Nivernais, mais qui posséda plusieurs fiefs en Bourgogne. C'était un favori de Jean sans Peur qui lui fit don en 1407 d'une pension de 240 francs [9]. En 1415 il fut chargé par le roi et le dauphin d'assurer le duc de leur amitié et fut un agent actif de leur réconciliation momentanée [10]. Son sceau, selon Peincedé, portait un écu à *trois pals de vair surmontés d'un chef de gueules chargé d'un lion léo-*

---

1. Arch. de Montjeu.
2. Arch. de Montjeu.
3. « Et Johannes de Montejoco dominus dicti loci, jacet prope dictum altare. » (Arch. de la ville d'Autun, fonds de la Cathédrale. *Mémoire réductif de 1693*, fol. 17 v°.)
4. Aunay, comm. de Monteuillon, cant. de Châtillon-en-Bazois (Nièvre).
5. La Cour-du-Bois, comm. de Lucenay-lès-Aix (jadis les Hayes), cant. de Dornes (Nièvre).
6. Cindré, com. du cant. de Jaligny, arr. de la Palisse (Allier). — Dom Bétencourt, *Noms féodaux*, t. III, p. 203.
7. Quemignerot, comm. de Quemigny-sur-Seine, cant. d'Aignay-le-Duc (Côte-d'Or).
8. *Mémoires pour servir à l'histoire de France et de Bourgogne, contenant un journal de Paris sous les règnes de Charles VI et de Charles VII*, B. p. 104 et 134.
9. Id. ibid.
10. Dom Plancher, *Histoire de Bourgogne*, t. III, p. 422.

pardé [1]. Jean Pioche eut pour enfants, outre la dame de Montjeu : 1° Jean, chevalier, premier écuyer tranchant du duc de Charollais en 1410, qui portait au siége de Melun, en 1420, le pennon de ce prince devenu duc de Bourgogne sous le nom de Philippe le Bon, et qui reçut à cette occasion 100 écus d'or [2] ; Jean avait épousé en 1424 Marguerite du Bled, et en faveur de son mariage, le duc, par lettres patentes [3] du 4 février 1423 (nouv. st. 1424), lui avait donné 2,000 livres ; il mourut peu d'années après sans postérité [4] ; 2° Antoine [5] qui faisait partie en 1429 des hommes d'armes de la montre de Girard de Bourbon ; 3° Philibert, écuyer, seigneur d'Aunay, de Cindré, de Quemignerot, de Creusot-lès-Saint-Thibaut [6], qui avait épousé Jeanne de Lugny, dame en partie de Gissey-le-Vieil [7]. En 1455, le 16 avril, Philibert fonda en l'église de Saint-Martin de Nevers une messe [8] qui devait se dire à son intention, à celle de sa femme et de leurs parents trépassés, les jours solennels, les jours de fêtes doubles et dimanches, moyennant cent écus d'or. Philibert Pioche mourut sans postérité, laissant Aunay, Cindré, et la Cour-du-Bois à sa sœur, dame de Montjeu, qui reprit de fief pour cette dernière seigneurie du duc de Nevers, en 1464, en son nom et en celui

---

1. Arch. de la Côte-d'Or. *Recueil de Peincedé*, t. XXIV, p. 107 et 237.

2. *Mémoires pour servir à l'histoire de France et de Bourgogne, contenant un journal de Paris sous les règnes de Charles VI et de Charles VII*, B. p. 231.

3. *Lettres patentes du 4 fév. 1423* (anc. st.) Arch. de la Côte-d'Or. B. 377.

4. Marguerite du Bled, veuve de Jean Pioche, fut autorisée, par lettres patentes données en 1455, à disposer en faveur de la construction de l'église Saint-Jean de Dijon d'une somme de 200 livres à elle données par le duc. (Arch. de la Côte-d'Or, B. 11635.)

5. Arch. de la Côte-d'Or, B. 11792. — De Soultrait, *Inventaire des titres de Nevers* par l'abbé de Marolles, col. 218.

6. Arch. de la Côte-d'Or, B. 11368. *Feux du Châtillonnais* : 1433, 1450, 1451. *Feux de l'Auxois* : 1442, 1460. — De Soultrait, *Inventaire des titres de Nevers* par l'abbé de Marolles, col. 228. — Dom Bétencourt, *Noms féodaux*, t. III, p. 203. — Creusot-lès-Saint-Thibaut, cant. de Vitteaux (Côte-d'Or).

7. Arch. de la Côte-d'Or, B. 10577. — Gissy-le-Vieil, cant. de Vitteaux (Côte-d'Or).

8. De Soultrait, *Inventaire des titres de Nevers* par l'abbé de Marolles, col. 81.

de ses fils Odile et Antoine [1]. Jean de Montjeu eut de sa femme Philiberte Pioche qui lui survécut pendant plus de vingt ans :

VI. *a.* — Odile II qui suit ;

VI. *b.* — Antoine de Montjeu qui, en 1452, était étudiant à l'université de Ferrare en Lombardie [2]. Docteur en droit civil et en droit canon, il devint plus tard conseiller et chambellan de Charles le Téméraire, qui lui confia en 1473 une mission importante auprès de la République de Venise et de la duchesse de Savoie, dont il sollicitait des secours

---

1. Il ne faut pas confondre la famille Pioche, dont il vient d'être parlé, avec une autre famille originaire de Bourg en Bresse, remontant à Philippe Pioche, bachelier en droit en 1440, qui a fourni deux abbés de Chassagne : Jean Pioche en 1484 et Donat Pioche de 1535 à 1539. Cette dernière famille, portant le même nom, avait des armes différentes : *coupé d'or et d'azur à la licorne issante d'argent*. (*Armorial de l'Ain*, par M. Révérend du Mesnil.) Le plus ancien des Pioche alliés des Montjeu, qui soit connu de nous, est Huet Pioche, seigneur de Poussanges, chevalier, qui en février 1256 (n. st. 1257) fit avec sa femme Yolande une donation aux Templiers du Saulce. Il portait : *trois pals de vair sous un chef chargé d'un lambel à trois pendants*. (Max Quantin, *Cart. de l'Yonne*, t. III, n° 566. — Douët d'Arcq, *Archives de l'Empire, inventaires et documents ; collection de sceaux*, première partie, t. II, p. 27, n° 3219.) En janvier 1263 (n. st. 1264) Miles de Noyers confirma le règlement fait sur les tierces de Môlay par son ami Hue Pioche et Guillaume, prieur de Saint-Germain d'Auxerre. (*Cart. de l'Yonne*, t. III, n° 613.) — A la même époque, en 1257, Jean Pioche donna à l'abbaye de Reigny un pré à Trinclin, paroisse de Saint-Léger-de-Fougeret, et deux setiers de seigle et d'avoine sur ses tierces de Quarré-les-Tombes. (L'abbé Baudiau, *le Morvan*, t. III, p. 215.) — Guillaume Pioche, chevalier, seigneur de *Paloinches*, de Brinon, était dès 1285 seigneur d'Aunay. Ce Guillaume et sa femme Aremburge, veuve en premières noces de Bureau de la Rivière, chevalier, se firent en 1295 donation mutuelle de leurs biens. (De Soultrait, *Inventaire des titres de Nevers* par l'abbé de Marolles, col. 51, 110, 116, 137, 148, 174, 325, 455, 522.) — Hue Pioche, en 1314, fut témoin du testament du duc Hugues V ; en 1315, avec les titres de seigneur de Monthalin et de maréchal de Morée, il paraît encore comme témoin du testament de Robert de Bourgogne, prince de Morée. (Dom Plancher, *Hist. de Bourgogne*, t. II, p. 136 et 159.) — Guy ou Guyot Pioche était seigneur d'Aunay et de la Cour-du-Bois-de-Lucenay-lès-Aix en 1322 et 1355, et sa femme Agnès de Malvoysine reprit de fief pour cette dernière seigneurie en 1347. (*Invent. des titres de Nevers*, col. 213, 218, 245.) — En 1371 Jean Pioche, chevalier, seigneur d'Aunay et de la Cour-du-Bois-de-Lucenay-lès-Aix, fit, au nom de sa femme Jeanne des Barres, hommage pour le village de Fouillouse; en 1382 son fils Jean remplit le même devoir pour Fouillouse, et en 1385 et 1408, pour Lucenay-lès-Aix. (*Invent. des titres de Nevers*, col. 218, 271.) C'est ce dernier qui fut maître d'hôtel du duc et reprit de fief pour Quemignerot en 1392 et 1405. (Arch. de la Côte-d'Or, B. 10539, 10552.)

2. Pièce justificative n° LXX.

en hommes et en argent [1]. D. Merle a publié le texte des instructions que le duc donna à cette occasion à Antoine de Montjeu et à ses autres ambassadeurs, Francisque d'Ost et Guillaume de Rochefort [2], datées du 13 juin 1473 ; une lettre du duc Charles à la duchesse de Savoie accréditant près d'elle son conseiller et chambellan, porteur de ladite lettre, du 2 mai 1474 ; d'autres instructions données à Antoine de Montjeu ; l'extrait d'une lettre que ce dernier écrivit au duc de Venise, le 18 septembre 1475 ; enfin un mémoire pour le duc que la duchesse de Savoie remit à Antoine de Montjeu à son retour de Venise [3]. Après la mort de Charles le Téméraire, Antoine se rallia au parti du roi Louis XI. En 1480 il était à Chartres, en 1481 à Paris [4] ; tout porte à croire qu'il y était occupé au service du roi auprès de qui il avait la même charge qu'auprès du duc. Il fut seigneur de la terre de Montjeu-en-Montagne et de ses dépendances, qui, selon les déclarations des fiefs au bailliage d'Autun, en 1474, était évalué à 260 livres de rente [5], et pour laquelle il devait au duc un homme d'armes armé selon l'ordonnance de ce prince [6]. Il posséda encore à Corgoloin [7], en franc-alleu, « une » maison close de murailles, avec plusieurs vignes,

---

1. D. Merle, *Histoire de Bourgogne*, t. IV, p. 414. — Michelet, *Histoire de France au moyen âge*, t. VI, p. 347.
2. D. Merle, *Histoire de Bourgogne*, t. IV. Preuves, p. CCCXXIII.
3. Id. t. IV. Preuves, p. CCCXXXIII et CCCXXXIV.
4. Arch. de Montjeu. *Comptes de Guillaume Buffot*. — D'après les comptes de Guillaume Buffot, on sait qu'en 1481 une grande mortalité sévissait dans la seigneurie de Montjeu-en-Montagne. Ce fléau, fatalement accompagné d'une affreuse stérilité, avait singulièrement réduit les revenus de cette seigneurie dont une grande partie des terres n'étaient plus cultivées faute de tenanciers.
5. Arch. de la Côte-d'Or. *Recueil de Peincedé*, t. XVII, p. 295.
6. Bibl. des Arch. de la Côte-d'Or, ms. n° 211, in-f°, art. Montjeu.
7. Corgoloin, cant. de Nuits (Côte-d'Or).

» prés, terres et hameaux [1]. » Le service du duc et du roi semble l'avoir presque toujours tenu éloigné de son pays, et c'est Guillaume Buffot, son châtelain de Montjeu-en-Montagne, qui était son représentant dans l'Autunois. Antoine de Montjeu mourut vers 1484 ; il ne semble pas qu'il se fût jamais marié. Après lui, la seigneurie de Montjeu-en-Montagne alla aux enfants de son frère Odile, et celle de Corgoloin à Claude de Brancion, fils d'une de ses sœurs.

VI. c. — Claude, femme d'Etienne de Salins, seigneur de Corrabœuf, et qui eut pour enfants : 1° Antoine de Salins [2], doyen de Beaune, conseiller au parlement de Bourgogne en 1486 ; 2° Jean de Salins l'aîné ; 3° Jean de Salins le jeune, seigneur de Vernoy, qui épousa Catherine de Saulx [3] ; 4° Guye de Salins, femme d'Erard de Saint-Léger.

VI. d. — Marguerite, qui épousa, en 1447, Antoine de Brancion, fils de Hugues, seigneur de Visargent, et qui en eut : Claude, Louis, Antoine et Marguerite, femme de François de Ferrières. [4]

VI. e. — Anne, *alias* Odette [5], qui fut d'abord femme de Philibert de Villers, seigneur d'Arconcey, dont elle eut Guillaume et Jeanne de Villers [6]. Elle épousa ensuite Guiard Poinceot, seigneur d'Eguilly [7] et de Fontaine-en-Duesmois [8], et fut la mère de

---

1. Arch. de la Côte-d'Or, B. 11722.
2. Palliot, *le Parlement de Bourgogne*, p. 152.
3. Dom Plancher, *Histoire de Bourgogne*, t. II, p. 454.
4. Saint-Allais, *Nobiliaire universel de France*, nouv. édit. Paris, Bachelin-Deflorenne, 1873, t. I, p. 455.
5. M. Garnier (*Chartes des communes et affranchissements en Bourgogne*, t. III, p. 233) cite Odette de Montjeu, dame de Solonge en 1461.
6. Arch. de la Côte-d'Or. *Recueil de Peincedé*, t. XXVIII, p. 987.
7. Éguilly, cant. de Pouilly (Côte-d'Or).
8. Fontaine-en-Duesmois, cant. de Baigneux (Côte-d'Or). — Arch. de la Côte-d'Or. *Recueil de Peincedé*, t. VIII.

Jacques et de Claude Poinceot d'Eguilly. Anne se remaria, en 1475, à Simon de Mailly [1], chevalier, seigneur dudit lieu et d'Arc-sur-Tille. [2]

VI. *f*. — N. qui dut s'allier à N. de Gasse de Rouvray, mais sur laquelle les renseignements font défaut. [3]

VI. *a*. — ODILE II DE MONTJEU. — Odile, deuxième du nom, fils ainé de Jean et de Philiberte Pioche, fut seigneur d'Aunay et de Montjeu-en-Autun. Il posséda une partie de Nanteuil [4] en franc alleu. Le 25 décembre 1458, il fit hommage à l'abbé de Saint-Martin, Petit-Jean d'Anzy [5], pour Vilaine, le grand et le petit Vernoy, la Planchete, dans la paroisse d'Etang-sur-Arroux, et pour le village des Places [6]. Selon le compte de Jean Deschasaux [7], son receveur en 1463, il avait des cens à Montbuffaut [8], à Sommant [9], à *Chazelle* [10], à Morandin [11], aux Blondeaux [12], aux Chaulmes. [13]

Dès 1444, Odile de Montjeu portait les armes pour le duc, et servait sous Thibaud de Neufchâtel, seigneur de Blamont, maréchal de Bourgogne, dont les troupes furent reçues à

---

1. Arch. de la Côte-d'Or. *Recueil de Peincedé*, t. XXVII, p. 504.
2. Arc-sur-Tille, cant. de Dijon (Côte-d'Or).
3. Quant à cette dernière fille de Jean de Montjeu, nous n'avons d'autres preuves que le partage fait en 1484 entre les héritiers d'Antoine et de Marie de Montjeu, se disant tous cousins germains. *(Protocoles de J. d'Aiguemorte.)*
4. Nanteuil, com. de Curgy, cant. d'Autun.
5. Arch. de l'évêché d'Autun. Fonds de Saint-Martin.
6. Les Places, com. de la Chapelle-sous-Uchon, cant. de Mesvres (Saône-et-Loire).—A cette époque, en 1458, les biens de la famille de Montjeu étaient encore dans l'indivision. Plus tard Antoine de Montjeu était personnellement seigneur de Vilaine, les Places, le Vernoy, etc..... (Arch. de Montjeu.)
7. Arch. de Montjeu.
8. Montbuffaut, com. d'Étang-sur-Arroux, cant. de Saint-Léger-sous-Beuvray (Saône-et-Loire).
9. Sommant, com. d'Étang.
10. Chaselle, peut-être la Chasée, com. d'Étang.
11. Morandin, com. d'Étang.
12. Les Blondeaux, com. d'Étang.
13. Les Chaulmes, com. d'Étang.

montre par Amé de Rabutin, chevalier, seigneur d'Epiry, aux faubourgs de Semur-en-Auxois, le 25 juillet [1]. En 1472, nous le retrouvons encore faisant partie de la compagnie de Claude de Toulongeon, seigneur de la Bâtie, dont la revue fut passée à Pommard, le 24 juin, par Jean Perron, seigneur de Mypon. [2]

Il avait épousé Antoinette du Bos [3], fille de Jacques et de Marie de la Tournelle. La famille d'Antoinette tirait son nom du fief de la *Tour-du-Bos* [4]. En 1368, Guillaume du Bos, damoiseau, donna dénombrement de la maison forte de Marry (?) et de la terre de Communes [5], au nom de sa femme Agnès de Communes. Il laissa trois fils : Hugues, Jacques et Guillaume. Hugues et Jacques épousèrent Philippe et Marie de la Tournelle. Le premier, Hugues, seigneur de Marry et d'Auxerrain [6], gruyer d'Autun, Montcenis et Charolles, écuyer d'écurie et chambellan du duc de Bourgogne, fut fait prisonnier en 1423 ; il ne laissa pas de postérité. Le second, Jacques, seigneur de Beauregard [7], remplaça son frère comme bailli du Charollais pendant sa captivité ; il eut trois enfants : 1° Claude, seigneur de Communes ; 2° Antoinette, dame de Montjeu ; 3° Philiberte, femme de Pierre de Luzy, puis d'Etienne de Salins, seigneur de Corrabœuf. Le troisième des fils de Guillaume, s'appelant aussi Guillaume, comme son père, fut abbé de Saint-Martin et mourut jeune encore en 1433. Après sa mort les religieux eurent des contestations avec son frère Hugues qu'ils accusèrent d'avoir enlevé tout ce qui se trouvait dans la mense abbatiale [8]. Les du Bos portaient *écartelé de gueules et d'hermines*.

---

1. Dom Merle, *Portefeuille de montres d'armes*, ms. Bibl. de M. J.-G. Bulliot.
2. Id.
3. Du Bos ou du Bois. Nous avons conservé la vieille orthographe, qui fut la plus généralement suivie, pour éviter toute confusion avec d'autres familles ayant porté également le nom de *du Bois*.
4. Aujourd'hui la Tour-du-Bost, com. de Charmoy, cant. de Montcenis, arr. d'Autun.
5. Saint-Martin-de-Commune, cant. de Couches-les-Mines, arr. d'Autun.
6. Auxerrain, com. de Viévy, cant. d'Arnay-le-Duc (Côte-d'Or).
7. Beauregard, com. d'Arleuf (Nièvre).
8. J.-G. Bulliot, *Essai historique sur l'abbaye de St-Martin d'Autun*, t. I. p. 297.

Antoinette du Bos apporta à Odile de Montjeu la seigneurie de Sivry [1], des rentes sur Tintry [2], la terre de Montgachot [3] avec ses dépendances dans la paroisse d'Etang. En 1474, Odile et ses deux beaux-frères Claude du Bos et Etienne de Salins, pour la seigneurie de la Tour-du-Bos, indivise entre eux, qui relevait du duc et des seigneurs d'Uchon, et dont le revenu était estimé 24 livres 9 gros, devaient au service du duc deux hommes à cheval, l'un de trait, l'autre coustelier. Pour la seigneurie de Sivry, qu'il tenait en franc-alleu, et les rentes sur Tintry, qui étaient de l'arrière-fief du duc et du fief du sire de Couches, Odile devait un homme d'armes et un homme de pied. [4]

Il dut mourir vers 1479, car le 14 décembre 1478 il entragea encore à Jean Dumay l'étang de Riveau [5], et le jeudi 3 août 1480 il fut procédé à la curatelle de Claude et de Philibert, ses enfants mineurs [6], à qui il fut donné pour curateurs leur frère aîné Jean et leur cousin germain Antoine de Salins, doyen de Beaune. [7]

1. Sivry, com. de Saizy, cant. d'Épinac (S.-et-L.).
2. Tintry, cant. d'Épinac (S.-et-L.).
3. Voir plus loin la note sur Montgachot.
4. Arch. de la Côte-d'Or, B. 11722. L'ordonnance du duc Charles fixait l'habillement des gens de guerre ainsi qu'il suit :

« L'homme d'armes auroit cuirasse complète, salade à bannière, gorgerin, flan-
» cars, faltes, espées et dague. Le coustellier d'un chacun homme d'armes, brigan-
» dine ou corset fendu aux costés à la manière d'Alemagne, gorgerin, salade, flan-
» cars, faltes ou braies d'acier, avant-bras à petites gardes, gantelet, javeline à
» arrêt, bonne espée et dague, trois chevaux pour ledit homme dont l'un sera
» pour porter son paige qui portera sa lance. L'homme de trait à cheval habillé
» d'une brigandine ou corset fendu aux costés à la manière de l'Allemagne, gor-
» gerin, salade, flancars, faltes ou braies d'acier, avant-bras à petites gardes, gan-
» telet et son cranequin fourni de traits y servants, espée et dague. L'homme de
» pied habillé d'un aubergeon d'un demy crest. d'une salade sans visière, d'un gor-
» gerin, de cliquez de fer pour le bras dextre, de petites gardes, espée, dague et
» d'une longue pique ou coulevrine. »

5. Arch. de Montjeu.
6. Pièce justificative n° LXXIII.
7. Dans l'acte du 3 août 1480, Antoine de Salins est dit *oncle* des enfants de Montjeu ; mais ailleurs, dans l'arrangement de famille de 1484, il est dit *cousin germain*, comme il était en effet. Il est probable qu'étant plus âgé que ses pupilles le notaire lui donna par déférence le titre d'*oncle*.

Odile de Montjeu et Antoinette du Bos laissèrent quatre enfants :

VII. *a*. — Jean, dit Pioche, qui suit ;

VII. *b*. — Claude, qui embrassa l'état ecclésiastique et qui, dès 1477, encore mineur, était chapelain de la chapelle de Sivry. En 1482 il était chanoine de Lyon, en 1486 chanoine d'Autun, et en 1491 archidiacre de Chalon. Il fut seigneur de Montjeu-en-Autun, de Montgachot, Aisey, Raveloux et Antully. Chambellan et conseiller de Charles VIII, il obtint de ce prince des lettres patentes du 31 juin 1491 pour l'établissement d'une foire à Antully [1]. Le 11 août 1493 il fit donation à son frère Philibert, seigneur de Sivry et de Montjeu-en-Montagne, de sa seigneurie de Montjeu-en-Autun, s'en réservant seulement la jouissance. Par contrat en date du 5 octobre 1495, il fonda à la cathédrale d'Autun un anniversaire, moyennant quinze livres de rente [2]. Le 15 février 1499 il donna à Saint-Vincent de Chalon une rente de 6 francs et demi pour la célébration d'un autre anniversaire dans cette église dont il était archidiacre [3]. C'est à lui qu'est due la construction de la chapelle qui existait jadis sur la montagne Saint-Claude, au dessus d'Autun. Il mourut en 1500 environ. Il fut inhumé dans la cathédrale d'Autun, devant l'autel de Montjeu [4]. Il laissa Montgachot, Aisey, Raveloux et les deux tiers

---

1. Pièce justificative n° LXXVII.

2. Arch. de l'hôtel de ville d'Autun. Fonds de la Cathédrale. *Mémoire réductif de 1693*, fol. VIII, v°.

3. Cette rente fut rachetée le 31 mars 1531 par Philippe et Hugues de Montjeu moyennant cent vingt livres. (Arch. de Montjeu.)

4. « In crastino Visitationis beate Marie virginis pro nobili viro domino Claudio
» de Montejoco, canonico Eduensi et archidiacono Cabilonensi, cum thumulo sex
» francorum alta voce in navi ecclesie in quo cantantur quinque psalmi anniversa-
» riorum domini cardinalis, et in fine *Libera me* cum versiculo et orationibus
» defunctorum dicendis per dominum canonicum qui celebraverit missam ante

d'Antully à son frère Philibert, et le tiers de cette dernière seigneurie à ses nièces, filles de Jean II de Montjeu ;

VII. c. — Philibert qui continuera la descendance ;

VII. d. — N. de Montjeu, qui en 1484 était dame de Cypierre [1], par suite de son mariage avec un Saint-Amour [2]. Sa petite-fille, Alix de Saint-Amour, porta Cypierre à Blaise de Marcilly, et fut la mère de Pierre de Marcilly, évêque d'Autun de 1558 à 1572.

VII. a. — JEAN II DE MONTJEU. — Jean, deuxième du nom, fils aîné d'Odile II et d'Antoinette du Bos, écuyer, fut seigneur d'Aunay et de Beauregard. Il est plus connu sous le surnom de *Pioche*, qui lui fut donné en souvenir de sa grand'mère dont il possédait le fief. Ce surnom porté par lui et ses filles a induit en erreur plusieurs auteurs qui semblent ne s'être pas doutés que le vrai nom de Jean était Montjeu. En 1474, il portait déjà les armes et était un des écuyers de la compagnie d'Antoine de Luxembourg, dont la montre fut passée à Cosne-sur-Seine le 21 juin. [3]

En 1484, il partagea avec ses frères la succession de ses père et mère et eut pour sa part Aunay et ses dépendances.

» altare Montisjoci ubi jacet quiquidem Dominus. Canonicus percipiet tres grossos,
» diaconus sex albos, subdiaconus sex albos, duo succentores solennes qui tene-
» bunt capas in vigiliis et missa quattuor grossos, thesaurarius ecclesie pro duobus
» cereis lucentibus ante dictum altare duos grossos. Sex pueri pro prosa sex albos,
» duo hostiarii qui tenebuntur parare altare crucifixi pannis nigris et ponere repre-
» sentationem ante dictum altare Montisjoci percipiunt quilibet unum panem et
» unam pintam vini ultra eorum jura. Somma augmentationis XIII grossos et cano-
» nicus presens percipit duos albos, promotus unum album, non promotus dimi-
» dium album. » (Arch. de l'hôtel de ville d'Autun. Fonds de la Cathédrale. *Estat des fondations qui se font en l'église d'Autun*, 1530, fol. xvi bis.)

1. Cypierre, com. de Volesvre, arr. de Charolles (Saône-et-Loire). — Huguenin de Cypierre était écuyer d'écurie du duc Jean sans Peur, en 1415. Sa fille Jeanne épousa Pierre de Saint-Amour qui était seigneur de Cypierre en 1429. (Arch. de la Côte-d'Or, B. 370.)

2. Le sceau de Pierre de Saint-Amour conservé aux Archives de la Côte-d'Or porte *un lion*. Selon Dunod de Charnage, les armes des Saint-Amour étaient *d'argent au lion de sable*. (*Hist. des Séquanois*, t. II, p. 243.)

3. Dom Merle, *Montres d'armes*, ms. Bibl. de M. J.-G. Bulliot.

Cette même année eut lieu une réunion de famille suivie d'un arrangement au sujet de la succession de Marie de Montjeu, dame d'Antully, veuve de Guillaume de Sercey, et de celle d'Antoine de Montjeu, seigneur de Montjeu-en-Montagne et de Corgoloin. Y prirent part : Jean, Claude et Philibert de Montjeu, Antoine de Salins, Jean de Salins l'aîné, Jean de Salins le jeune, Erard de Saint-Léger, chevalier, époux de Guye de Salins, Claude de Brancion, seigneur de Visargent, Louis de Brancion, seigneur de Brancion et de Sadon, François de Ferrières, seigneur de Saffres, mari de Marguerite de Brancion, Guillaume de Villers, seigneur d'Arconcey, Jacques Poinceot, seigneur de Sennecey et de Fontaine-en-Duesmois, Claude et Noé de Rouvray, Charlotte de Rouvray, dame de Montrambert, *tous cousins germains* [1]. D'après ce partage, Antully, Aisey, Raveloux, Montjeu-en-Montagne, revinrent aux enfants de Montjeu qui reconnurent devoir une certaine somme à leur sœur, dame de Cypierre; Pernant, Alose, Corgoloin allèrent aux autres cohéritiers. Le 22 novembre 1484, Jean et ses frères Claude et Philibert reconnurent devoir à l'église d'Autun quinze livres de rente pour la fondation de la fête de la Visitation de la sainte Vierge, faite par leur grand'mère, Philiberte Pioche [2], et assignèrent cette rente sur la terre de Montjeu.

Jean de Montjeu épousa, en 1483, au château de Champlevoix [3], Claude de Ferrières, fille de Jean, seigneur de Presles et de Champlevoix, conseiller, chambellan du roi et son lieutenant au pays de Languedoc [4]. Le même jour, Guillaume de Villers, seigneur d'Arconcey, cousin de Jean, épousait la sœur de Claude de Ferrières [5]. La maison de Ferrières, à laquelle s'allia Jean de Montjeu, avait pris son nom de l'an-

---

1. Arch. de l'évêché d'Autun. *Protocoles de J. d'Aiguemorte.*
2. Arch. de l'hôtel de ville d'Autun. Fonds de la Cathédrale. *Fondations*, extraits faits en 1544.
3. Champlevoix, com. de Cercy-la-Tour (Nièvre).
4. Pièce justificative n° LXXV.
5. Arch. de l'évêché d'Autun. *Protocoles de J. d'Aiguemorte.*

cienne seigneurie de Ferrières, aujourd'hui hameau de la commune d'Andryes, département de l'Yonne. Elle portait *d'argent au sautoir dentelé de gueules* [1]. C'est de cette famille qu'est sorti Jean de Ferrières, seigneur de Maligny, vidame de Chartres, célèbre chef calviniste au seizième siècle, dont M. de Bastard de l'Etang a écrit l'histoire. Il ne faut pas la confondre avec une autre famille de Ferrières dont était Claude de Ferrières, seigneur de Chassagne, conseiller au parlement de Bourgogne en 1554 et qui portait *de... à une tour de...* [2]

Jean mourut jeune et sa veuve se remaria à Jacques Grand, seigneur de Passy [3]. Il laissa deux filles :

VIII. *m.* — Claude, mariée en premières noces à Simon de Loges [4], et en secondes à Adrien de Mailly à qui elle porta Aunay et Beauregard en partie [5]. De cette union vint un fils, Simon de Mailly, qui laissa Beauregard à Philippe de Montjeu, seigneur d'Antully.

VIII. *n.* — Philiberte ou Philippine qui épousa Claude de Rouvray. [6]

VII. *c.* — PHILIBERT DE MONTJEU. — Philibert, quelquefois appelé Philippe dans certains titres, troisième fils d'Odile II et d'Antoinette du Bos, fut seigneur de Montjeu-en-Montagne, de Sivry et de Vilaine. Son frère Claude, archidiacre de Chalon, lui fit donation entre-vifs, en 1491, de la seigneurie de

---

1. Gueneau, *Notes pour servir à l'histoire de la commune de Montaron*. Nevers, 1875, p. 12.
2. Palliot, *Parlement de Bourgogne*, p. 211.
3. Arch. de la Côte-d'Or. *Recueil de Peincedé*, t. XIX, p. 533.
4. Abbé Baudiau, *le Morvan*, t. I, p. 333.
5. Adrien de Mailly et Claude de Montjeu sa femme reprirent de fief pour Arconcey et Lanneau, le 21 fév. 1507 (n. st. 1508). Arconcey fut vendu à damoiselle Claude de Mailly, sœur d'Adrien, veuve de N. Baudot, qui en reprit de fief le 14 février 1510, anc. st. (Arch. de la Côte-d'Or, B. 10593 et 10595.)
6. Adrien de Mailly et Claude de Rouvray firent hommage pour le fief d'Aunay en 1508, à cause de leurs femmes *damoiselles Claude et Philippe Pioche*. (De Soultrait, *Inventaire des titres de Nevers* par l'abbé de Marolles.)

Montjeu-en-Autun, et lui légua en mourant les deux tiers de la terre d'Antully.

Il avait épousé Louise de Poupet, d'une famille considérable de la Franche-Comté, originaire de Poligny, qui a donné trois évêques successifs au siége de Chalon-sur-Saône, de 1461 à 1531. Le père de Louise, Guillaume de Poupet, seigneur de la Chaux, fut commissaire des finances et receveur général de Philippe le Bon, puis maître d'hôtel de Charles le Téméraire. Charles de Poupet, fils de Guillaume et frère de la dame de Montjeu, seigneur de la Chaux et de Crèvecœur, fut, à l'âge de vingt-cinq ans, chambellan et premier sommelier du roi de France; il occupa les mêmes charges auprès de Philippe Ier, roi de Castille, et de l'empereur Charles Quint son fils; il fut un des membres du conseil de régence établi en Flandre pendant la minorité de ce dernier prince, dont il conclut le mariage, en 1525, avec l'infante de Portugal [1]. Jean II de Poupet, évêque de Chalon de 1504 à 1531, était aussi frère de Louise. Les Poupet portaient *d'or, au chevron d'azur, accompagné de 3 perroquets de sinople becqués, bouclés et membrés de gueules.* [2]

Philibert de Montjeu mourut peu de temps avant 1508. Sa veuve Louise de Poupet fut nommée tutrice de leurs enfants mineurs; elle vécut jusqu'en 1530. Philibert eut pour enfants:

VIII. *a.* — Philippe, seigneur d'Antully et de Sivry, qui était majeur en 1512. Il hérita de son cousin Simon de Mailly qui lui laissa la terre de Beauregard et le tiers d'Antully. Ne s'étant pas marié, il laissa, à son tour, à son frère Hugues, Sivry, Beauregard, des vignes à Cromey [3], et à son beau-frère Claude Regnard la seigneurie d'Antully;

---

1. Gollut, *Mémoires historiques de la République séquanoise et des princes de la Franche-Comté bourguignonne*, nouv. éd. 1846, col. 1531 et 1592.
2. V. sur la famille de Poupet, Dunod, *Histoire des Séquanois*, t. III, p. 157.
3. Cromey, com. de Saint-Sernin-du-Plain, cant. de Couches, arr. d'Autun.

VIII. *b.* — Jeanne qui, en 1517, était femme de Claude Regnard, seigneur de Soirans;

VIII. *c.* — Jean, qui était mineur en 1512, qui fut bachelier en droit, chanoine de l'Eglise d'Autun, curé d'Ecuisses au diocèse de Chalon et seigneur de Montjeu-en-Autun; il était mort en 1526;

VIII. *d.* — Hugues III qui suit;

VIII. *e.* — Andréere *alias* Drée, sur laquelle nous n'avons aucun renseignement.[1]

VIII. *d.* — HUGUES III DE MONTJEU. — Hugues, troisième fils de Philibert et de Louise de Poupet, était encore mineur en 1412. Le 15 février 1517 (n. st. 1518), son frère Jean, qui était chanoine d'Autun et seigneur de Montjeu-en-Autun, fit abandon à son frère Philippe et à lui de toute sa part dans l'héritage de leur père et de leur mère. Voici les termes touchants de cette donation, où l'on commence à voir que la fortune des Montjeu s'était singulièrement amoindrie : « Pour
» l'amour qu'il avoit eue et présentement avoit aux susdicts
» Philippe et Huguet de Montjeu ses frères, désirant de tout
» son pouvoir entretenir leur maison, sans d'icelle faire
» aucun partaige ou division, ains quelle demeure entière de
» façon que tous les jours il soit fait mémoire de leur nom
» ancien de Montjeu, qui dès longtemps a régné et régnera,
» comme il espère, aidant le créateur, afin semblablement que
» les dicts Philippe et Huguet, ses dits frères, se puissent
» avancer en l'estat de mariaige et avoir aliance avec gens
» d'estat et de noble maison, considérant aussy comme de ça
» estant bien et deucment certorié que luy et ses dicts frères
» sont demourez chargez et leurs biens et chevance hypo-
» thecqués de plusieurs grants debtz, tant par leurs prédéces-
» seurs que eulx pour cause et à raison du dot et mariaige de

---

1. Pièce justificative n° LXXIX.

» damoiselle Jehannette de Montjeu leur sœur, femme de
» noble s^r messire Claude Regnard, chevalier, s^r de Sorans
» et de Moissey, les quels debtz peuvent revenir et monter à
» grande somme et deniers...; pour ces causes et autres à ce
» le mouvant, » Jean abandonne à Philippe et à Hugues tout
ce qui peut lui appartenir « fors seulement la maison assise au
» chastel et fort dudict Ostun, appelée communément la mai-
» son de Montjeu [1]. » Deux ans plus tard Jean cédait encore
à ses frères la maison de Montjeu, ne s'en réservant que la
jouissance.

Le 9 décembre 1522, Hugues de Montjeu épousa Antoinette
de Choiseul-Traves, fille de Claude de Choiseul-Traves, seigneur de Vauteau [2] et du Vernay, et d'Isabeau Hugonet de
Saillans [3]. Antoinette de Choiseul étant morte sans enfants,
Hugues se remaria en 1526 à Madeleine Bouton, fille de
Charles Bouton, seigneur du Fay et de Bosjan, et de feue
Marie d'Oyselet. Madeleine était veuve depuis un an de
Jacques d'Arlos, écuyer, seigneur de la Servette, avec qui elle
avait été mariée dix-huit mois à peine et dont elle avait une
fille nommée Claudine âgée de quelques mois [4]. Hugues, par
son contrat de mariage passé à Chalon le 23 mars 1525
(n. st. 1526), assura pour douaire à sa future une rente de
300 livres et l'usufruit du château de Montjeu, avec promesse
de faire ratifier ces clauses par sa mère Louise de Poupet et
son frère Philippe, seigneur d'Antully [5]. Jean de Falletans,
doyen de l'église cathédrale de Saint-Vincent de Chalon,
Antoine de Salins, official, Philippe Prévost, archidiacre,
Jean, seigneur de Montconis, Jacques de Brancion, seigneur

---

1. Arch. de Montjeu. Acte passé en présence de M° André Venot, licencié en droit, Claude Deschazaulx, Guillaume Ferrant et Jehan Desplaces.

2. Vauteau, aujourd'hui Vauthot, com. de la Grande-Verrière, cant. de Saint-Léger-sous-Beuvray, arr. d'Autun.

3. P. Anselme, *Histoire généalogique de la Maison de France et des grands officiers de la couronne. Généalogie de Choiseul*, t. IV, p. 861.

4. Claudine d'Arlos épousa Jean de Saubiés, seigneur de Saint-Bonnost et de Fontenay.

5. Palliot, *Histoire généalogique des comtes de Chamilly de la Maison de Bouton*. Preuves, p. 99.

de Saint-André et de Clémencey, Guillaume Ferrant, citoyen d'Autun, furent présents et signèrent au contrat.

Le père Anselme ayant publié la généalogie des Choiseul, et Palliot celle des Bouton, nous y renvoyons le lecteur qui y trouvera en détail l'histoire des deux illustres familles auxquelles Hugues de Montjeu s'allia successivement. Les Choiseul-Traves portaient *d'azur à la croix d'or, cantonnée de dix-huit billettes de même, cinq et cinq, quatre et quatre;* et les Bouton, *de gueules à la fasce d'or,* avec la devise : *le Bouton vaut la rose.* [1]

Cinq mois après son mariage, le 25 août, Hugues fit avec sa mère et son frère Philippe un partage des biens de la famille. Louise de Poupet eut pour douaire les seigneuries de Raveloux, Aisey, Sivry, Tintry et Change. Philippe eut la terre d'Antully et ses dépendances ; la part de Hugues fut les seigneuries de Montjeu-en-Montagne, de Vilaine et de Montgachot, et la maison de Montjeu-en-Autun ; les vignes de Pommard et le reste de la seigneurie de Montjeu-en-Autun demeurèrent indivis ; il fut convenu que les reliques et les reliquaires de la chapelle d'Antully, qui avaient à ce qu'il paraît une grande valeur, resteraient en la possession de Louise de Poupet, qu'il en serait dressé un inventaire, et qu'après la mort de leur mère les deux frères en feraient le partage entre eux ; le service des dettes et des fondations devait se faire en commun ; enfin Philippe s'engagea à donner à Hugues 300 livres tournois pour la plus-value du château d'Antully sur le châtelet de Montjeu et la maison d'Autun. [2]

---

1. Palliot, *Histoire généalogique des comtes de Chamilly, de la Maison de Bouton. 1671.* Preuves, p. 99. — Le plus célèbre des membres de la famille Bouton est Noël Bouton, comte de Chamilly, maréchal de France en 1703. Les Bouton se sont éteints dans les Chabot.

2. Arch. de Montjeu. — A cet acte passé par Jean Desplaces, notaire royal, le 25 août 1526, furent présents : messire Jean de Poupet, évêque de Chalon; Jean de Falletans, doyen de Chalon; Charles Bouton, seigneur du Fay et de Bosjan; Claude Regnard, seigneur de Soirans et de Moissy ; Fiacre de Moroges, seigneur du lieu et de Beaudésir ; Guillaume Garin, seigneur de Créot; Louis Choux, coseigneur de Rochefort-sur-Arroux; Guillaume de Saint-Léger, seigneur de Collonge-la-Madeleine.

En 1530, après la mort de Louise de Poupet, Hugues fit un nouveau partage avec son frère Philippe. Ce dernier eut les seigneuries de Sivry et de Change, et Hugues celles d'Aisey, de Raveloux et de Montjeu-en-Autun. Philippe dut supporter les charges des chapelles d'Antully et de Sivry, et Hugues celles de la chapelle Saint-Claude dont il avait le patronage, et qui avait été fondée par leur oncle Claude, archidiacre de Chalon.

Après la mort de Jean II de Poupet, évêque de Chalon, vers 1532, Hugues et Philippe de Montjeu, leur beau-frère Claude Regnard, Guillaume de Poupet, seigneur de la Chaux et de Crèvecœur [1], Antoine de la Baume, archidiacre de Chalon [2], et Anne de Poupet [3], eurent un procès au sujet de la succession de leur oncle avec deux frères du Bos, s'appelant tous les deux Antoine, seigneurs du lieu et du Rousset, et Jeanne, leur sœur, épouse de Claude Damas, seigneur de Savianges, Communes, etc. Ces derniers réclamaient un quart dans la succession de l'évêque comme étant petits-enfants de Marguerite de Poupet qui en 1496 avait épousé François de Saulx, seigneur de Vantoux, et dont la fille Françoise fut mariée à Hugues du Bos, seigneur du Rousset, mort en 1520 [4]; ils eurent gain de cause.

Philippe étant mort vers 1540, Hugues eut un autre procès avec Lazare Morin, seigneur de Cromey [5], au sujet de vignes situées audit lieu, et dont jouissait un certain Loys Peteuil, homme de confiance du défunt seigneur d'Antully. Peteuil avait été condamné à être pendu [6], on ne sait pour quel

---

1. Guillaume de Poupet, qui fut abbé de Baume, Goailles et Balerne, était fils de Charles de Poupet, frère de l'évêque Jean II.

2. Antoine de la Baume était fils de Philibert de la Baume, comte de Saint-Amour, et de Péronne de Poupet, sœur de l'évêque Jean II.

3. Anne de Poupet, dame de Roche, qui épousa Laurent de Pracontal, était fille de Charles de Poupet, frère de l'évêque Jean II.

4. Dom Plancher, *Histoire de Bourgogne*, t. II, p. 452.

5. Cromey, com. de Saint-Sernin-du-Plain, cant. de Couches, arr. d'Autun.

6. L. Peteuil pour éviter la potence se jeta dans un étang, mais son cadavre n'en fut pas moins, pour l'exemple, pendu par la main du bourreau. Il était originaire de Tintry où il possédait un meix important.

méfait, et, par sentence du bailliage, ses biens avaient été confisqués au profit du seigneur de Cromey. Hugues soutint que les vignes en litige n'appartenaient point à Peteuil, mais bien à Philippe de Montjeu dont il était héritier pour partie, et il gagna son procès, car les vignes lui restèrent.

Hugues semble avoir eu toute sa vie de grands embarras d'argent, comme le prouvent les nombreuses aliénations qu'il consentit. Il réunit pourtant, après la mort de son frère Philippe, presque tout ce qui avait appartenu aux Montjeu. En 1541, il se laissait poursuivre par l'abbesse de Saint-Jean-le-Grand pour les arrérages de la fondation de 1338 [1]. En 1542, il vendit à Guy de la Tournelle sa part dans la terre de Beauregard pour 600 livres tournois, avec extinction d'une rente de 30 livres assise sur cette terre et d'une autre de 32 livres hypothéquée sur celle de Sivry [2]. En 1544, c'est le Chapitre de la cathédrale d'Autun qui l'actionne pour le paiement des fondations de sa famille, et il est obligé de reconnaître devoir 196 livres pour arrérages en retard [3]. Le 10 mars 1554 (n. st. 1555), il vendit à Etienne Humeau, apothicaire à Autun, et à Pierre d'Andozille, docteur en médecine, un pré d'environ 16 soitures sur les bords de l'Arroux, appelé *la Prée de Montjeu*, moyennant 80 écus soleil. Tout fait croire que le vendeur, qui depuis longtemps puisait à la bourse d'Humeau, était payé d'avance [4]. Il serait trop long d'énumérer toutes les aliénations à réméré qu'il fit de rentes, de maisons, de parcelles de terre dépendant de sa seigneurie de Montjeu-en-Autun. Vraisemblablement Madeleine Bouton, sa femme, contribua beaucoup à

---

1. Arch. de l'évêché d'Autun. *Inventaire des titres de Saint-Jean-le-Grand, de 1689.*

2. L'abbé Baudiau, *le Morvan*, t. I, p. 333. — L'abbé Baudiau se trompe en faisant Hugues de Montjeu fils de Philippe et gendre de Pierre de la Tournelle.

3. Arch. de l'hôtel de ville d'Autun. Fonds de la Cathédrale. *Fondations.*

4. Étienne Humeau et Pierre d'Andozille reprirent de fief pour la *Prée de Montjeu* le 4 avril suivant. (Arch. de la Côte-d'Or. B. 10638).

la dilapidation de la fortune par ses goûts de grandeur et de dépense.

En 1544, on redoutait la peste à Autun. La dame de Montjeu étant soupçonnée d'en être atteinte, son mari se vit fermer les portes de la ville. [1]

En 1551, Hugues maria sa fille aînée à Claude de Villers, seigneur de Gerland, et à cette occasion exerçant le droit d'indire, réclama aux habitants de Sivry la somme de 200 livres tournois [2]. Il reprit de fief [3] pour Montjeu-en-Montagne, Montjeu-en-Autun, Vilaine, Montgachot, Montoy, Aisey et Raveloux, le 1er juillet 1549.

Hugues fut le dernier des Montjeu. Il n'eut que des filles. Nous ne savons pas la date précise de sa mort ; il vivait encore en 1554, mais il n'était plus en 1557, lorsque son gendre Claude de Villers de Gerland donna dénombrement de Montjeu. Il laissa de Madeleine Bouton :

IX. a. — Jeanne, qui épousa Claude de Villers, seigneur de Gerland, à qui elle porta Montjeu, Sivry, Montgachot, etc.

IX. b. — Françoise, mariée à Claude de Poligny, seigneur de Coges, fils de Pierre et de Charlotte de Montconis. Son contrat de mariage fut passé le 14 novembre 1556 [4]. De ce mariage sont issus un fils nommé Guillaume, et deux filles, Françoise et Madeleine. [5]

---

1. « Clausa fuit porta castri domino de Montejoco quia uxor sua erat suspecta » de peste. » (Arch. de l'évêché d'Autun. *Registre du chanoine Gaucher*, à la date du 1er octobre 1544. — *Annales de la Société Éduenne*, 1862-1864, p. 86 et 87.)

2. *Protocoles de Loys Desplaces*, vol. de 1548 à 1554, folio 236. (Étude de Me Rérolle, notaire à Autun.)

3. Arch. de la Côte-d'Or. B. 10631.

4. *Protocoles de Loys Desplaces*, reg. de 1580, f° 93. (Étude de Me Rérolle, notaire à Autun.)

5. Chevallier, *Mémoires historiques sur la ville de Poligny*, t. II, p. 258. — Les Poligny, originaires de la ville de Poligny en Franche-Comté, portaient *de gueules au chevron d'argent*. — Hue de Poligny était bailli général du comté de Bourgogne en 1265 et connétable de cette province en 1275. (V. Dunod, *Histoire des Séquanois*, t. III, p. 285.)

ix. c. — Charlotte, qui se fit religieuse à l'abbaye de Saint-Andoche d'Autun, et à qui il fut créé par acte reçu Le Loup, notaire, le 6 février 1552 (n. st. 1553) « une pension de 10 livres sa vie naturelle » durant. »

IV

LES VILLERS DE GERLAND. — RUINE DE LA PREMIÈRE MAISON DE MONTJEU.

Claude de Villers, seigneur de Gerland [1], qui devint par sa femme seigneur de Montjeu, Sivry, Montgachot, Vilaine, Aisey, Raveloux, Pommard, était un cadet de la vieille et noble famille bourguignonne dont la branche ainée, qui existe encore, est connue sous le nom de Villers-la-Faye. [2]

Claude de Villers ne jouit pas complétement de la fortune de son beau-père. Sa belle-mère Madeleine Bouton, qui survécut plusieurs années à son mari, était usufruitière de Montjeu et elle ne fit que compromettre encore davantage par ses emprunts la situation financière de la famille [3]. Claude donna dénombrement des seigneuries de Montjeu en 1557. En 1560 il eut à soutenir un grave procès avec la dame de Montconis, fille de Claude Regnard, seigneur de Soirans et d'Antully.

---

1. Gerland, cant. de Nuits (Côte-d'Or).

2. Nous n'avons pu découvrir de qui Claude de Villers, seigneur de Gerland, était fils. Il existe à la bibliothèque de Dijon dans les mss. de l'abbé Boullemier une généalogie des Villers-la-Faye, mais elle est très sommaire et se borne à la filiation de la branche ainée. Il est néanmoins certain que Claude de Villers de Gerland était très proche parent de Louis de Villers-la-Faye qui épousa en 1559 Françoise de Brancion. (V. acte d'acquisition de la seigneurie de Sivry vendue par décret sur les héritiers de Villers de Gerland en 1592. Arch. de M. Stéph. Laureau.) Louis de Villers-la-Faye n'assista pas au conseil de famille de 1572, mais il y fut convoqué. (Arch. de Montjeu.) — La famille de Villers-la-Faye porte *d'or à la fasce de gueules.*

3. Le 25 janvier 1566 (anc. st. 1565), elle créait à Étienne Humeau une rente de 8 livres valant 8 fr., moyennant la somme de 107 livres, et elle faisait ratifier cet acte par son gendre et sa fille. Le 30 mai 1568, elle reconnaissait encore devoir au même, tant pour prêts que pour drogues, 100 écus valant 300 fr. (Arch. de Montjeu.)

ALLIANCES DES FEMMES DE LA MAISON DE MONTJEU

1. Saint-Franchy.
2. Thenissey.
3. La Sorme.
4. Laye.
5. Sercey.
6. Salins.
7. Brancion.
8. Villers d'Arconcey et de Gerland.
9. Poinceot d'Eguilly.
10. Mailly.
11. Gasse de Rouvray.
12. Saint-Amour-Cypierre.
13. Regnard de Soirans.
14. Poligny.

L'objet principal de cette contestation était le service des fondations de Montjeu en la cathédrale d'Autun. Ce procès se termina à l'amiable par l'arbitrage de Jean de Vaulx, seigneur de Menessaire, et de Valentin de Brancion, et par l'entremise de l'évêque d'Autun. [1]

Claude de Villers mourut à Autun, en la maison seigneuriale de Montjeu, à la fin de décembre 1571. Le 27 du même mois il dictait son testament au notaire Loys Desplaces, en présence de Pierre de Marcilly, évêque d'Autun, et de MM. Guy Languet et Etienne Boulley, chanoines. Il mourut deux jours après. Le lendemain de sa mort, MM. les chanoines de la Cathédrale vinrent faire en grande pompe la levée du corps qu'ils conduisirent jusqu'à la chapelle Saint-Blaise. Le cercueil resta quelques jours dans cette chapelle, puis fut transporté en l'église de Broye où il fut inhumé. [2]

Claude de Villers laissait six enfants : Philibert, Alexandre, Jeanne, Françoise, Guillaume et Claude ; les trois derniers étaient mineurs. Le 6 mars 1571 (nouv. st. 1572), le conseil de famille, sous la présidence d'Emiland Nauldot, lieutenant

---

1. La transaction qui mit fin à ce procès fut faite et passée à Autun « en la » maison épiscopale dudit lieu, pardevant Jehan Regnard, notaire royal audit » lieu, en présence de Me Estienne Boulley, docteur en droit, et de Jehan Descha- » zaux, vierg antique. » (Arch. de Montjeu.)

2. Il fut payé pour les funérailles de Claude de Villers : 10 sols au menuisier ayant fait le cercueil ; 3 écus 12 s. à un marchand de Beaune pour seize aulnes de futayne employées à faire les draps mortuaires mis sur le corps du défunt ; 20 sols pour les peines d'un homme envoyé exprès à Beaune chercher les futaynes ; 30 sols à François Thibault, tailleur d'habits d'Autun, pour avoir approprié lesdits draps mortuaires ; 30 sols à cinq prêtres appelés pour dire le psautier et veiller toute la nuit auprès du corps ; 4 écus payés à MM. de Saint-Ladre pour avoir conduit le corps du sieur de Gerland jusqu'à l'église Saint-Blaise ; 1 écu 1/3 d'écu 8 s. 4 d. payés à treize prêtres ayant chanté messes une portion basse et l'autre portion à haute voix le jour de l'enterrement ; 5 deniers aux clercs qui ont aidé à dire la messe et la chanter ; 2 écus pour les dépenses de bouche desdits prêtres ; 2 écus à Antoine Lenoble, peintre d'Autun, pour la ceinture autour de l'église Saint-Blaise et y avoir mis les armes du seigneur ; 2 écus au peintre pour la ceinture de l'église de Broye ; 20 sols à ceux qui ont sonné les cloches tant le jour que la nuit en l'église de Broye ; 1 écu aux prêtres ayant conduit le corps en l'église de Broye ; 20 sols pour quelques dépenses de bouche faites par lesdits prêtres et autres de Broye le jour où le corps y fut amené ; 43 écus 1/3 d'écu pour acheter des habits de deuil à Mme de Gerland..... (Extraits du compte de tutelle de Mme de Gerland. Arch. de Montjeu.)

particulier au bailliage d'Autun, se réunit au « chastel et maison fort de Montjeu. » Etaient présents : M⁰ Antoine de Ganay, procureur du roi, requérant selon les devoirs de sa charge la nomination d'un tuteur ; Jeanne de Montjeu, veuve de Claude de Villers, Jean de Vaulx, écuyer, seigneur de Menessaire, Philibert de Damas, écuyer, seigneur de Morande, Jean de Damas, seigneur de Villiers, parents du côté paternel ; Jean Bouton, seigneur de Bosjan, Jean de Saubiés, seigneur de Saint-Bonnost, et damoiselle Madeleine Bouton, grand'mère des mineurs, dame usufruitière de Montjeu, parents du côté maternel. Le conseil de famille ainsi constitué, dit qu'il était urgent que la dame de Villers prit elle-même la charge de tutrice de ses trois enfants mineurs, et il nomma pour curateurs aux six héritiers Jean de Vaulx, Philibert et Jean de Damas, et Jean Bouton.

Jeanne répondit que « par amitié pour ses enfans elle
» accepteroit la balisterie, pourvu que les terres, biens, che-
» vances et seigneuries vendues et engagées à titre de rachapt
» ne fussent comprises à sa charge, ainsi que la réparation
» de la maison de Dijon, laquelle tomboit en ruynes et déca-
» dence, que où il en adviendroit ne seroit tenue à la répara-
» tion ny réfaction, comme elle ne seroit tenue à la réparation
» des maisons de Gerlans qui sont en ruynes, sinon de entre-
» tenir icelles de couvertures seulement, et quant à la maison
» seigneuriale de Civry, l'on sçait aussy que dois les années
» passées elle a esté ruynée et bruslée par les reistres avec
» tous les meubles y estans, comme aussy sont estés pris et
» emmenés tous les meubles dudit Gerlans, et tout le bes-
» tial. » Quant aux charges qui concernaient la maison de Montjeu, l'affaire était envoyée au bailliage de Dijon. [1]

---

1. D'après les comptes de tutelle de Jeanne de Montjeu, Émiland Nauldot, lieutenant particulier, reçut pour ses vacations 1 écu ; Antoine de Ganay, procureur du roi, 1 écu ; le greffier, 40 sols ; le sergent ayant mis la main sur les biens du défunt, 30 sols ; le greffier, pour la grosse et expédition de la balisterie, 30 sols ; aux messagers étant allés prévenir et convoquer les parents pour procéder à la balisterie, 3 écus.

On voit par ce qui précède en quel déplorable état se trouvaient les biens de la famille de Villers. Ils étaient en outre grevés de dettes nombreuses. Il ne semble pas que l'administration de Jeanne de Montjeu ait apporté quelque amélioration à la position fâcheuse de ses enfants. Au contraire, et il ne pouvait en être autrement. Ne payant pas les arrérages des sommes dues, pressée par le Chapitre qui réclamait l'acquittement des nombreuses fondations de ses prédécesseurs, elle se livrait à tous ceux qui spéculaient sur ses embarras. C'est ainsi que le 17 septembre 1574, elle empruntait 116 écus 2 tiers, valant 350 livres, à Pierre Humeau, fils et héritier de l'apothicaire Etienne Humeau, qui avait succédé à son père dans son commerce de drogues et d'argent. Quatre ans après, Pierre Humeau réclamait à Jeanne de Montjeu le remboursement des prêts faits par lui et par son père. Ne pouvant payer, elle fut obligée d'augmenter encore sa dette et elle consentit à son prêteur une rente de 21 écus soleil 8 sols 4 deniers [1], par acte du 6 septembre 1578. Mais la pauvre dame n'avait pas seulement recours à Humeau, elle s'adressait à bien d'autres. C'est ainsi que le 7 novembre 1575 elle constituait au profit d'Antoinette de Tournon, abbesse de Saint-Andoche, une rente de 55 livres tournois [2] ; que, le 28 octobre 1575, elle en consentait une autre de 8 livres 6 s. 8 d. à Barthélemy d'Arlay, etc.; et cependant elle avait hérité de toute la fortune de Montjeu, sa sœur Françoise, femme de Claude de Poligny, n'ayant eu pour sa part d'héritage que 7,000 livres qui n'étaient qu'en partie payées en 1573 [3], et son autre sœur étant entrée en religion avec une pension de dix livres.

La gêne allait ainsi s'augmentant chaque jour. Cependant

---

1. *Protocoles de Loys Desplaces*, reg. XVIII, f° 289. (Étude de M° Rérolle, notaire à Autun.)
2. Id. reg. XVII, f° 491.
3. Id. reg. XVIII, f° 463.

pour mettre son fils ainé, Philibert de Villers, seigneur de Gerland [1], à même de soutenir le vieux renom de la famille, Jeanne de Montjeu lui donna, le 30 juin 1581, la moitié de ses biens par préciput [2]. Le même jour, son second fils, Guillaume, qui partait pour Malte afin de s'y faire recevoir chevalier, abandonnait aussi à son frère ainé tout ce qui pouvait lui revenir, moyennant une pension viagère. La dame de Montjeu eut la satisfaction de faire contracter à sa fille Françoise une brillante alliance. Le 18 octobre 1583 elle la maria à Louis de Brancion, seigneur de Visargent. Mais les réjouissances de ce mariage furent brusquement interrompues par la mort de Jeanne qui arriva deux jours après. [3]

Aussitôt Jeanne de Montjeu morte, Pierre Humeau se hâta de réclamer ce qui lui était dû. Les héritiers n'ayant pu s'acquitter, il obtint un mandement de la chancellerie pour les contraindre. Le 27 janvier 1584, Benoît Motot, sergent royal à Autun, se transporta au château de Montjeu-en-Montagne où il trouva Philibert de Villers, avec sa tante Charlotte de Montjeu, religieuse de Saint-Andoche, et il leur fit sommation de payer la somme réclamée par Humeau et « faulte de ce, de » lui fournir meubles. » Le seigneur de Gerland lui répondit qu'il ne l'empêchait pas de faire son devoir, mais qu'il ne pouvait payer. Le sergent se mit en perquisition dans le château « tant aux chambres basses que chambre haulte et n'y trouva » meubles valant la somme. » En conséquence il leur déclara qu'il saisissait les immeubles de Jeanne de Montjeu, apposa le brandon royal à la porte du château, et leur notifia « qu'il

---

1. C'est de Philibert dont il est parlé dans l'*Histoire de la Réforme et de la Ligue dans la ville d'Autun*, par H. Abord (t. I, p. 467), sous le nom du *capitaine de Gerlans*. L'auteur de l'ouvrage précité l'appelle par erreur *Jean*, et le confond avec son père, mari de Jeanne de Montjeu, qui mourut en 1571.
2. Arch. de la Côte-d'Or. *Recueil de Peincedé*, t. XIX, p. 229. Analyse des protocoles de Claude Poillecher, notaire à Dijon.
3. Au compte de Pierre Humeau qui fournissait de tout la maison de Montjeu, on lit : « 20 octobre 1583, quatre cierges pour mettre sur le corps, 24 sols ; pour embaumement et aromates, 9 livres. 23 octobre, pour les funérailles de mademoiselle, une douzaine de torches de 10 sols pièce..... » (Arch. de Montjeu.)

» procéderoit au premier édict du décret le lendemain 28 du
» présent mois, lieu et heure du marché public d'Ostun. »

En effet le lendemain il se transporta en la ville de Marchaut devant l'auditoire de la viérie et fit sa première publication. Aussitôt se produisirent tous les autres créanciers dont nous donnerons la liste si longue qu'elle soit ; c'étaient : Pierre Humeau ; messire Bénigne Frémiot, président au parlement de Dijon ; les vénérables doyen et chapitre de la cathédrale d'Autun ; Louis Desplaces, notaire ; Lazare Thomas, avocat à Autun ; Antoine Rolet, vierg ; Louis Marendet, marchand à Dijon ; la veuve et les héritiers de René Germain ; dames Marie de Villers et Charlotte de Montjeu, toutes les deux religieuses à Saint-Andoche d'Autun ; Thibaut Boscheron, avocat ; Pierre Lagueune, au nom de défunt Jean Gorlet, apothicaire ; Pierre Boichot, marchand ; Antoine Anthouard, praticien ; Guillaume Amyot ; Edouard Boulon, tuteur des enfants de Barthélemy d'Arlay ; Lazaire Rabyot ; Philibert de Villers. Pendant la discussion se présentèrent quatre autres créanciers : Quentin Descombards, prêtre ; J.-B. Buffot ; N. de Blondefontaine, et dame Claude de la Baume, abbesse de Saint-Andoche. Cette dernière réclamait 1,200 écus avec les arrérages depuis 1580.

Le 5 du mois de mai 1584, le roi, par lettres patentes, autorisa la vente conjointe de Montjeu-en-Montagne et de ses dépendances, bien que plusieurs d'entre elles ne fussent pas dans le même ressort. La procédure dura de longs mois et la sentence définitive du bailliage d'Autun ordonnant la criée et la vente des biens de Jeanne de Montjeu fut prononcée le 8 février 1585 à la requête de Pierre Humeau contre : 1° Philibert de Villers, écuyer, seigneur de Gerland ; 2° Guillaume de Villers, chevalier de l'ordre de Saint-Jean de Jérusalem ; 3° damoiselle Françoise de Villers, femme de noble Louis de Brancion ; 4° damoiselle Jeanne de Villers, religieuse à Saint-Andoche d'Autun ; 5° noble Claude de Villers, coseigneur de Sivry, assisté de son tuteur noble Jean de Damas, seigneur de

Villiers et Athie; 6° noble Jean Guijon, procureur du roi au bailliage d'Autun, curateur d'Alexandre de Villers [1]. Les criées furent faites à Autun, Dijon, Beaune, Nuits, Chalon, Pommard, Volnay, Santenay, Saint-Sernin-du-Plain, Broye, Saint-Symphorien-de-Marmagne, Etang, annonçant que la vente de la terre et seigneurie de Montjeu avec ses membres et dépendances situés dans les paroisses de Broye, Etang, Brion, Saint-Symphorien-de-Marmagne ; les meix de vignes assis à Cromey, Santenay, Volnay, Pommard, aurait lieu à Autun, par-devant le lieutenant général de la chancellerie, le 4 mai suivant. La vente fut cependant ajournée au 23 novembre. Ce jour-là messire Pierre Jeannin, président à la cour du parlement de Dijon, et noble Guy de la Tournelle, seigneur de Musigny, poussèrent leurs enchères à 8,000 écus soleil. L'adjudication fut remise au 3 février 1586, auquel jour le président Jeannin fit offre de 8,100 écus soleil valant 24,300 livres. Une troisième fois la délivrance ayant été renvoyée au 8 du même mois, et aucun enchérisseur ne s'étant présenté, la terre de Montjeu-en-Montagne fut définitivement adjugée au président Pierre Jeannin.

Mais les revers de fortune n'étaient pas les seules épreuves des enfants de Jeanne de Montjeu. L'un d'eux, Alexandre, était fou, et pendant que les créanciers se disputaient l'héritage maternel, il fallait procéder à son interdiction. Le 4 juillet 1585, Odet de Montagu, lieutenant général de la chancellerie, fit à son sujet une information secrète dont nous extrayons les dispositions suivantes :

« François Boullet, maréchal au faubourg de Saint-Blaise,
» dit : qu'il y a plus de quinze ans qu'il congnoist noble
» Alexandre de Villers, seigneur de Civry en partie, lequel
» d'environ deux mois est entré au grand regré d'ung chascung en telle sorte de folie qu'il se prétend évesque, prebstre,

---

[1]. La sentence du bailliage est signée : de Montagu, Pupelin, J. Devoyo, de Ganay, L. Espiard. (Archives de Montjeu.)

» chartreu, ayant faict faire un habit de cherge blanche,
» lequel a une cuculle poinctue comme celle des chartreux;
» a faict faire une aulbe de thoille, de laquelle il s'habille
» quelquefois, ayant un petit goubelet de bois dont il faict un
» calice; ha un missel et plusieurs aultres livres qu'il porte
» en ung bissac de cuir noir, lequel a une bande large de
» trois doiglts dont il porte le bissac en descharpe, en faceon
» d'une viole; allant parfois jusqu'à l'hermitage de Saint-
» Claude où il faict les mêmes cérémonies qu'un prebstre et
» dit lui-mesme qu'il dict messe et que les anges lui respon-
» dent; disant à tous ceulx qu'il les excommunie, et à d'aul-
» tres il donne des lettres de cléricature mesme aux filles;
» dont il appert bien qu'il n'est plus racis et en son bon sens,
» ce qui se voit évidemment par son marché qui est fort
» soudain, et parce que passant parmy les rues il ne salue les
» personnes qui luy font révérence, et plusieurs aultres faceons
» de faire qu'il ha dont chascun est abreuvé, qui font bien
» congnoistre qu'il n'est plus racis. De sorte que luy qui des-
» pose ne vouldroit pas achepter aulcune chose de luy, bien
» qu'il luy ayt offert encore hyer son lict à vendre, disant qu'il
» ne veult doresnavant coucher que sur ung ban, et qu'il
» veult vivre ostairement, parlant tant soudainement que
» trois bos escripvains ne sçauroient escrire tout ce qu'il
» dict, etc. »

« Jean Beurgot, archer de la compagnie de M. de Ruffey,
» despose, qu'il y a plus d'ung an qu'il congnoist Alexandre
» de Villers, ayant tenu par adjudication de dame Jehanne
» de Montjeu, sa mère, la terre de Raveloux; qu'il y a
» quelque temps, comme deux ou trois mois, qu'il est aliéné
» de son bon sens, ayant pris ceste opignon qu'il est prophète,
» évesque, prebstre, chartreux, excomunic les personnes qu'il
» trouve parmy les rues, disant que c'est l'esprit de Dieu qui
» le conduict; dont un chascung en a grand pitié et com-
» pation d'aultant qu'il est beaul gentilhomme, sorty de bon
» lieu, etc. »

« M⁰ Baptiste Chaffaut, praticien à Ostun, despose, qu'il
» l'a veu qu'il donne des lettres de cléricature aux enffants, en
» ayant, luy qui despose, une laquelle il nous a laissée ; et
» est la teneur d'icelle lettre telle : *Al^{er} de Villers episcopus de*
» *Sancti Claudi in Edua, fecit et confirmavit a me clericum*
» *Lazarum Devoyo in sua domo et capella. Fecit le XX mensis*
» *junius mille centum quatuor viginti et quatuor* (sic). Au bas
» es escript : *De mandato meo*, et est subsignée ladicte lettre :
» *A. d'Auvillers*. A veu iceluy de Villers revestir ung habit
» bleu en forme de chappe qu'il portoit par les rues, et faire
» plusieurs folies qu'il seroit trop long à dire. »

Après la vente de Montjeu-en-Montagne, la famille de Villers quitta Autun et se retira à Dijon ou à Gerland. Six ans après il ne restait plus des six enfants de Jeanne de Montjeu que Françoise, femme de Louis de Brancion, et Alexandre de Villers. Philibert, seigneur de Gerland, qui avait été gentilhomme de la reine [1], était mort laissant un fils en bas âge nommé Louis ; sa veuve, Jeanne de Lenoncourt, s'était remariée à Louis de Poilly, seigneur de Bessey ; Claude de Villers n'existait plus ; quant à Guillaume, le chevalier de Saint-Jean de Jérusalem, et à Jeanne, religieuse de Saint-Andoche, on n'en parlait plus. Le pauvre fou Alexandre, quoique seigneur nominalement de la plus grande partie de Sivry et de Montjeu-en-Autun, promenait par les rues de Dijon sa folie et sa misère, parfois même tendant la main aux passants. Fallait-il en accuser l'incurie de ses tuteurs, ou les malheurs des temps qui réduisaient à rien le revenu de ses terres ?

En 1592, Jean Blondeau, conseiller au parlement et garde des sceaux en la grande chancellerie de Bourgogne, s'était rendu déjà acquéreur, moyennant 2,000 écus, du tiers de la seigneurie de Sivry que la nécessité avait forcé les héritiers de Villers de Gerland à aliéner. Il convoita la possession entière de la maison seigneuriale dite *la Tour de Sivry*, sur

---

1. Arch. de Montjeu.

laquelle il n'avait de droits que pour un tiers. Sous le prétexte que ce château était en ruine et qu'il ne pouvait être mis en état de défense sans être rebâti, que par suite les sujets de la seigneurie étaient réduits à se réfugier dans les bois pour échapper aux violences des gens de guerre qui couraient le pays, il provoqua la licitation de la Tour de Sivry et en offrit six vingts écus. Louis de Brancion et Louis de Poilly firent ce qu'ils purent pour s'opposer à cette vente, tant en leur nom qu'au nom d'Alexandre de Villers et du jeune Louis de Villers de Gerland. Ils prétendirent qu'il était inopportun de vendre cette maison seigneuriale, que par ces temps de troubles et de guerres on ne pourrait le faire qu'à vil prix, quand Sivry peut-être était occupé par l'ennemi ; que ce qui leur resterait une fois le château vendu serait déprécié pour toujours. Ils eurent beau dire, le conseiller Blondeau gagna son procès ; la tour et la maison seigneuriale de Sivry avec cour, jardin, granges, aisances et dépendances, furent mises en vente et lui furent adjugées, le 23 juin 1592, pour 120 écus [1]. Pour comble d'infortune, MM. de Brancion et de Poilly virent saisir immédiatement le prix de cette vente par Nicolas Poinsot, de Dijon, qui réclamait 160 écus pour la pension et la nourriture d'Alexandre de Villers.

Jean Blondeau qui avait su profiter des circonstances pour devenir à bon marché seigneur du château de Sivry, ne profita pas longtemps de son acquisition. Royaliste ardent, il s'était retiré à Sivry, où il fut attaqué par les ligueurs en 1593. Il fut tué à la défense de son château qui fut pris et brûlé. [2]

Quatre ans après, Alexandre de Villers venait de mourir ; le 4 avril 1596, Louis de Brancion, au nom de sa femme

---

1. Arch. de M. Stéph. Laureau.

2. Ce fait dut arriver au commencement de 1593, car le frère de Jean Blondeau, François, seigneur de la Chassagne, lieutenant général en la chancellerie d'Autun, comme lui très attaché au parti du roi, et qui lui succéda en sa charge de conseiller, en fut pourvu le 26 juillet 1593. (Palliot, *Parlement de Bourgogne*, p. 243 et 255.)

Françoise de Villers, et par procuration de Jeanne de Lenoncourt, veuve de Philibert de Villers de Gerland, tutrice de son fils mineur Louis de Villers, vendit à noble seigneur messire Pierre Jeannin, chevalier, conseiller du roi en ses conseils d'état et privé, seigneur de Corcelles [1] et de Montjeu-en-Montagne, président au parlement de Dijon, absent, représenté par son frère, noble et scientifique personne messire Nicolas Jeannin, abbé de Moutier-Saint-Jean, prieur de Saint-Vivant et de Larrey, chanoine d'Autun, la terre et seigneurie de Montjeu-en-Autun, dont la maison seigneuriale était située « au chastel d'Ostun, rue de Riveaul, » pour la somme de 1,000 écus soleil valant 3,000 francs. [2]

Telle fut la fin de la première maison de Montjeu.

1. Corcelles, paroisse de Brion, cant. de Mesvres, arr. d'Autun.
2. L'acte fut passé à Autun par-devant Loys Desplaces, notaire royal, « en son » office assis devant l'église dudit lieu. » (Pièce justificative n° LXXXI.)

TABLEAU GÉNÉALOGIQUE
DE LA
FAMILLE DE MONTJEU

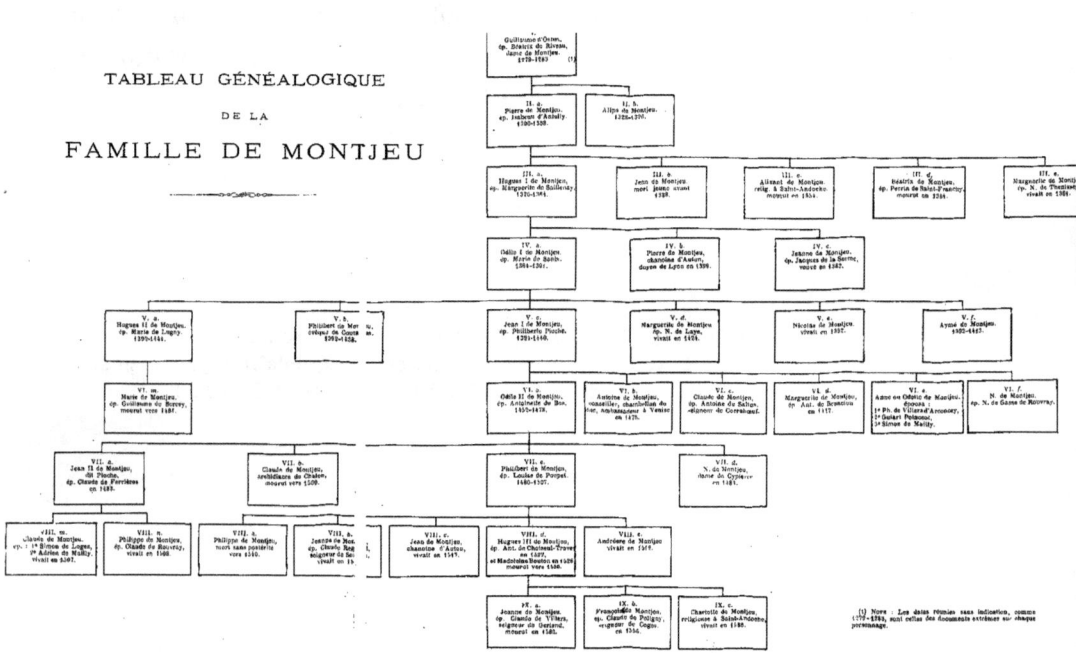

NOTES

SUR LES SEIGNEURIES DE L'AUTUNOIS

AYANT APPARTENU AUX OSTUN ET AUX MONTJEU.

DRACY-SAINT-LOUP

Courtépée, à l'article de Dracy-Saint-Loup [1], dit : « Les anciens seigneurs sont les Châteauvilain ; René d'Ostun, en 1296, et quatre descendants ; Guy de la Tremouille, en 1377. » Ces renseignements sommaires ne sont pas exacts.

Rien ne permet de dire que les Châteauvilain aient été seigneurs de Dracy-Saint-Loup. On connaît *Hugo de Draceio, miles*, en 1170, et *Raimundus de Draceio*, en 1201 [2] ; mais ces personnages devaient-ils leur nom à Dracy-Saint-Loup, à Dracy-le-Fort près Chalon-sur-Saône, ou à Dracy-lès-Couches ? On l'ignore.

Le renseignement le plus ancien sur Dracy-Saint-Loup nous est fourni par Pérard [3]. *Alinus de Vaurin* vendit en 1243 au duc de Bourgogne ce qu'il avait près d'Arnay et de Dracy. Nous savons en effet par une charte de 1303 que près de Cordesse, localité voisine de Dracy-Saint-Loup, un bois portait le nom de *forêt du Duc* où les hommes de l'*Abergement de Cordesse* avaient certains droits d'usage. [4]

Il est donc supposable que les ducs inféodèrent à une famille attachée à leur service Dracy-Saint-Loup et ses dépen-

---

[1]. Courtépée, *Description du duché de Bourgogne*, nouv. éd., t. II, p. 569.
[2]. A. de Charmasse, *Cart. de l'Église d'Autun*, p. 121 et 225. — J.-G. Bulliot, *Essai historique sur l'abbaye de Saint-Martin*, t. II, ch. xxv.
[3]. Pérard, *op. cit.*, p. 443 et 444.
[4]. Pièce justificative n° XIV.

dances, vers le milieu du treizième siècle. En tout cas, Jean de Vergy, premier du nom, sénéchal de Bourgogne, seigneur de Dracy-Saint-Loup par sa femme Marguerite de Noyers, fit hommage pour cette terre au duc de Bourgogne en 1275, le mardi avant les Rameaux [1]. Le même jour, Jean de Vergy et Marguerite de Noyers reconnurent les droits que le prieur et le couvent de Saint-Symphorien d'Autun avaient sur la terre de Dracy-Saint-Loup [2]. Guy de Vergy mourut en 1309.

Nous ignorons comment la terre de Dracy passa à la famille d'Ostun. Ce fut probablement par une vente, faite peut-être à l'auteur commun de Pierre d'Ostun, bailli d'Auxois, et de Guillaume d'Ostun, sire de Montjeu, que nous croyons frères.

En décembre 1283, Hugues de Verrières vendit à Pierre d'Ostun le fief de Millery, qu'il avait acquis lui-même de la femme de Guillaume Bruleborde [3]. En 1287, le duc donna à son « amé et féaul Monseignour Pierre d'Ostun, chevalier, et » orendroit son baillif d'Aussois [4], » en accroissement du fief qu'il tenait déjà de lui, le fief de Hugues de Saint-Léger et de Guy de Lally, lequel mouvait de la châtellenie de Glenne [5]. En 1296, Guite, Agnès et Huguette, filles de Perrot d'Essarton, damoiseau, et les maris des deux premières, Symon et Huguenin de Visigneux, fils de Michelet Arbaletier de Visigneux, vendirent à messire Pierre d'Ostun, chevalier, huit meix, dont cinq en la paroisse de Dracy-Saint-Loup, et cinq dans celle de Curgy, sauf le droit de fief appartenant à damoiselle *Ysabelle de Dracy, veuve de messire Jean dit Le Roux de Châtillon, chevalier,* le tout moyennant 60 livres

---

1. Arch. de la Côte-d'Or, B. 10424.
2. André du Chesne, *Généalogie de la Maison de Vergy*, liv. IV, p. 148.
3. Arch. de Montjeu.
4. Pièce justificative n° V.
5. Glenne, com. de la Grande-Verrière, cant. de Saint-Léger-sous-Beuvray, arr. d'Autun. L'une des trois châtellenies ducales de l'Autunois qui étaient la Thoison, Glenne et Roussillon.

dijonnaises [1]. En 1297, Isabelle, fille de Symon de Barnay, veuve de Colonet de Cordesse, vendit à Pierre d'Ostun, bailli d'Auxois, cinquante sols dijonnais que lui devaient les hommes de l'Abergement de Cordesse [2]. La même et son fils Jean, vendirent encore à Pierre d'Ostun, seigneur de Dracy, pour vingt-cinq livres tournois, tous les droits qu'ils avaient sur les bois de Cordesse, dits *les bois du Duc*, en se retenant le tiers des pains et des deniers dus pour la charge de forestier desdits bois, l'usage de leurs porcs et leur affouage, comme les autres hommes de l'Abergement de Cordesse. [3]

En 1299, Huguenin de Chantere, demeurant aux Chaumottes [4], et quinze autres se reconnaissent hommes de sage et noble messire Pierre d'Ostun, bailli d'Auxois. [5]

Symon d'Ostun, fils de Pierre, était seigneur de Dracy-Saint-Loup [6] en 1305.

A Symon succéda Guy ou Guiot qui fut coseigneur de Dracy, avec son frère Pierre ou Perrin, du moins pendant un certain temps. Plus tard, toute la seigneurie appartint au premier et à ses descendants. En 1311, Marguerite de Tenarre [7], femme de Hugues de Souterrain [8], vendit à Guiot et Perrin d'Ostun frères, fils de feu Symon d'Ostun, chevalier, douze meix dans les paroisses de Saint-Forgeot et de Dracy-Saint-Loup. [9]

En 1326, Guy d'Ostun, sire de Dracy-Saint-Loup, par acte du 14 novembre, céda à Guillaume de Fontaines, chanoine du prieuré de Saint-Symphorien d'Autun et curé de l'église paroissiale de Dracy-Saint-Loup, pour lui et ses successeurs,

---

1. Pièce justificative n° IX. Qui était cette Isabelle de Dracy? Était-ce une sœur de Pierre d'Ostun ou appartenait-elle à la dernière famille qui avait possédé Dracy avant les Ostun? Nous n'avons pu l'éclaircir.
2. Pièce justificative n° XI.
3. Pièce justificative n° XIV.
4. Les Chaumottes, hameau de la com. d'Autun.
5. Pièce justificative n° XII.
6. Pièce justificative n° XVI.
7. Tenarre, com. de Baudrières, cant. de Saint-Germain-du-Plain (Saône-et-Loire).
8. Souterrain, com. de Martigny-le-Comte, cant. de Palinges (Saône-et-Loire).
9. Pièce justificative n° XXV.

tous ses droits sur les dîmes dudit Dracy, à la réserve du fief de la douzième partie de cette dîme que tenaient de lui les héritiers de dame Ysabelle, et de 12 setiers de seigle loyal et marchand, à la mesure de Dracy, à recevoir chaque année dans la grange dudit curé, avec quatre cents gluis. Il lui céda le droit de pêche à la trouble dans la rivière de Sauturne [1], les mercredi, vendredi et samedi de chaque semaine, et pendant tout le temps de l'Avent et du Carême, et le même droit de pêche à toute espèce d'engins depuis l'écluse du moulin Josdan, qui se trouve près du gué par où l'on va à Dracy, plus le droit de pêcher encore dans tous les creux de la prairie de Dracy, qu'ils communiquent ou non avec la rivière d'Arroux. Il lui accorda en outre son usage dans les bois de la Vesvre, pour la paisson de six porcs, sans redevance d'aucun panage. Le curé de Dracy s'obligea en retour, pour lui et ses successeurs, à faire célébrer chaque semaine, en l'église de Dracy, à l'autel de Saint-Martin, une messe pour le seigneur et ses prédécesseurs, et de payer annuellement au sire de Dracy, ou à ses ayant-cause, le jour de la fête de Saint-Loup, en l'église de Dracy, *une pleine poignée d'un homme, de chandelles de cire, de la longueur d'un pied et demi* [2]. En 1328, Alix, fille de Girart de Saint-Léger et femme de Guiot de la Forest [3], damoiseau, approuva la vente de la maison forte de Saint-Léger-du-Bois [4] que son père avait faite à Pierre d'Ostun, seigneur de Dracy, grand-père de Guiot et de Perrin, fils de Symon [5]. En 1330, Gautier de Varennes près Igornay, clerc, se reconnut l'homme de Guy d'Ostun, chevalier et seigneur de Dracy-Saint-Loup [6]. En 1331, Guy d'Ostun accorda aux habitants de Dracy-Saint-Loup des droits d'usage dans le bois de Mien [7] qu'il possédait

---

1. La rivière de Sauturne ou la Drée, dont une des sources se trouve près du hameau de Sauturne, com. de Saint-Martin-de-Commune, cant. de Couches.
2. Pièce justificative n° XXXIV.
3. La Forêt, com. d'Épinac, arr. d'Autun.
4. Saint-Léger-du-Bois, cant. d'Épinac, arr. d'Autun.
5. Pièce justificative n° XXXVI.
6. Pièce justificative n° XXXVII.
7. Aujourd'hui le bois des Miens, com. de Dracy-Saint-Loup.

en partie avec Pierre de Montjeu, chevalier, et Jean de Chevigny [1], damoiseau, fils d'Etienne. [2]

En 1337, *Hugues Cahins de Varennes-lès-Ygornay*, pour reconnaître les services que lui avait rendus le sire de Dracy, lui donna le fief qu'il avait sur *Perrot, fils de Hugues Le Moyne de Varennes* et sur les biens qu'il possédait à Jonchières, Lionges et Velers, en la paroisse de Dracy-Saint-Loup [3]. En 1338, *Johannot li Polestier* et son fils se reconnurent les hommes « taillables et exploitables haut et bas » de noble homme Guiot d'Ostun, damoiseau [4]. Ce Guiot d'Ostun dont il est parlé dans ces deux actes devait être le fils de Guy d'Ostun, qui céda des droits d'usage dans les bois de Mien aux habitants de Dracy-Saint-Loup. Deux Guy s'étant succédé, il est difficile de reconnaître l'époque précise à laquelle l'un remplace l'autre. Le 12 octobre 1338, Girarde, fille de Gauterin Sautereaul de Saint-Forgeot vendit à Guiot d'Ostun, sire de Dracy-Saint-Loup, damoiseau, une pièce de terre sise aux Tailles, dans la paroisse de Saint-Forgeot, qui mouvait du fief de Dracy [5]. En 1341, Robert, fils de Guillaume Legros, de Surmoulin [6], s'avoua l'homme « taillable et exploitable haut et » bas de messire Guy d'Ostun, chevalier, seigneur de Dracy-Saint-Loup [7]. Le 6 avril 1344, Guy de Dracy acheta de Hugues de Montjeu tout ce que ce dernier possédait à Villez, Abost et Chamborre, dans les paroisses de Dracy-Saint-Loup, Cordesse et Saint-Forgeot, moyennant une rente de 12 livres de petits tournois [8]. Le 23 juillet 1344, il retint à son profit, comme mouvant de son fief, au prix de 30 livres, certains héritages situés dans la paroisse de Reclesne que Perrin, fils de Guiot

---

1. Chevigny, com. de Dracy-Saint-Loup.
2. Pièce justificative n° XXXVIII.
3. Arch. de Montjeu. Invent. de Dracy-Saint-Loup.
4. Pièce justificative n° XL.
5. Arch. de Montjeu.
6. Surmoulin, com. de Dracy-Saint-Loup.
7. Arch. de Montjeu.
8. Pièce justificative n° XLI.

de Russelle [1], avait précédemment vendue à Girard de Champrobert, damoiseau [2]. Le 26 décembre 1347, les religieux de Saint-Symphorien échangèrent tous les droits qu'ils avaient en la seigneurie de Dracy-Saint-Loup contre la terre de Saint-Pierre-l'Etrier [3], que leur céda Guy d'Ostun, seigneur de Dracy-Saint-Loup [4]. En 1349, ce dernier, qui s'intitule seigneur du Bruyl des Barres et de Dracy-Saint-Loup, entragea à Regnaut, de Varrolles [5], charpentier, et à Jehannette, sa femme, un canton de bois moyennant 15 deniers de rente et 8 livres d'entrage [6]. En 1350, Hugues, dit *Voilliez*, de Saint-Léger-du-Bois, s'avoua l'homme serf du sire de Dracy-Saint-Loup, comme étaient tous les hommes dudit seigneur habitant Saint-Léger [7]. Le 4 novembre 1351, Guy d'Ostun, sire de Dracy-Saint-Loup, reconnut devoir au chapitre de la cathédrale d'Autun 50 sols viennois, pour l'anniversaire de « son » très chier père, monsieur, monsieur Pierre d'Ostun, jadix » seigneur de Dracey [8]. » En 1356, Huguette, veuve de Guy de Maligny, donna à Guy d'Ostun dénombrement de ce qu'elle possédait à Maligny [9]. Les Ostun de Dracy avaient acquis, nous ne savons à quelle époque, la seigneurie de Maligny [10] qui avait donné son nom à une antique famille dont était issu Guy, le mari de Huguette. [11]

---

1. Ruisselle, com. de Chissey, cant. de Lucenay-l'Évêque, arr. d'Autun.
2. Arch. de Montjeu. — L'acte fut passé en présence de Jean de la Bouloye, de Guillaume de Lieu, damoiseau, et de Hugues de Cluny *(Cluneio)*, citoyen d'Ostun.
3. Saint-Pierre-l'Étrier, com. de Saint-Pantaléon, cant. d'Autun.
4. Pièce justificative n° XLIII.
5. Varolles, com. de Saint-Forgeot.
6. Pièce justificative n° XLIV.
7. Pièce justificative n° XLV.
8. Pièce justificative n° XLVI. — Le mot *père* doit être ici pris dans le sens d'*ancêtre*, car Guy d'Ostun devait être l'arrière-petit-fils de Pierre d'Ostun, bailli d'Auxois, mort en 1306.
9. Pièce justificative n° XLVII.
10. Maligny, cant. d'Arnay-le-Duc, arr. de Beaune (Côte-d'Or).
11. En 1246, Hugues de Maligny, damoiseau, reconnut tenir en fief lige de noble seigneur Philippe d'Antigny, sa maison forte de Maligny. — En 1296, Guillaume de Maligny, chevalier, donna une rente de vingt sols aux religieux de Saint-Martin d'Autun, pour son anniversaire, celui de sa femme Jeanne, et celui de son fils Jean, décédé moine audit monastère. (Arch. de Montjeu.)

Guy eut de sa femme, Jeanne de Châteauvilain, un fils nommé Simon et une fille nommée Jeanne.

Jeanne par son testament du 26 octobre 1371 donna au chapitre de la cathédrale d'Autun [1] la somme de 120 livres à la charge de faire célébrer chaque année à perpétuité, au mois de mai, le jour de la Saint-Jean, un anniversaire solennel de pain et de vin ; elle lui légua en outre une rente de 20 sols sur ses tailles de l'Abergement de *Mercei* [2], à la condition de faire dire à perpétuité, pour elle et ses parents, le jour de la fête de saint Jean l'Evangéliste, sept messes de l'office des morts. [3]

Simon d'Ostun, sire de Dracy-Saint-Loup, qui succéda à son père Guy, eut à soutenir un grave procès contre le duc de Bourgogne. Il fut condamné à payer au duc quinze cents deniers d'or. Pour empêcher que le duc ne fît saisir et vendre sa terre de Dracy, Simon fut obligé d'emprunter cette somme à Guy et Guillaume de la Trémoille, et ne pouvant la leur rembourser, il leur vendit, le 8 mai 1372, la terre de Maligny pour deux mille deniers d'or [4]. En 1375, il donna au

---

1. Arch. de l'hôtel de ville d'Autun. Fonds de la Cathédrale. *Fondations. Copie collationnée par Jacques Serrurier, tabellion d'Autun.*

2. Dans la charte le mot est illisible. L'archiviste du Chapitre, au siècle dernier, a cru voir *Mercey*. Nous avons écrit ce nom de lieu comme il se trouve dans le dénombrement donné en 1375 par Simon de Dracy. V. Pièce justificative n° LVI*.

3. Rien n'était venu faire supposer que Jeanne eût été mariée. Nous avions écrit le passage sur les enfants de Guy de Dracy (v. plus haut, p. 20), lorsque nous avons eu connaissance d'une note de Palliot extraite « des anciens registres du » parlement de Beaune et de Saint-Laurent-lez-Chalon, conservés dans le trésor » des chartes du roi, » ainsi conçue : « 1370, Simon de Dracy-Saint-Loup, cheva- » lier, et damoiselle Jehanne, sa sœur, femme de Guillaume de Clugny jadis bailly » d'Auxois... » (Palliot, t. XII.) Il ne nous paraît pas probable que cette Jeanne fût celle dont nous avons parlé et qui fut inhumée dans la cathédrale d'Autun. Ne serait-ce pas une autre Jeanne, également sœur de Simon ? Un rapprochement s'impose, et l'on peut se demander si *Jehanne de Dracy-Saint-Loup* citée par Palliot n'est pas la même personne que *Jehanne d'Ostun* qui était représentée sur la tombe de Saint-Jean-l'Évangéliste et que nous avions cru, à cause de la date inscrite dans l'épitaphe, devoir rattacher à la branche des Ostun de Chevigny. (V. plus haut, p. 24.) Il est vrai qu'entre la date donnée par Palliot, 1370, et celle gravée sur la tombe des Clugny, 1427, il y a un laps de temps de soixante années environ. Mais cette tombe fut évidemment placée longtemps après la mort de Jehanne d'Ostun et servait peut-être à perpétuer un souvenir plutôt qu'elle ne recouvrait une sépulture réelle ; la date qu'elle portait pourrait bien être fausse, cela s'est déjà vu. Nous laissons aux généalogistes de la Maison de Clugny le soin d'éclaircir cette question.

4. Pièce justificative n° LV.

due dénombrement de la terre de Dracy-Saint-Loup [1]. La vente que Simon avait faite aux la Trémoille n'avait pas éteint toutes ses dettes. Guy de la Trémoille s'étant rendu acquéreur d'une rente de 514 florins d'or de Florence, que Simon devait à Huguenin de Clugny, et d'une autre de 40 francs d'or due par le même à feu Robert de Martimpuys, le sire de Dracy reconnut, le 13 janvier 1374, devoir à Guy de la Trémoille une rente de 562 florins de Florence hypothéquée sur la terre de Dracy. Cette rente n'ayant pas été payée, la terre de Dracy fut saisie. Au jour de justice tenu à Autun, le lundi après la quinzaine de Pâques 1377, par Nicolas de Toulon, chantre de la cathédrale d'Autun et chancelier du duc de Bourgogne, le procureur de Simon, Guillemin Le Clerc, de Cordesse, présenta une requête tendant à ce qu'il fût accordé « provision pour le vivre dudit messire Simon d'Ostun et pour ses autres nécessités. » Simon fit opposition à la saisie de sa terre devant le parlement de Paris. La cour, par son arrêt du 11 juillet 1378, dit que la saisie aurait son effet, que la vente du château et de la terre de Dracy-Saint-Loup était acquise à Guy de la Trémoille au prix de 1500 livres tournois par lui offert, déduction faite de la somme de 618 florins de Florence, à laquelle montait sa créance sur Simon d'Ostun, et pour laquelle la saisie avait été opérée, déduction faite également d'une somme de 4 francs provenant de la vente du mobilier du sire de Dracy. [2]

La terre de Dracy-Saint-Loup que Guy de la Trémoille venait d'acquérir était très considérable. Elle s'étendait sur les paroisses de Dracy, Curgy, Saint-Léger-du-Bois, Igornay, Cordesse, Barnay, Saint-Forgeot, Tavernay et Reclesne [3]. Dracy-Chalas et le Tillot dans la paroisse de Viévy [4] étaient encore de sa justice. Plusieurs petits fiefs aux environs, à

---

1. Pièce justificative n° LVI*.
2. Pièce justificative n° LVII.
3. Pièce justificative n° LVI*. — Dénombrement donné par Simon d'Ostun, seigneur de Dracy, en 1375.
4. Viévy, cant. d'Arnay-le-Duc (Côte-d'Or).

Rigny [1], Chancigny [2], Champescuillon [3], Raveloux [4], Vergoncey [5], la Cosme [6], Maynne [7], Millery [8], Long-

1. Rigny, com. de Saint-Léger-du-Bois. — En 1375, Jean Triphoneau (Triphonellus), damoiseau, au nom de sa femme Marguerite de Rigny, tenait un fief, en la paroisse de Saint-Léger, relevant du seigneur de Dracy. (Pièce justif. n° LVI*.)
2. Aujourd'hui Champsigny, commune de Saint-Léger-du-Bois. — 1344, reprise de fief par Perrin de Chancigny, écuyer. — 1381, reprise de fief par Guiot et Robert de Chancigny, fils de Guillaume, et par Étienne, bâtard de Monestoy, pour sa femme Jehannette de Chancigny. — 1486, reprise de fief par Robert de Bournonville. (Arch. de Montjeu. Invent. de Dracy-Saint-Loup.)
3. Aujourd'hui Champœcueillon, com. de Saint-Léger-du-Bois. — En 1375, Jean de Rigny tenait un fief à Champescuillon, de Simon d'Ostun. (Pièce justif. n° LVI*.)
4. Aujourd'hui Ravelon, commune de Curgy. — En 1368, Marguerite de Saillenay, dame de Montjeu, reprit de fief pour Raveloux, du sire de Dracy-Saint-Loup. (Arch. de Montjeu. Invent. de Dracy-Saint-Loup.)
5. Vergoncey, com. de Curgy. — En 1345, Barduyn de Vergoncey donna dénombrement au sire de Dracy-St-Loup. (Arch. de Montjeu. Invent. de Dracy-St-Loup.)
6. La Cosme, nom de l'ancien château de Reclesne, détruit depuis très longtemps. — En 1339, Girard de Champrobert reprit de fief pour ce qu'il tenait à la Cosme et Saint-Forgeot; même devoir rempli par Jean de Champrobert en 1448, et par Guiot de Franay en 1494. (Arch. de Montjeu. Invent. de Dracy-Saint-Loup.)
7. Aujourd'hui Maine, com de Reclesne. — En 1311, Hugues Rolin, de l'Abergement, donna au seigneur de Dracy-Saint-Loup dénombrement des biens et héritages qu'il tenait à Maynne. En 1318, Perrin de Commegrain, écuyer, remplit le même devoir, et après lui, en 1339, Jean de Commegrain, écuyer, fils de Guillaume; en 1344, Alix, fille de Guillaume de Maynne, relicte de Perrin de Commegrain; en 1344 Jean de Commegrain; en 1364 Othenin de Commegrain; en 1373 reprise de fief par Jean, fils de Perrin des Baugis, écuyer; en 1428, par Guillaume des Baugis. — En 1418, par Jehannette Poupain, fille de Guillaume Poupain, d'Autun, femme de J. de Vianges, écuyer. — En 1486, par Michelet de Genay. (Arch. de Montjeu. Invent. de Dracy-Saint-Loup.) Il y avait plusieurs fiefs à Maine relevant de Dracy-Saint-Loup.
8. Millery, commune de Saint-Forgeot, canton et arrondissement d'Autun. — 1311 reprise de fief par Isabeaul, fille de Jehannette de Millery, damoiselle; en 1314 par Regnaud d'Oigney dit du Bruillat; en 1356 par Jean Corphonelle de Bernay (Barnay), à cause de Ysabeaul de Millery, sa femme. (Arch. de Montjeu. Invent. de Dracy-Saint-Loup.) Il y avait deux fiefs à Millery; celui dont nous parlons, dit le Petit-Millery, fut, selon Courtépée, confisqué par Georges de la Trémoille sur Guyot du Verne et donné à « Denis Dorey. » Denisot Doré, écuyer, reprit de fief du seigneur de Dracy en 1486. (Arch. de Montjeu. Invent. de Dracy-Saint-Loup.) Son nom est encore porté par un héritage dit le Bois Doré entre Millery et Varolles. La petite-fille de Denis Doré porta ce fief à Louis de Marcheseuil qui le fit appeler Millery-Marcheseuil. La fille de Louis de Marcheseuil le porta à son tour à son mari Antoine Quarré de Réglois. Leur fils, Charles-Philibert, mari de Anne de Druy, le vendit le 8 juillet 1669 à Simon Buffot. Il y avait jadis un petit châtelet au Petit-Millery, lequel fut détruit au commencement du siècle, après 1816. L'autre fief, dit le Grand-Millery, relevait de l'abbaye de Saint-Martin. En 1444, Jacques Maignien, citoyen d'Autun, notaire, en fit aveu à l'abbé de Saint-Martin. Il passa ensuite aux Lombard qui le conservèrent de 1453 à 1682, époque à laquelle Georges Buffot l'acheta. Le dernier des Buffot vendit les deux Millery en 1816 à M. J.-L. Bouhéret. C'est aujourd'hui la propriété de M. Y. Repoux.

champ [1], Chasson [2], Nantheuil [3], Chaudenay [4], mouvaient de la seigneurie de Dracy.

Simon d'Ostun, avant la vente forcée de sa seigneurie, en avait aliéné certaines parties sans avoir obtenu l'agrément du duc de Bourgogne; celui-ci, selon le droit féodal, confisqua toutes ces aliénations au profit de son favori Guy de la Trémoille qui reconstitua la belle terre de Dracy-Saint-Loup, telle que Simon l'avait reçue de son père. C'est ainsi que lui revinrent, entre autres, le fief de Nantheuil vendu par Simon à Guiot de Nantheuil, une maison et quatre-vingts ouvrées de vignes, vendues à Huguenin et Guillaume de Clugny, frères, citoyens d'Autun. [5]

La seigneurie de Dracy-Saint-Loup, qui devint une baronnie, s'augmenta sous les la Trémoille de la Tour-de-Vellerot [6] et des fiefs et arrière-fiefs qui en dépendaient, acquis en 1431 sur Isabeau de Saffres, veuve de Hue de Saigney, puis de la terre de Nanthout [7], près Beaune, acquise en 1518 sur Robert de Bournouville, seigneur de Chancigny.

Guy de la Trémoille, sire de la Trémoille, de Sully-sur-Loire, de Craon, de Jonvelle et de Dracy-Saint-Loup, conseiller et

---

1. Longchamp, com. de Lucenay-l'Évêque. — En 1344 Robert de Varolles, à cause de sa femme Arambourg de Longchamp, fit reprise de fief au seigneur de Dracy-Saint-Loup. (Arch. de Montjeu. Invent. de Dracy-Saint-Loup.)

2. Chasson, com. de Magnien, cant. d'Arnay-le-Duc (Côte-d'Or). — En 1311, Hugues de Rivo, fils de Henri, reconnut tenir en fief de Symon de Dracy certaines terres à Chasson. — Damoiselle Anthoine Michelet, dame de Chasson, reprit de fief en 1486, et Claude de Servanges, seigneur de Chasson, en 1490. (Arch. de Montjeu. Invent. de Dracy-Saint-Loup.)

3. Aujourd'hui Nanteuil, commune de Maligny. — En 1342 reprise de fief par Guiod de Nantheuil, écuyer, seigneur du lieu; en 1406 par Odot de Nantheuil; en 1465 par Jehannette Damas, veuve de Jehan de Nantheuil, seigneur du lieu et de Saint-Père; en 1487, par Girard de Brazey, seigneur de Brazey et de Nantheuil. (Arch. de Montjeu. Invent. de Dracy-Saint-Loup.)

4. Chaudenay, com. du canton de Bligny-sur-Ouche, arr. de Beaune (Côte-d'Or). — En 1331, Estiennette de Chevigny, veuve de Guillaume de Corgey, fit reprise de fief pour Chaudenay au seigneur de Dracy. (Arch. de Montjeu. Invent. de Dracy-Saint-Loup.)

5. Pièce justificative n° LX.

6. Vellerot, com. de Saint-Pierre-en-Vaux, cant. d'Arnay-le-Duc (Côte-d'Or). — Claude Peaudoie, chevalier, seigneur de Corbeton et de Vellerot, reprit de fief de Georges de la Trémoille en 1487. (Arch. de Montjeu.)

7. Aujourd'hui Nantoux, cant. de Beaune (Côte-d'Or).

chambellan du roi de France, grand chambellan héréditaire de Bourgogne, porte-oriflamme de France, fut un des plus grands personnages de son temps, et l'histoire lui a conservé le surnom qu'il reçut de ses contemporains : *le Vaillant*. Fait prisonnier à la bataille de Nicopolis, et ayant été mis à rançon, il mourut à Rhodes, alors qu'il revenait en France, en 1398. Il avait épousé, vers 1382, Marie de Sully, fille unique et héritière de Louis, sire de Sully et de Craon.

Jean de la Trémoille, troisième fils de Guy, seigneur de Jonvelle et de Dracy-Saint-Loup, fut, comme son père, premier chambellan de Jean sans Peur et de Philippe le Bon. Il fut un des premiers chevaliers de la Toison-d'or, à la fondation de l'ordre. Il portait *d'or* (alias *d'argent*), *bordé de gueules* (alias *sans bordure*), *au chevron de gueules, accompagné de trois aigles d'azur, becquées et membrées de gueules, timbré d'or, surmonté d'une teste d'aigle d'azur, becquée d'or, pennaché d'or et d'azur* [1]. Il avait épousé, en 1424, Jacqueline d'Amboise, fille d'Ingerger d'Amboise, seigneur de la Roche-Corbon et de Jeanne de Craon. Il fonda à Dracy-Saint-Loup un hôpital pour les pauvres. La mort le surprit en 1449, sans qu'il ait pu en terminer la construction. Mais son œuvre fut achevée par sa veuve qui ajouta à la rente de 20 livres tournois qu'il avait affectée à cette fondation, une rente de 100 livres sur les seigneuries de Missery et d'Aiserey [2]. Jacqueline d'Amboise, après la mort de son mari, se retira dans un couvent de Nantes, où elle prit le voile. Jean de la Trémoille ne laissa pas d'enfants légitimes. Il n'eut qu'une fille naturelle, Jeanne, mariée en premières noces à Girard de Cussigny et en secondes noces à Etienne de Genigier [3], écuyer,

---

1. Gollut, *Mémoires historiques de la République séquanoise et des princes de la Franche-Comté de Bourgogne*, nouv. éd. Arbois, 1846, col. 1087.

2. Voir pour plus de détails la notice de M. A. de Charmasse sur les *Anciens Hôpitaux d'Autun*. (*Annales de la Société Éduenne*, 1860-1862, p. 248.)

3. En 1441, en faveur de ce second mariage, Jean de la Trémoille assigna à sa fille naturelle cent livres de rentes sur la terre de Romanay. (Arch. de Montjeu. Invent. de Dracy.—L'abbé Baudiau, *le Morvan*, t. III, p. 314, écrit *de Gueunigier*.)

seigneur de Vaux-en-Charollais. Les seigneuries de Jean de la Trémoille passèrent aux enfants de son frère Georges, alors défunt [1], Louis, Georges et Louise de la Trémoille dont était tutrice leur mère Catherine de l'Isle-Bouchard, dame de Rochefort-sur-Loire.

Dracy-Saint-Loup échut à l'aîné, Louis de la Trémoille, qui mourut en 1483, après avoir assisté aux Etats de Tours, sous Charles VIII. Il laissa de sa femme Marguerite d'Amboise [2], Louis, Jean qui fut cardinal en 1506, Jacques, Georges et plusieurs filles. En 1484, les enfants de la Trémoille partagèrent la succession paternelle, et Georges eut pour sa part Jonvelle, Dracy-Saint-Loup, Corcelles-lès-Semur et l'hôtel de Dijon. [3]

Georges de la Trémoille, selon Courtépée, aurait fait construire le château de Dracy en 1454. C'est tout au moins une erreur de date. Le château de Dracy était beaucoup plus ancien, et Georges ne dut que le faire réparer. En effet, en 1386, les habitants de Dracy s'engagèrent, en outre des corvées qu'ils devaient, à en faire une de quinze jours pendant six ans pour le rétablissement du château [4]. Denisot Doré, écuyer, était capitaine du château de Dracy en 1483. Georges de la Trémoille défendit contre les Suisses la ville de Dijon où commandait son frère en 1513. Il avait épousé Madeleine d'Azay, veuve de Bonaventure de Rochechouart, seigneur de Charrotz, de Fontmoreau et de Bourdet [5]. Il n'en eut qu'une fille, Jacqueline, qui après la mort de son père épousa Claude Gouffier, seigneur de Boisi. L'épitaphe de Georges, gravée sur une plaque de bronze, est encore aujourd'hui dans l'église de Dracy-Saint-Loup. Elle est surmontée d'un écusson écartelé

---

1. M. l'abbé Baudiau prétend que Jean de la Trémoille légua ses biens à son frère Georges dont le fils fut cardinal (t. III, p. 314). Georges de la Trémoille mourut en 1446, avant son frère Jean. Le cardinal Jean de la Trémoille était fils de Louis et petit-fils de Georges. (Voir Moréri.)
2. Marguerite était sœur puînée de Françoise d'Amboise, duchesse de Bretagne
3. Arch. de Montjeu.
4. Arch. de Montjeu. Invent. de Dracy-Saint-Loup. 1761.
5. Chasseneuz, *Consilia*. Cons. XXI.

au 1ᵉʳ et au 4ᵉ *d'or au chevron de gueules, accompagné de trois aiglettes d'azur becquées et membrées de gueules,* qui est de la Trémoille, au 2ᵉ et 3ᵉ, *d'or semé de fleurs de lys.*

L'inscription est ainsi conçue :

Cy gist feu hault et puissant seigneur, messᵉ George de la Tremoille, en son vivant chevalier de l'ordre du roy nostre sʳ et lieutenant général pour ledit sʳ en ses pays et duché de Bourgongne, premier chambellan heredital esditz pays, seignʳ de Jonvelles, de Dracy-Saint-Loup, Chasteaul Guillaume, Chasteaul Renard et de Sainct-Cyncran, qui décéda le VIᵉ jour de may M. Vᵉ XXVIᵉ. Dieu ayt son âme. [1]

Claude Gouffier, qui devint par sa femme baron de Dracy-Saint-Loup, était fils d'Artus Gouffier, seigneur de Boisi, grand maître de France, et de Hélène de Hangest, dame de Magni, et neveu de l'amiral Bonnivet qui mourut à la bataille de Pavie en 1525. Claude Gouffier fut grand écuyer de France, chevalier de l'ordre du roi, premier gentilhomme de sa chambre, capitaine de cent gentilshommes de sa maison. Pour lui la terre de Maulevrier fut érigée en comté, en 1542, celle de Boisi en marquisat, en 1564, celle de Roannais en duché, en 1566 [2]. Jacqueline de la Trémoille mourut à Chinon, où elle avait été transférée, le 4 octobre 1544, ne laissant qu'une fille, Claude Gouffier, laquelle épousa, le 15 février 1549, Léonor Chabot, comte de Charny. Quant à M. de Boisi, il se remaria quatre fois et mourut fort âgé en 1570.

Léonor Chabot était fils de Philippe Chabot, seigneur de Brion, comte de Charny et de Busançois, amiral de France, gouverneur de Bourgogne, et de Françoise de Longuy, dame de Pagny. Léonor succéda à son père dans les comtés de Charny et de Busançois et fut seigneur de Pagny [3]. En 1550, il reprit de fief pour la baronnie de Dracy-Saint-Loup et pour la terre de Corcelles-lès-Semur que lui avait apportées sa

---

1. *Mémoires de la Société Éduenne,* nouv. série, t. VIII, p. 535.
2. Les Gouffier portaient *d'or à trois cottices de sable.*
3. Les Chabot portaient *d'or à trois chabots de gueules.*

femme Claude Gouffier [1]. Grand écuyer de France, gouverneur de Bourgogne, il rendit de grands services à Henri III ; mais ce qui rendit surtout sa mémoire chère aux Bourguignons, c'est sa prudence lors de la Saint-Barthélemy, dont il épargna les horreurs à notre province, sur le conseil de l'avocat autunois Pierre Jeannin. Sa femme Claude Gouffier étant morte, Léonor Chabot épousa en secondes noces Françoise de Rye. Il mourut lui-même le 15 février 1597, laissant de son premier mariage deux filles : 1° Catherine, comtesse de Busançois, mariée à Guillaume de Saulx, comte de Tavannes ; 2° Charlotte, dame de Dracy-Saint-Loup, qui épousa Jacques le Veneur, comte de Tillières.

Jacques le Veneur descendait d'une famille considérable de Normandie qui compte parmi ses membres un cardinal grand aumônier de France [2]. Jacques était fils de Tanneguy le Veneur, premier comte de Tillières, seigneur de Carouges, lieutenant général de Normandie, et de Magdeleine de Pompadour. Il succéda à son père comme lieutenant général de Normandie, et fut chevalier des ordres du roi en 1586. Il mourut en 1595 ; sa veuve Charlotte Chabot lui survécut jusqu'en 1606. Ils laissèrent plusieurs enfants : 1° Tanneguy, comte de Tillières, qui fut ambassadeur en Angleterre en 1619 ; 2° Jacques, comte de Carouges ; 3° Jean, abbé de Silly, mort prêtre de l'Oratoire ; 4° Anne, mariée à François Fiesque, comte de Lavagne ; 5° Léonore, religieuse capucine ; 6° Jeanne, morte sans alliance.

Tanneguy le Veneur, comte de Tillières, baron de Dracy-Saint-Loup, fit confectionner le terrier de cette dernière seigneurie en 1608. Le 11 septembre 1611, Antoine Charbonnier, secrétaire du roi, chargé de pouvoirs de Tanneguy, Jacques et Jean le Veneur, vendit au président Jeannin la

---

1. A cette époque, Michel de Franay, baron des Baugis, était capitaine du château de Dracy. — En 1562, noble homme *Jehan Nugaix* (Nuguet) était amodiataire de la terre de Dracy-Saint-Loup.

2. Le Veneur : *d'argent à la bande d'azur chargée de trois sautoirs d'or.*

SEIGNEURS DE DRACY-SAINT-LOUP JUSQU'EN 1611.

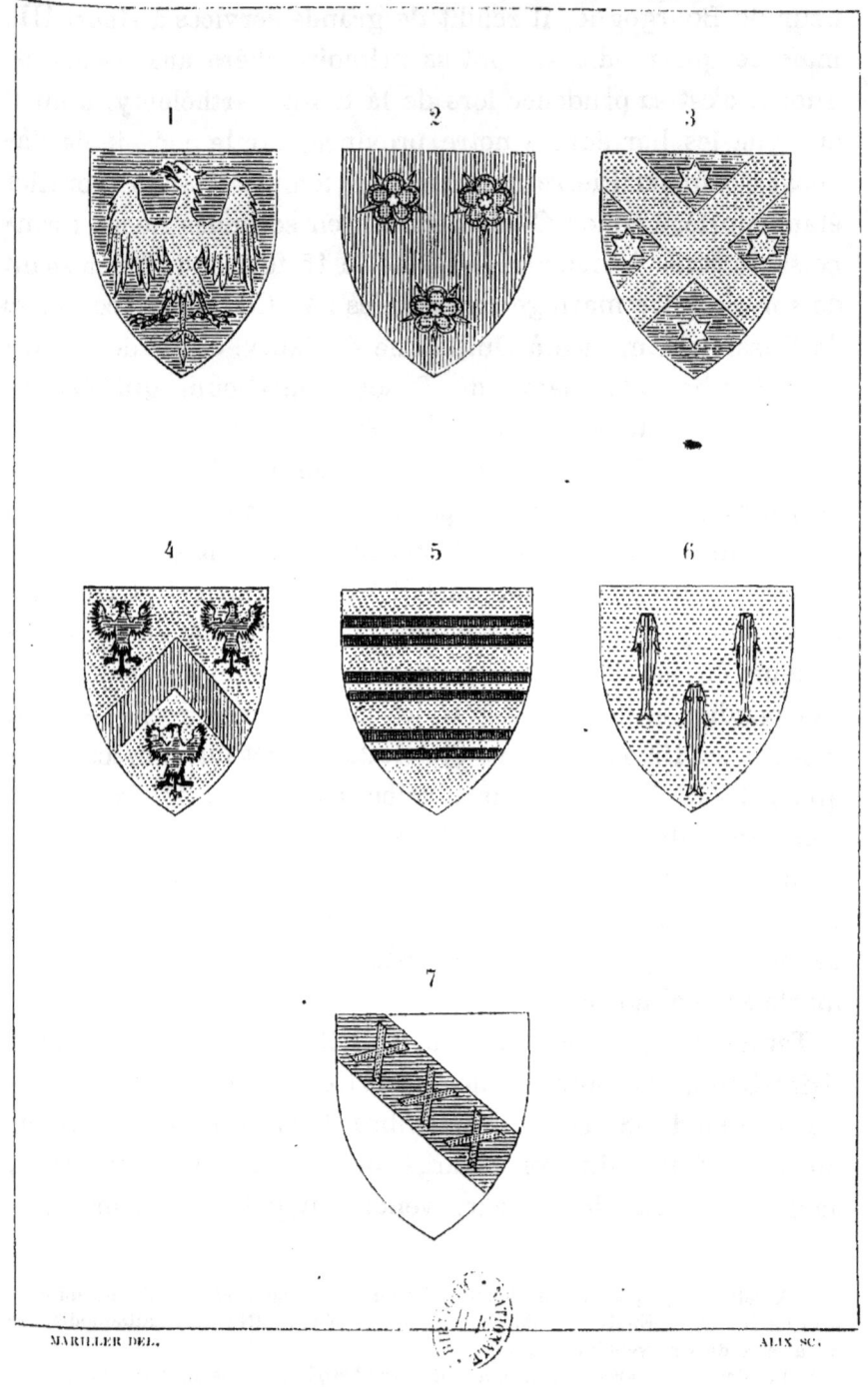

1 Noyers.
2 Vergy.
3 Ostun de Dracy.
4 La Trémoille.
5 Gouffier.
6 Chabot-Charny.
7 Le Veneur de Tillières.

baronnie de Dracy-Saint-Loup et ses dépendances pour 69,000 livres, à la charge d'acquitter les dettes des vendeurs.

MONTJEU-EN-AUTUN.

La seigneurie de Montjeu-en-Autun, moitié urbaine, moitié suburbaine, se forma du domaine primitif de Béatrix de Riveau, dans la ville haute et dans la banlieue, sur le versant de la montagne, réuni à ce que son mari, Guillaume d'Ostun, possédait dans la ville basse et dans les faubourgs voisins, le tout complété par l'acquisition du Petit-Montjeu faite par leur fils Perrin de Montjeu. Cette seigneurie était complètement distincte de celle de Montjeu-en-Montagne, dont elle était séparée par la châtellenie de la Thoison.

La maison seigneuriale était située au devant des fossés qui défendaient le château ducal du côté de la ville, à l'angle formé par la rue de Riveau et la ruelle Saint-Georges. L'hôtel de Montjeu, appelé plus tard *le Marquisat*, fait partie aujourd'hui du couvent de la Visitation. Les dépendances de cet hôtel, bâti entre deux jardins, occupaient tout l'espace compris entre la rue de Riveau et les murs d'enceinte de la ville, jusqu'à une maison qu'habitait en 1513 le chanoine de Clugny, et qui se trouvait à peu près où est aujourd'hui la chapelle du couvent de la Visitation. Une partie du jardin du bas fut cédée par Louise de Poupet, le 18 février 1513, à Claude Deschasaulx, citoyen d'Autun [1], châtelain de Montjeu, laquelle partie « à

---

1. Les Deschasaux étaient une vieille famille autunoise. L'orthographe de leur nom a varié avec les époques et les personnes ; l'on écrivit *des Chasaux, Deschazaulx, Deschasaux, Deschasault*. Jean des Chasaux était notaire, coadjuteur du tabellion ducal à Autun en 1452. Claude Deschasaulx, notaire en 1508, avait épousé Simonne Joffriot. Un de ses fils, Jean Deschasaux, fut vierg de 1542 à 1543 ; il avait épousé Baptiste de Ganay dont il eut une fille, nommée Jeanne, qui se maria à Jacques Thomas, conseiller au parlement de Dijon, et fut la mère d'Edme Thomas, historien d'Autun. En 1553 Jean Deschasaux fit, au nom de sa femme, reprise de fief de l'évêque d'Autun pour ce qu'il possédait à Sault, paroisse de Lucenay.

» prandre du costé et au long de la maison de Mr le chanoine
» de Clugny, prieur de Colches, mesmement puis les murs de
» la ville, jusques à la rue publique tendant du cloistre d'Os-
» tun au chastel de Riveaul, et de l'autre long à prandre au
» coin de la maison et gerdin et quart de la tour que l'on dict
» *le fer à cheval* [1], en tirant au long et près du puys estant au
» dit gerdin, et dès ledit puys en tirant à ladite rue, au droict
» et à l'égal de la maison basse des enffans de feu Anthoine
» du Chasteau, » à la charge de payer un denier tournois de
cens perpétuel, d'élever un mur de séparation et d'entretenir
« les murailles et alées de la ville » depuis la tour du fer à
cheval jusqu'au mur qui séparait le jardin de Montjeu de
celui du prieur de Couches [2]. Sur cet emplacement, Claude
Deschasaulx éleva une maison qui appartenait encore à sa
famille en 1614, et dont était propriétaire Jeanne Deschasault,
veuve de Jean Musard, citoyen d'Autun. [3]

Au nombre des dépendances de la maison seigneuriale de
Montjeu-en-Ostun se trouvait encore un grand jardin « affron-
» tant à la rue tendant du chastel de Ryveault à l'esglise Saint-
» Ladre au droict de l'hostel de Montjeu, d'aultre part tenant
» au jardin et curtil de noble homme Pierre de Thoisy, seigneur
» de Gamay et bailly d'Ostun, de l'un des bots au chemin et
» ruelle tendant dudit Ryveault et dudit hostel de Montjeu à
» la porte Matheron », que Philiberte Pioche donna à cens à
Jean Bonnelin et à sa femme Jehannette. Odile II de Montjeu
en approuva en 1465 la transmission à Symon Valot, notaire,
neveu de Jehannette, à la condition que ledit Valot paierait
annuellement et perpétuellement 12 gros de cens et y cons-
truirait « une bonne et suffisante maison. » Ce jardin n'allait
pas jusqu'à la rue du Fraigne. En 1491, Antoine du Chasteau

---

1. Cette tour est la troisième à partir de la tour dite des Ursulines non comptée.
2. Pièce justificative n° LXXIX.
3. Cette maison qui appartint plus tard aux Delathoison était, selon le terrier de Montjeu de 1759, la propriété de Mme Hélène-Angélique de Marigner, veuve de messire Casimir Le Brun du Breuil, chevalier, marquis de Champignolles, baron d'Uchon.

et les héritiers Lambert le tenaient au lieu de Symon Valot. En 1508, Louise de Poupet ratifia l'acquisition qu'avait faite Antoine Chappet, procureur du roi au bailliage d'Autun, d'une partie sur Guyot Gardebois, clerc, ayant cause de Pernette, veuve de Symon Valot. En 1536, Jean Deschasaux, échevin, payait 4 gros de cens « sur une grange et un jardin sis au » chastel provenant du meix de feu Hugues Valot, tenant de » soleil levant à l'establerie de Barthelmy de Chasseneuz [1]. » En 1549, ce jardin était divisé en trois parties : celle qui touchait la rue de Riveau, où l'on avait construit une petite maison au coin de la ruelle Saint-Georges, appartenait aux héritiers de Me Claude du Chasteau [2]; la seconde, également bâtie sur la ruelle Saint-Georges, était possédée par les héritiers de Thomas Garnier, dit Vermenotte; elle fut vendue avec les maison, cave, grenier, cours, jardin, colombier, par Claudine Garnier, veuve de noble homme François Doyen, sieur de Chaumont [3], et auparavant veuve de Claude Deschasaux, lieutenant général au bailliage d'Autun, à Etienne Dechevannes, avocat, qui reconnut la tenir en totale justice de Jeanne de Montjeu le 28 juillet 1573 [4]; quant à la troisième partie, elle formait en 1549 le jardin de la maison de messire Odot des Molins, procureur du roi au bailliage d'Autun. Sur l'emplacement du jardin entragé à Jean Bonnelin, et ensuite à Symon Valot, fut établi au commencement du dix-septième siècle le couvent des Ursulines. [5]

Au quatorzième siècle, les deux tiers du château de Riveau étaient de la justice des sires de Montjeu. Si inexplicable qu'il soit, le fait est établi dans les dénombrements donnés en 1327

---

1. La maison de Barthélemy de Chasseneuz était située rue du Fraigne, sur le côté regardant le couchant; ses écuries étaient de l'autre côté de la rue, en face.

2. En 1614 c'était la demeure de Hugues Calard, de Montcenis, avocat.

3. Chaumont, com. de la Tagnière (Saône-et-Loire).

4. *Protocoles de Loys Desplaces.* Reg. 1571 à 1573. (Étude de Me Rérolle, notaire à Autun.)

5. Ce même emplacement est occupé aujourd'hui par l'hôtel et le jardin de M. Yovanne Repoux.

par Perrin de Montjeu [1], en 1365, par Marguerite de Saillenay [2], en 1394, par Hugues II de Montjeu, et en 1427, par Jean de Montjeu. Dans celui fourni par Hugues III en 1549 il n'est plus parlé de ces droits. [3]

En dehors de la ville, à partir de la porte Matheron, la ligne servant de limite à la seigneurie de Montjeu suivait la rue actuelle du Petit-Pont [4], jusqu'à la ruelle conduisant au moulin de Gamay [5]; laissant à gauche le meix Chapelle, de la justice du Chapitre, elle descendait cette ruelle jusqu'au ruisseau, faisait un coude au nord pour venir prendre la rue *au Renard* le long du pré Corberon, et de là montait tout droit jusqu'à la forêt de Riveau, aujourd'hui la Forêt Sacrée [6]; elle longeait cette forêt jusqu'à la montagne Saint-Claude qui était tout entière de la justice de Montjeu, contournait l'ermitage, puis descendait dans le pli de terrain qui sépare les bois de Saint-Claude de ceux de la montagne Saint-Sébastien, dépendant de la châtellenie de la Thoison; tournant à l'ouest, elle suivait ensuite un chemin qui monte le long des *Bruyères de Riveau*, dit *le chemin des Grands Monts*, jusqu'à un chemin descendant aux Revirets, puis, après avoir englobé tout le domaine actuel de ce nom, revenait le long du chemin des Revirets à Saint-

---

1. Pièce justificative n° XXXV.
2. Pièce justificative n° L.
3. Parmi les rentes appartenant aux sires de Montjeu on trouve celle d'un quarteron de poivre due en 1486 par Jean Barbet, licencié en droit, sur une maison sise rue de la Tournelle, laquelle rue devait être à la place de l'impasse actuelle du Jeu-de-Paume continuée. Ces sortes de rentes étaient alors assez fréquentes. Le Chapitre en possédait une d'une demi-livre de poivre sur une maison près de l'entrée de Saint-Nazaire, et une autre d'un quarteron sur une maison rue Bouteiller. (Arch. de la ville d'Autun, fonds de la Cathédrale. *Compte de Jean Morlot, prêtre bénéficier et grènetier de l'église d'Autun, 1579.*)
4. La rue dite aujourd'hui du Petit-Pont fut, jusqu'à la seconde moitié du dix-huitième siècle, la seule voie conduisant d'Autun à Montjeu. La grande rue actuelle qui sert de corde à l'arc décrit par la rue du Petit-Pont est une rectification faite du temps de la marquise d'Aligre.
5. Aujourd'hui la scierie Lavault.
6. Ce dernier nom relativement récent est dû aux écrivains autunois du dix-septième siècle qui donnèrent ainsi à plusieurs lieux des désignations qui n'avaient existé que dans leur imagination.

Blaise jusqu'à la *Croix de Riveau* [1], redescendait le long d'un sentier conduisant à Chaumont, passait à mi-côte du mamelon de Riveau, au dessus du faubourg Talus, et revenait rejoindre les murs de la ville au dessous de la maison de Montjeu, laissant au nord le Petit-Riveau qui était de la justice du Chapitre.

Au dessous de leur maison seigneuriale, en remontant sous les murs du château, sur le versant de la colline, les Montjeu possédaient des jardins, des ouches, des vergers, une vigne assez bien exposée, qui porta longtemps le nom de *Vigne de Montjeu* [2], et une maison qui dans les dénombrements du quatorzième siècle était appelée *domus campi*; au bas était un petit étang dit l'*étang de Riveau*, d'où sortait le ruisseau de *Mugne* [3], alimentant un moulin qui existait encore à la fin du quinzième siècle.

Les Montjeu donnèrent à cens successivement une grande partie de ces propriétés. C'est ainsi qu'en 1452 Philiberte Pioche cédait à Jehan Cornu, pâtissier à Autun, un jardin situé au dessus de leur étang et « dix passées et six de large » sur le rupt venant de l'estang de Riveaul, pour en icelle » faire faire une pescherie, tenant à l'osche et gerdin de » Guillaume Charvot, recepveur d'Ostun [4], » moyennant six gros tournois de rente et deux blancs de cens; qu'en 1476, Odile II cédait à Guillaume Buffot, citoyen d'Autun, notaire, environ un demi-journal dans la vigne de Montjeu, et « une » certaine pièce de terre, séant au dessoubs du petit estang de

---

1. Au dessus du parc de Riveau était jadis une croix d'où partaient plusieurs chemins allant à Saint-Blaise, à Chaumont, aux Revirets, à Saint-Claude.

2. Cette vigne devait être la même que celle qui appartenait au duc de Bourgogne en 1253. « Item quitamus omnino bannum quod consuevimus facere de vinis in » civitate Eduensi, preterquam de vino nostro proprio quod nos habere contigerit » infra Ribellum castrum nostrum, etc. » (A. de Charmasse, *Cartul. de l'Église d'Autun*, p. 181). — La vigne de Montjeu était détruite au milieu du quinzième siècle.

3. Aujourd'hui le ruisseau des Tanneries.

4. En 1463 Odile II de Montjeu approuva la vente que Jehan Cornu en avait faite à Mᵉ Jacques Lejay, médecin à Autun. (Arch. de Montjeu.)

» Montjeu, et au long de la pescherie de Guillaume Char-
» vot, » moyennant cinq gros et demi de rente et un petit
blanc de cens; qu'en 1480 Jean II de Montjeu vendit à
Estienne Maîstre, boucher à Autun, un demi-journal « sis au
» lieu dit la vigne de Montjeu, » moyennant 5 gros et demi
et trois pintes d'huile de rente. L'étang de Riveau, entragé
en 1478 par Philibert de Montjeu à Jean Dumay, appartenait
en 1491 aux héritiers de Jean Charvot qui possédaient auprès,
sous la vigne de Montjeu, une maison [1] avec un verger et un
pré. Cet étang, qui est souvent désigné sous le nom d'*étang
Charvot*, existait à la fin du seizième siècle.

Sous le château de Riveau, sur le col qui relie la colline de
la ville d'Autun aux montagnes voisines, se trouvait le village
de Riveau qui s'est appelé aussi *Sainte-Anastasie*, *Sainte-
Anastase*, puis *Saint-Blaise*, à cause d'une chapelle consacrée
d'abord à sainte Anastasie et plus tard à saint Blaise.

Cette chapelle, entourée d'un petit cimetière, se trouvait au
sud de la rue menant au Riveau de nos jours, à l'angle formé
par cette rue et par la grande rue de Saint-Blaise. Elle était fort
ancienne. En 1275, Humbert, vicaire perpétuel de Saint-Jean-
de-la-Grotte, légua à chacune des églises Notre-Dame, Saint-
Quentin et Sainte-Anastasie, 10 petits sols dijonnais [2]. Courtépée
dit [3] que cette chapelle fut paroissiale et avait curé et fabri-
ciens en 1595. Nous ne le croyons pas, du moins à cette date [4].
En tous cas, au quinzième siècle, les seigneurs de Montjeu,
patrons de cette chapelle, étaient chargés de son entretien.
C'était une annexe de la paroisse de Saint-Quentin [5]. En 1419,
Girard Bourgoin, curé de Saint-Quentin, intenta devant l'offi-

---

1. *Domus campi* dans les dénombrements du quatorzième siècle.
2. A. de Charmasse, *Cartulaire de l'Église d'Autun*, p. 211.
3. Courtépée, *Description du duché de Bourgogne*, t. II, p. 514.
4. En 1333, Pierre de Montjeu reconnut tenir en fief de l'évêque d'Autun toutes les censives qu'il possédait dans *la paroisse de la chapelle de Sainte-Anastasie.* V. Pièce justificative n° XXXIX.
5. V. les registres de la paroisse de Saint-Quentin, *passim*. — La maison seigneuriale de Montjeu, dans la rue de Riveau, était de la paroisse de Saint-Quentin.

cial un procès au curé de Notre-Dame qui, sans son autorisation, avait fait inhumer le fils d'un de ses paroissiens de Riveau dans la chapelle de Sainte-Anastasie. L'official donna gain de cause au curé de Saint-Quentin, ne reconnaissant à celui de Notre-Dame que le droit de faire enterrer dans le cimetière de la chapelle. Il résulte de ce procès qu'une partie du Riveau du quinzième siècle était de la paroisse de Notre-Dame. L'autre partie était de la paroisse de Saint-Jean-de-la-Grotte, ce qui est prouvé par une enquête faite en 1468 et donnant raison aux chanoines de la Cathédrale, lesquels avaient pris fait et cause pour l'église paroissiale de Saint-Jean-de-la-Grotte, annexe de leur église, contre M⁰ Pierre Nonnel, curé et prévôt de l'église collégiale du château d'Autun. Il s'agissait de la maison et du meix de Jean Maulmet [1], « sis au faubourg » Saint-Blaise affrontant le chemin public dudit Autun à la » chapelle Saint-Blaise. » Il fut établi que le curé de Saint-Jean-de-la-Grotte était depuis longtemps en droit et possession de lever sur le meix Maulmet la dîme dite de Saint-Nazaire, et que les habitants dudit meix avaient, depuis un temps reculé, reçu les sacrements et entendu la messe paroissiale en l'église de Saint-Jean-de-la-Grotte [2]. Le territoire de la seigneurie de Montjeu-en-Ostun était donc partagé entre deux paroisses ; tout ce qui était à l'est de la grande rue de Saint-Blaise dépendait de Saint-Jean-de-la-Grotte ; tout ce qui était à l'ouest dépendait de Notre-Dame [3]. Au milieu du quinzième siècle, nous ignorons pour quelle cause le nom de Saint-Blaise fut substitué à celui de Sainte-Anastasie ; on ne dit plus que la chapelle Saint-Blaise, et l'ancien village de Riveau ne s'appelle

---

1. Le meix Maulmet affrontait la rue de Saint-Blaise, et par derrière touchait à l'écluse du moulin de Gamay. Il fut acheté par François Desplaces, et Hugues de Montjeu en approuva et homologua l'acquisition en 1531.

2. Arch. de l'hôtel de ville d'Autun. Fonds de la Cathédrale. *Rentes sur Saint-Blaise.*

3. On lit dans le *Procès-verbal de la visite des feuz du bailliage d'Ostun*, en 1645, que Saint-Blaise était de la paroisse de Saint-Jean-de-la-Grotte, et que l'autre partie de la seigneurie du président Jeannin appartenait à la paroisse de Notre-Dame hors cité. (*Mémoires de la Société Éduenne*, nouv. série, t. V, p. 428 et 429.)

plus que le faubourg Saint-Blaise. Le nom de Riveau n'est plus appliqué qu'à une partie du territoire qu'il désignait jadis, et n'est plus employé que pour celle qui se rapproche de la montagne Saint-Claude. Il est probable que ce changement de nom eut pour cause la dévotion de la famille de Montjeu à Saint-Blaise sous le vocable duquel était la chapelle du château d'Antully [1]. Ce nouveau vocable aura été donné sans doute à la suite de réparations ou de reconstructions nécessitées par l'état de vétusté de l'antique oratoire. Ces reconstructions durent avoir lieu du temps de Me Drouhot, chanoine de Notre-Dame et curé de Saint-Quentin, qui vivait en 1469. Son nom se lisait encore au siècle dernier sur la croix du cimetière et sur le pignon extérieur de la chapelle. A cette époque, la chapelle Saint-Blaise, négligée depuis longtemps, mal réparée par les seigneurs, avait perdu tout caractère. Aujourd'hui convertie en habitation ordinaire, elle ne rappelle en rien son ancienne destination.

De l'autre côté de la grande rue, en descendant vers les moulins, il existe une fontaine qu'on a murée de nos jours pour la faire couler un peu plus bas. Cette fontaine, qu'on appelle aujourd'hui la fontaine Saint-Pierre, portait jadis le nom de Sainte-Anastasie, et il en est souvent fait mention dans les vieux titres concernant le faubourg Saint-Blaise.

En face du cimetière de Saint-Blaise, au coin de la grande rue et de celle qui conduit au Riveau actuel, le chapitre de la Cathédrale, qui avait de nombreuses rentes au faubourg Saint-Blaise, possédait depuis un temps reculé une maison appelée le *Refitou* (le réfectoire), dont la destination première avait été de servir à la distribution des aumônes du Chapitre. Cette maison, entourée d'un clos d'une superficie de trois

---

[1]. Nous avons entendu prétendre que saint Blaise étant le patron des tisserands, des drapiers, des foulonniers, et que les habitants de l'ancien village de Sainte-Anastasie exerçant en grand nombre ces professions, c'était ce qui avait dû faire choisir le nom de ce saint. Si ingénieuse que soit l'explication nous ne croyons pas devoir l'adopter.

boisselées [1], quoique englobée dans la seigneurie des sires de Montjeu, appartenait en toute justice aux chanoines de Saint-Lazare [2]. En 1536, au mois de février, les officiers de la justice temporelle de ces derniers, « sur le point de tenir les jours pour lesdits seigneurs, avaient fait mettre un banc contre la muraille, proche la porte du Refitou. » Survinrent Hugues de Montjeu et ses officiers de justice qui se saisirent du juge du Chapitre, le firent sortir de son siége, lui disant que le chapitre de la Cathédrale n'avait aucun droit en ce lieu. Le bailli de Montjeu s'assit sur le siége dont il venait de chasser le bailli du Chapitre et déclara qu'il allait rendre justice sur le champ pour et au nom du seigneur de Montjeu. De là vint un procès que Hugues perdit. Les procès-verbaux des jours de justice tenus, près du Refitou, pour le chapitre de la Cathédrale en 1540, 1563, 1566, sont aux archives de la ville d'Autun.

Près de la chapelle Saint-Blaise, du côté du Refitou, donnant sur la rue qui conduit à Riveau, se trouvait un meix que Jean I de Montjeu entragea en 1440 à Jehan Caillot, « appelé » le mex Pasquelin que souloit tenir Me Henry Chervy, jadis » prestre bénéficier en l'esglise cathédrale [3]. » Le 7 octobre 1482, Jean, Claude et Philibert de Montjeu, petits-fils de Jean, donnèrent ce meix, qui avait été confisqué « pour cause de cer- » taines forfaitures et crimes commis par le dit Jehan Caillot, » à Pierre des Places [4]. Ce fut longtemps la propriété de la famille Desplaces. Plus tard, il fut, au commencement du dix-septième siècle, compris dans le clos de la maison de campagne des jésuites, qui porte encore aujourd'hui le nom de *Petit-Collége*.

---

1. La boisselée valait environ onze ares.
2. En 1305, information faite en la justice temporelle de l'église cathédrale d'Autun contre Gaspard de Charmoux, paroissien de Broye, qui avait donné un coup de serpe sur la tête d'un jeune enfant dans le lieu du Refitou au faubourg Saint-Blaise. (Arch. de la ville d'Autun. Fonds de la Cathédrale. *Rentes sur Saint-Blaise.*)
3. Arch. de l'hôtel de ville d'Autun, fonds de la Cathédrale. *Rentes sur Saint-Blaise.*
4. Arch. de Montjeu.

Au dessus de la chapelle Saint-Blaise, sur la grande rue, se trouvait le meix Ferrant, et en face un autre appartenant aux Deschasaux.

Quant au château du Petit-Montjeu, du temps des sires de Montjeu, il n'existait pas. C'est le président Jeannin qui le fit construire et acheta même pour cela une partie de l'emplacement des jardins ayant appartenu aux Deschasaux.

Sur le ruisseau venant de Couhard, les deux premiers moulins appartenaient très anciennement aux seigneurs de Montjeu-en-Autun. En 1370, Marguerite de Saillenay, dame de Montjeu, loua à Guillaume et Hugues Longart frères et à Germain Le Munier ses moulins « assis à Sainct-Naptace d'Ostun, l'un » appelé le molin à la Dame, et l'autre appelé le molin » Thomas Vanner, pour le prix de treize sextiers de froment, » à la mesure de chastel d'Ostun [1]. » Philiberte Pioche et son fils Odile de Montjeu par bail emphythéotique avaient loué ces deux moulins à Guiot Mossey et à sa femme Marguerite, moyennant 1 denier de cens parisis et 8 setiers de froment dus pour chacun d'eux. Le blé pour l'usage des seigneurs, que les meuniers étaient obligés de venir prendre et de rendre en leur maison d'Autun, devait être moulu la moitié de l'année par un moulin, l'autre moitié de l'année par le second.

En 1486, Claude de Montjeu, chanoine d'Autun et de Lyon, approuva l'acquisition qu'Antoine Charvot, citoyen d'Autun, avait faite du premier moulin sur Huguenin Mossey, fils de feu Guiot, à la condition qu'il s'obligeait non-seulement à payer les redevances et subir les charges de ce moulin, mais à garantir le paiement et l'exécution de celles du second moulin qui était tenu alors par Huguette Mossey, fille et héritière de feu Guiot, et veuve de Pierre Motin. Depuis cette époque, le premier des moulins porte le nom de *moulin Charvot*.

Le second moulin, appelé souvent le *moulin de l'Ecluse* [2], était tenu en 1549 par les héritiers d'Anthoine Florot.

---

1. Pièce justificative n° LII.
2. Pièce justificative n° LII*.

Hugues III de Montjeu, le 21 juin 1553, vendit avec faculté de rachat, la rente de 8 setiers de froment, le denier de cens et la justice sur ce second moulin, à Antoine d'Orges, seigneur de Villeberny, et à Esmée Rolin, sa femme [1]. Hugues racheta en 1555 cette rente et cette justice, et revendit la rente le 10 juin à honorable homme Jean Desplaces, citoyen d'Autun, représenté par son fils Loys Desplaces, notaire royal, pour le prix de 112 écus soleil d'or. Le moulin était occupé alors par Claude Malaval qui avait épousé la veuve d'Antoine Florot, Philiberte Vestu. Depuis lors il s'appela le *moulin Desplaces*, nom qu'il porte encore aujourd'hui. Le président Jeannin devenu seigneur de Montjeu racheta ces deux moulins.

Entre les deux, était un *esmouleur* que, le 28 novembre 1427, Jean I de Montjeu vendit à Huguenin Colart, maréchal demeurant à Autun, moyennant une rente perpétuelle « de six gros » valant dix sols tournois [2]. » En 1549, il était occupé par un drapier nommé Philibert-Benoît.

Au dessous du second moulin se trouvait encore un foulon de la justice de Montjeu. Le 25 février 1459, Philiberte Pioche, veuve de Jean I de Montjeu, entragea à Guillaume d'Agrevault « le boutteur de Ste Anastasse assis sur le *reu Boutoiller*, » et au dessous du molin de l'escluse et la place du tireur » qui souloit estre et deux soillons de terre, où l'on a accoustumé de faire ensemencer chardons, » moyennant une rente de 8 francs et trois gros tournois. Ce foulon devait rester aux mains de Jean-André de La Vault et de Jeanne, sa femme, durant leur vie, selon le bail que leur avait consenti feu Jean de Montjeu [3]. Le 9 septembre 1549, Hugues de Montjeu vendit à Jean Desplaces, citoyen d'Autun, châtelain de Roussillon, la rente due par ce foulon que tenaient alors les frères Guydon, drapiers. [4]

---

1. Arch. de la Côte-d'Or, B. 10637.
2. Arch. de Montjeu.
3. Pièce justificative n° LXXI.
4. Arch. de Montjeu.

Au dessous du foulon, se trouvait un troisième moulin, dit le *moulin de Gamay*, qui, en 1446, appartenait à Pierre de Thoisy, seigneur de Gamay, bailli d'Autun, puis en 1535, à Barthélemy de Chasseneuz, et en 1614, aux héritiers de Philibert Venot, « vierg antique. » Ce moulin n'était chargé d'aucun cens envers la seigneurie de Montjeu et n'était sujet qu'aux droits de haute justice [1]. En descendant le ruisseau on se trouvait immédiatement sur le territoire de la justice du Chapitre à qui appartenait le moulin de Breuil. [2]

En remontant la ruelle qui conduisait au moulin de Gamay, se trouvait un meix donnant au nord sur cette ruelle, tenant par dessous à l'écluse du moulin de Gamay, par dessus à la rue de Saint-Blaise et de midi au meix de Jean Maulmet que Me Hugues Petit, chanoine d'Autun et doyen de Saulieu, avait acheté des héritiers de Pierre de Thoisy. Claude de Montjeu, archidiacre de Chalon, affranchit ce meix en faveur du chanoine Petit, en 1491, moyennant une rente de 5 gros. En 1536, ce meix appartenait à Jean Espiard.

Riveau, que l'on appelait *derrière Riveau* au seizième siècle, petit hameau situé au pied de la montagne Saint-Claude, à l'est, appartenait au temps des derniers sires de Montjeu à une famille de tenanciers du nom de Dauzon [3]. Quoique l'erreur de

---

1. Terrier de Montjeu. (Étude de Me Demontmerot, notaire à Autun.)
2. En 1374, Durand Boisson donna au Chapitre d'Autun, pour la fondation de son anniversaire, son moulin de Breuil avec celui de la porte des Marbres, et des vignes à Volnay et à Sampigny.
3. Par suite de mariage, Riveau en partie était passé au commencement du dix-septième siècle à un sieur Chretiennet, sergent royal à Autun. Sa fille Marie, veuve du sieur Lancelot, vendit les maisons, domaines et héritages qu'elle possédait tant à Riveau que derrière ce village, à Lazare Rabyot et Charles Regnault qui devinrent tous les deux conseillers au bailliage d'Autun et avaient épousé des demoiselles Thiroux. Lazare Regnault qui avait en outre acquis vers 1654 ce que les Ferrant possédaient à Riveau et qui venait aussi des Dauzon, devint vers 1678 le principal propriétaire de ce village par suite de cessions à lui faites par Lazare Rabyot et sa femme Jeanne Thiroux. La veuve de Regnault, Marie Thiroux, possédait encore Riveau en 1691. Au siècle suivant, le chanoine Joseph de Bar en était propriétaire, et c'est lui qui le premier en fit « une maison de plaisance avec des jardins délicieux, » selon l'expression de Courtépée. Il testa le 4 novembre 1752 en faveur de son neveu Jean Bouhier, président à mortier honoraire au parlement de Bourgogne. La veuve de ce dernier, Claude-Marie Bouhier, vendit Riveau à plusieurs.

Courtépée ait été souvent relevée, il n'est pas inutile de répéter ici que jamais au Riveau d'aujourd'hui il n'a existé de château fort.

Au dessus de Riveau, sur le sommet de la montagne Saint-Claude se trouvait une petite chapelle qu'avait fait élever, vers la fin du quinzième siècle, Claude de Montjeu, chanoine d'Autun et de Lyon, et archidiacre de Chalon. Il l'avait dédiée à son patron saint Claude, et avait attribué à son entretien et à sa desserte une rente de 10 livres. Le 14 mai 1557, Claude de Villers de Gerland présenta à l'évêque d'Autun, pour être chapelain de Saint-Claude, Othenin Boyveau. Outre la chapelle, il y avait encore à la fin du dix-septième siècle certaines constructions adjacentes; car en 1699, Mlle Jeannin de Castille loua à Jean Bardioux les bâtiments dépendant de l'ermitage Saint-Claude moyennant 6 livres par an et à la condition qu'il nettoyerait la chapelle. En 1755, comme elle était en ruine, l'évêque d'Autun autorisa la marquise d'Aligre à détruire la chapelle Saint-Claude, et il ordonna que les 80 livres, somme à laquelle étaient estimés les matériaux, seraient employées à la décoration de la chapelle Saint-Blaise. Il ne resta plus à Saint-Claude qu'une misérable chaumière qui se louait à des sabotiers, et qui est aujourd'hui complétement ruinée.

Le petit village de Chanteloup, aujourd'hui les Revirets, dépendait de la seigneurie de Montjeu-en-Autun. Au quinzième siècle, il était habité par une famille de tenanciers nommés Beauldeau ou Beaudeau [1]. A cette époque on prit l'habitude de

---

En 1761, selon le terrier de Montjeu, les propriétaires en étaient : 1° les héritiers de Léger Beuffnoir, de Couard ; 2° M. Gabriel Buffot de Millery ; 3° Messire Pierre Pitois de Quincize, grand bailli d'épée du bailliage de Saint-Pierre-le-Moutier. Mme de Quincize, Marie Brenot, vendit la maison de Riveau et ses jardins, en 1773, à l'abbé Lazare-Jean Sautereau, bachelier en Sorbonne, moyennant 3,900 livres. L'abbé Sautereau était fils de Simon-Pierre Sautereau, conseiller et secrétaire du roi. Les Sautereau portaient *d'argent, à la croix d'or accompagnée de quatre merlettes*. Le château de Riveau, au commencement de ce siècle, appartint à M. du Buisson, passa à M. Gaucher de Champmartin, puis au marquis de Parny qui mourut en 1833, et enfin au comte Joseph de Mac-Mahon qui l'a laissé à son frère le Maréchal, duc de Magenta.

1. En 1472, Odile II de Montjeu entragea à Pierre Baudeau une maison à Chanteloup.

désigner ce village sous le nom de ses habitants et de dire *les Baudeaux*. En 1549, les deux meix des Baudeaux étaient tenus par une famille Chaumereau, de là une nouvelle appellation : *les Chaumereaux*. Plus tard, la famille Reviret [1], ayant remplacé celle des Chaumereau, donna à son tour son nom à l'ancien village [2] de Chanteloup qui l'a conservé jusqu'à nos jours.

Bois-le-Duc, plus à l'ouest, appartint aussi aux sires de Montjeu. Cette terre fut vendue en 1569 par Jeanne de Montjeu à Philibert Tixier. [3]

Hugues III avait cédé, en 1550 environ, la directe de Riveau et des Baudeaux à Guillaume Ferrant [4]. Jacques Ferrant la revendit en 1654 à Charles Regnault. Mlle Jeannin de Castille la racheta en 1691.

Les Montjeu tenaient en arrière-fief de l'évêque d'Autun tout

---

1. En 1614, Jean Reviret tenait à Chanteloup le meix des Chaumereaux.
2. Il n'y a plus aujourd'hui aux Revirets qu'une ferme dépendant de la maison de campagne de Mme Caillault. Mais c'était réellement autrefois un petit village. Au siècle dernier, il se composait de deux domaines que M. Étienne Valletat, avocat, châtelain royal de Glenne, acheta, l'un d'une famille Châtillon en 1742, et l'autre de M. Joseph-Étienne Delagoutte, chanoine de la Cathédrale, en 1747. Il y avait en outre une petite cheptellerie, qui seule avait conservé le nom de Chanteloup, et qui était une dépendance de la chapelle Sainte-Anne du cimetière de Saint-Pancrace. M. Antoine Vacherot, chanoine de la Cathédrale, en 1761, M. l'abbé Faye, en 1782, comme chapelains de la chapelle Sainte-Anne, jouissaient de cette cheptellerie dont les bâtiments ont été détruits il y a une soixantaine d'années. Le champ où ils étaient construits porte encore le nom de Chanteloup. Étienne Valletat laissa les Revirets à son fils nommé Étienne comme lui et comme lui châtelain de Glenne. Catherine Valletat les porta au général J.-N. de Monard qui mourut en 1831. Leur petit-fils H. de Monard vendit les Revirets au docteur Caillault.
3. H. Abord, *Histoire de la Réforme et de la Ligue dans la ville d'Autun*, t. I, p. 412. L'auteur dit que Jeanne de Montjeu était alors veuve. Son mari Claude de Villers de Gerland ne mourut qu'en 1571.
4. Les Ferrant étaient d'origine essentiellement autunoise. Guillaume Ferrant, échevin d'Autun, était l'homme de confiance de Hugues III de Montjeu ; devenu seigneur censuel de Riveau et des Baudeaux, il s'était constitué une propriété importante au faubourg Saint-Blaise et aux environs, qu'il avait fait affranchir par le seigneur de Montjeu. Son fils Philibert fut avocat et maître des eaux et forêts. Après lui vint André Ferrant, conseiller aux bailliage et chancellerie d'Autun, vierg de cette ville en 1603, et à qui le président Jeannin entragea la garenne de Saint-Claude. En 1646, Jacques Ferrant, président à la chambre des comptes de Dijon, reçut des lettres de noblesse. Il portait *d'or, à une hure de sanglier arrachée de sable, défendue et allumée d'azur, écartelé d'azur, au sautoir d'or accompagné de quatre étoiles de même.*

ce que nous venons d'énumérer à Saint-Blaise, à Riveau, à Chanteloup, plus un grand pré dit le pré *Gervaix* en 1549, situé sous la rue des Bouchers, au faubourg Talus, « par laquelle on va d'Ostun à la Barre, » plus un champ situé près de la prairie de l'Evêque, où il y avait une tuilerie en 1327 et 1394, et qui portait en 1549 le nom de *champ de la Tuilerie*.

La montagne Saint-Claude ne dépendait pas de l'évêque. Il en était de même pour un pré d'une contenance de 16 soitures, appelé la *Prée de Montjeu*, situé sur les bords de l'Arroux, près de la prairie de l'abbaye de Saint-Jean-le-Grand, et que Hugues III vendit en 1544 à Etienne Humeau, apothicaire, et Pierre d'Andozile, médecin.

Dans le bas de la ville, les seigneurs de Montjeu possédaient des rentes sur l'hôpital de Marchaut et sur un certain nombre de maison situées à Saint-Jean-le-Grand. Il existait en ce quartier une ancienne tour, dite la tour *Coichet*, qui semble leur avoir appartenu très anciennement. Peut-être était-ce l'ancienne demeure des Ostun. En 1372, Marguerite de Saillenay la donnait à cens à Jean de Saint-Romain [1]. En 1487, Claude de Montjeu donnait de même à Guillaume Brochot une maison touchant cette tour Coichet [2]. En 1533, « Claude et Jean
» Billard frères, l'un Claude résidant au bourg Saint-Jean-
» le-Grand, et l'autre Jean du bourg de Saint-Martin, con-
» fessent tenir, porter et posséder de noble seigneur Hugues
» de Montjeu, écuyer, la moitié d'une maison située et assise
» au bourg de Saint-Jean-le-Grand dudit Ostun, appelée la
» maison qui fut *Martinet* et qu'à présent on appelle la maison
» de *Labussotte*, tenant icelle moitié de maison d'une part à
» une tour que l'on appelle *la tour Coichet*, d'autre part à
» une maison que tient de présent *André Bouquelle*, en affron-
» tant cette maison au grand chemin détendant de la porte

---

[1]. Pièce justificative n° LIV*.
[2]. Pièce justificative n° LXXVI.

» basse de Marchault à l'abbaye Saint-Martin-lès-Ostun, et
» encores d'autre part au grand chemin destournant dudit
» grand chemin à l'abbaye Saint-Jean-le-Grand dudit
» Ostun [1]. » Le meix Gaillon, près de Saint-André, et plusieurs autres maisons à Saint-André même devaient aux seigneurs de Montjeu des cens et des rentes. Le curé de cette paroisse leur devait aussi, pour le droit de foire se tenant le jour de la fête de saint André, une somme annuelle de 11 livres. En résumé, ce qu'ils possédaient vers la ville basse était beaucoup moins considérable et surtout moins bien réuni que vers Saint-Blaise et Riveau.

Les seigneurs de Montjeu-en-Autun avaient droit de haute, moyenne et basse justice, et les habitants du faubourg Saint-Blaise, Riveau, Chanteloup, étaient sujets mainmortables, sauf titres contraires ; selon le dénombrement de 1549, ces derniers étaient tenus aux guet et garde en la maison seigneuriale.

Le voisinage de la ville fut souvent cause de graves discussions entre les seigneurs de Montjeu et le vierg et les échevins d'Autun. C'est ainsi qu'en 1548 la ville d'Autun eut un procès considérable avec Hugues III de Montjeu qui s'était opposé à ce que les officiers de la police municipale pesassent le pain chez les boulangers et les cabaretiers du faubourg Saint-Blaise et qui ne voulait point permettre aux habitants d'Autun de prendre du sable dans le ruisseau de Saint-Blaise. Hugues dut gagner son procès, car les mêmes prétentions, au temps du président Jeannin, donnèrent lieu à une transaction. En 1550, les habitants de Saint-Blaise, se disant former une communauté à part, refusèrent de payer conjointement avec les habitants d'Autun un impôt établi par le roi sur les communautés. Mais en 1586 ils furent malgré eux compris dans

---

3. Arch. de Montjeu. Terrier du Petit-Montjeu à Saint-Blaise, 1533, p. 35. — Cette tour Coichet dont nous avons tenu à bien déterminer l'emplacement touchait à la grange de la confrérie de Saint-Jean-Baptiste dont les calvinistes s'emparèrent en 1562 pour y tenir leurs réunions.

une répartition commune avec la ville. A cette époque, la première maison de Montjeu s'effondrait et ne pouvait plus soutenir et défendre ses sujets.

MONTJEU-EN-MONTAGNE ET SES DÉPENDANCES
VILAINE, MONTOY ET MONTGACHOT.

La seigneurie de Montjeu-en-Montagne comprenait, comme nous l'avons dit, une grande partie de la paroisse de Broye avec des annexes dans celle de Brion [1]. Vilaine et Montgachot dans la paroisse d'Etang, seigneuries d'origines distinctes, furent successivement réunies à celle de Montjeu.

Les sires de Montjeu n'étaient pas les seuls seigneurs de la paroisse de Broye. Outre la seigneurie de Montjeu, il y en avait plusieurs autres que le président Jeannin et ses descendants réunirent toutes. C'étaient : 1° celle de Préau, dite de Saint-Ladre, appartenant au Chapitre de la cathédrale d'Autun, que l'on appelait la terre *de Sainte-Croix* au douzième siècle, et dont l'origine était fort ancienne [2] ; 2° celle de Chapey, que Guillaume Rolin, seigneur de Beauchamp, donna en 1481 à la collégiale de Notre-Dame d'Autun fondée par son père le chancelier [3] ; 3° celle du Croux, à l'abbaye de Saint-Jean-le-Grand d'Autun ; 4° celle de Prelay, qui dans la première moitié du seizième siècle était à Barthélemy de Chasseneuz.

---

1. V. plus haut, p. 6 et 7.

2. « Que dicitur Sancte Crucis, ultra montes, que a priscis temporibus beati » Nazarii noscitur esse. » (A. de Charmasse, *Cartulaire de l'Église d'Autun*, p. 106.)

3. Arch. de l'évêché d'Autun. — Chapey semble avoir été l'une des plus anciennes possessions de la famille Rolin. En 1387, Perrenet Rolin, frère de Jean qui fut le père du chancelier, légua au chapitre de la Cathédrale, pour la célébration de son anniversaire, six bichets de froment qui lui étaient dus d'annuelle rente sur la maison, la terre et les hommes que Jean Porchot possédait au village de Chapey. (*Mém. de la Société Éduenne*, nouv. série, t. VIII, p. 491.)

Toujours dans la paroisse de Broye, deux autres petites seigneuries, l'une à Préau, l'autre au Foul, relevaient en arrière-fief du château de Montjeu.

Le patronage de l'église de Broye appartenait au Chapitre de la cathédrale d'Autun. Les seigneurs de Montjeu n'avaient que le quart de la dime de Broye appelée *le grand dixme* et qui se levait de 21 gerbes l'une; les trois autres quarts étaient perçus par le chapitre de la Cathédrale. Il y avait encore à Broye une autre dîme, dite *le petit dîme*, que le curé seul levait sur ses paroissiens.

Les Montjeu avaient de toute ancienneté un meix à Broye même, auprès de l'église. Ils y avaient fait élever une croix portant d'un côté leur écusson chargé d'un sautoir, et de l'autre *le gril* de Saint-Laurent, patron de la paroisse de Broye. Cette croix, du style du quinzième siècle, existe encore, du moins en partie. Restaurée dernièrement et placée sur un fût moderne, elle s'élève à peu de distance de son emplacement primitif, à l'extrémité nord du village de Broye.

Au village de Préau, situé au dessous de Montjeu, sur le ruisseau qui en descend, il existait une petite seigneurie appartenant, au commencement du quatorzième siècle, à Guillaume de Préau et qui relevait du fief de Guillaume de Bordeaux [1], damoiseau. Ce dernier, au mois de mai 1308, céda à Perrin de Montjeu la mouvance et le fief qui lui étaient dus par Guillaume de Préau, en échange du meix *Chaumeron*, situé également dans la paroisse de Broye [2]. Au commencement du quinzième siècle, Préau avait passé à la famille de Mazoncle *(de Maziuncula)*, qui tirait son nom du château de Mazoncle dans la paroisse de Marly-sur-Arroux [3]. Jean de Mazoncle était chevalier en 1343; son sceau porte *un sautoir chargé d'un lambel à 3 pendants* [4]. Guillaume de Mazoncle reprit de fief

---

1. La Tour de Bourdeaux, comm. de Saint-Symphorien-de-Marmagne, arrond. d'Autun.
2. Pièce justificative n° XXI.
3. Marly-sur-Arroux, cant. de Toulon-sur-Arroux (Saône-et-Loire).
4. Arch. de la Côte-d'Or, B. 358.

Croix aux armes des Sires de Montjeu

pour sa maison forte de Mazoncle en 1366. Hugues de Mazoncle [1] fit une fondation au prieuré de Perrecy [2] en 1398. C'est probablement le même personnage qui, en 1411, rendit foi et hommage à Huguenin de Montjeu pour la seigneurie de Préau dont ce dernier le mit en possession en 1412 [3]. Hugues ou Huguenin de Mazoncle eut trois enfants : Huguenin et Gillet de Mazoncle, écuyers, et Huguette, dame de Préau, femme de Jean de Laisy. Cette seigneurie du vivant de Huguette de Mazoncle, par suite d'arrangements de famille, passa à Huguenin son frère qui, le 3 septembre 1436, reprit de fief de Jean de Montjeu [4]. Le 30 mars 1443, Huguenin de Mazoncle vendit Préau à Jehan Carré pour 300 saluts [5]. Le mois de juin suivant le nouvel acquéreur s'étant présenté au château de Montjeu pour reprendre de fief, Odile de Montjeu refusa de recevoir son hommage et d'approuver la vente faite par Huguenin de Mazoncle [6]. J. Carré offrit au seigneur de Montjeu (14 nov. 1444) de lui céder Préau pour le prix auquel il l'avait acheté. Odile refusa encore prétendant que Carré n'avait pas acheté cette terre aussi cher qu'il le disait. Mais on finit par s'entendre ; on nomma des arbitres qui, par sentence du 29 janvier 1445 (nouv. st. 1446), adjugèrent Préau à Odile de Montjeu moyennant 100 livres de plus-value sur les biens que ledit seigneur devait donner en échange à J. Carré et qu'il avait acquis *aux Creaux* (?), finage de la Tagnière [7]. Cepen-

---

1. Courtépée, *Description du duché de Bourgogne*, t. III, p. 44.
2. Perrecy, arr. de Charolles (Saône-et-Loire).
3. Pièce justificative n° LXV.
4. Pièces justificatives n°ˢ LXVIII et LXIX.
5. Le salut valant 16 gros 1/2, cela faisait 412 livres 10 sols environ.
6. Huguenin de Mazoncle figure en 1463 parmi les habitants de la ville haute d'Autun devant cens au sire de Montjeu. Les Mazoncle donnèrent leur nom à une rue d'Autun qui fut détruite en 1618, et sur l'emplacement de laquelle fut construit le collége. Un Mazoncle fut échevin d'Autun en 1514. Il existait dans l'église Saint-Pancrace une vieille chapelle portant le nom des Mazoncle et qui devint plus tard la chapelle des Abord.
7. La Tagnière, cant. de Mesvres, arr. d'Autun. — Ce qu'on appelait *les Créaux* au quinzième siècle serait-il ce qui se nomme aujourd'hui le Creuselot, com. de la Tagnière ou Es-Crost, com. de Saint-Eugène ?

dant Huguette de Mazoncle, veuve de Jean de Laisy, protesta contre la vente de Préau et obtint à cet effet des lettres du duc Charles lui permettant d'assigner le sieur Carré en restitution. Mais son instance n'eut pas de suite ; son héritier Louis de Glorienne renonça en 1453 à toute prétention sur Préau qui désormais resta incorporé à la seigneurie de Montjeu.

Sur le versant rapide de la montagne, à 1 kilomètre environ au sud du château de Montjeu, se trouvait le petit village du Foul [1] qui comptait quatre meix au quinzième siècle et qui aujourd'hui est réduit à une simple ferme. C'était une petite seigneurie de la mouvance de Montjeu, dont les plus anciens possesseurs connus de nous furent les Porchet [2]. Jean Porchet, à la fin du treizième siècle, donna au duc dénombrement de ses fiefs de Broye et de Marmagne [3]. En mai 1311, Guillaume Porchet, citoyen d'Autun, qui devait être le fils du précédent, confessa tenir en fief et hommage de messire Pierre de Montjeu, chevalier, la terre et seigneurie du Foul, à cause du « chastel et maison-fort de Montjeu. » Pierre de Montjeu, pour reconnaître les bons services de son vassal, lui céda la justice du Foul jusqu'à 65 sols inclusivement [4]. Ce Guillaume Porchet est vraisemblablement le même qui, en 1314, rendit foi et hommage au duc pour les fiefs de Broye et de Marmagne, et qui prenait la qualité de sergent [5]. En 1369, Girard Porchet reprit de fief de Marguerite de Saillenay, veuve de Hugues de Montjeu [6]. En 1390, Huguenin Porchet,

---

1. On écrit aujourd'hui *le Fou*. Nous avons conservé l'orthographe ancienne.
2. Vieille famille autunoise dont le nom s'écrivit simultanément : *Porchet, Pourchet, Pourchot*. En 1178, Henri Porchet fut témoin d'une donation faite à l'église d'Autun par Renard de Glenne, et en 1190, de celle de la terre d'Auxy à ladite église par le duc Hugues III. (A. de Charmasse, *Cartulaire de l'Église d'Autun*, p. 109 et 113.) Les Porchet possédaient des terres à Chapey, dans la paroisse de Broye, et à Entrevaux dans celle de Saint-Symphorien-de-Marmagne. Ils portèrent même au quatorzième siècle le nom de Chapey. (*Mém. de la Société Éduenne*, nouv. série, t. VIII, p. 491.)
3. Arch. de la Côte-d'Or, B. 10488.
4. Arch. de Montjeu. Pièces du procès avec Loys d'Alonne, 1500.
5. Arch. de la Côte-d'Or, B. 10493.
6. Arch. de Montjeu.

écuyer, vendit à Garnier de Bèze [1], de Dijon, pour le prix de 100 francs d'or au coin du roi, les quatre meix qu'il possédait au Foul avec la justice, etc., de la mouvance d'Odile de Montjeu. [2]

Guiote de Bèze, fille de Garnier, épousa en 1382 Jean de Clugny, citoyen d'Autun, licencié en lois, qui, en 1408, en son nom et en celui de ses enfants mineurs Guillaume, Geoffroy et Alix, donna dénombrement de la seigneurie du Foul à Marie de Saulx, dame de Montjeu et d'Antully [3]. En 1418, Guillaume de Clugny, fils de Jean, pour lui et pour son frère et sa sœur, Geoffroy et Alix, « seigneurs avec lui de la ville du » Foul, » entragea à Guillaume du Foul, homme serf, de condition de mainmorte, comme étaient tous les habitants dudit lieu, le meix de défunt Jean des Combards [4], moyennant 45 sols tournois de rente et deux bichets d'avoine [5]. Guillaume de Clugny épousa Philiberte de Busseul et devint par elle seigneur d'Alonne [6]. Depuis le petit fief du Foul suivit la destinée de la seigneurie d'Alonne. Damas de Clugny, fils de Guillaume, abandonna le nom et les armes de Clugny ; lui et ses descendants ne sont connus que sous le nom de sires d'Alonne, et portèrent les vieilles armoiries d'Alonne : *d'azur, au sautoir d'or chargé de cinq coquilles de sable accompagné en chef d'un chicot d'or posé en fasce.* Damas d'Alonne de sa femme Jeanne de Vaudrey eut un fils, Loys d'Alonne, seigneur du lieu, du Foul, de Villers [7], qui en 1500, contesta les droits féodaux de

---

1. Garnier de Bèze appartenait à une ancienne famille de Dijon qui remonte à Jean de Bèze, maire de cette ville en 1247. Garnier et sa femme Guillemette furent anoblis par lettres du roi Jean données à Troyes en juillet 1363. Le sceau de Garnier de Bèze porte *une chèvre* ou *un bélier et une bordure.* (Arch. de la Côte-d'Or, B. 457. — J. d'Arbaumont, *les Anoblis de Bourgogne.* Paris, J.-B. Dumoulin, 1867, p. 20.)
2. Pièce justificative n° LXI.
3. Pièce justificative n° LXIV.
4. Les Combards, hameau de la com. de Broye.
5. Pièce justificative n° LXVII.
6. Alonne, aujourd'hui Toulongeon, com. de la Chapelle-sous-Uchon, cant. de Mesvres, arr. d'Autun.
7. Villers, aujourd'hui Jarsaillon, com. de Chalmoux, cant. de Bourbon-Lancy (Saône-et-Loire).

Philibert de Montjeu ; mais sur la production des titres du seigneur de Montjeu, il fut condamné par Antoine Garnier, seigneur de Drousson [1], arbitre chargé de juger le différend. En 1508, il s'acquitta en personne de son devoir de vassal au château de Montjeu [2]. Loys d'Alonne mourut sans postérité et laissa Alonne et le Foul à Hugues de Loges, seigneur de la Boulaye. [3]

Le 17 juillet 1536, Hugues III de Montjeu permit à Loys de Loges, comme tuteur de Simon et de Anne de Loges, ses neveux, enfants de feu Hugues, de s'entremettre en la seigneurie du Foul, sans danger de commise, jusqu'au terme de quatre ans, au bout desquels Simon et Anne seraient tenus de reprendre de fief [4]. En 1517, ce devoir n'avait pas encore été rempli et Hugues de Montjeu somma Simon de Loges, encore mineur, mais qui malgré sa minorité était bailli d'Autun et de Montcenis, de lui rendre foi et hommage pour la seigneurie du Foul. Le jeune Simon de Loges, assisté de son conseil Lazare Ladone, lieutenant général au bailliage, excipa de sa minorité pour ne point reconnaître les droits du sire de Montjeu. Il s'ensuivit un procès qui se termina par la nomination comme arbitres de Guillaume de Saulx, baron de Sully [5], et de Christophe de Rabutin, seigneur de Bourbilly [6] et de Monthelon [7], lesquels donnèrent gain de cause à Hugues de Montjeu [8]. Simon de Loges, seigneur de la Boulaye, fut bailli d'Autun jusqu'en 1595 ; sa sœur Anne de Loges, dame d'Alonne et du Foul, de la Tour de Bourdeaux, de Vergoncey, épousa en premières noces, en 1551, Loys de Chastellux, et se remaria vers 1581 à Anthoine de

---

1. Drousson, com. de Curgy, cant. d'Autun.
2. Pièce justificative n° LXXVIII.
3. La Boulaye, com. de Montmort, cant. de Toulon-sur-Arroux (Saône-et-Loire).
4. Arch. de Montjeu.
5. Sully, cant. d'Épinac, arr. d'Autun.
6. Bourbilly, cant. de Montbard (Côte-d'Or).
7. Monthelon, cant. d'Autun.
8. Arch. de Montjeu.

Veilhan. Elle laissa Alonne et le Foul à sa petite-fille Jacqueline de Pontailler [1], femme d'Edme de Rochefort-Pluvault, bailli d'Autun. Alonne et le Foul passèrent ensuite dans les mains d'Antoine de Toulongeon, gouverneur de Pignerol. Françoise de Rabutin-Chantal, veuve d'Antoine de Toulongeon, échangea à Nicolas de Castille, marquis de Montjeu, le 12 mai 1657, les droits seigneuriaux qu'elle possédait au Foul et qui montaient à 10 livres 7 sols 1 denier, 22 boisseaux d'avoine et 5 pintes de vin. [2]

VILAINE [3], sur la rive gauche du Mesvrin, dans la paroisse d'Etang, était un fief relevant en partie de l'abbaye de Saint-Martin d'Autun [4] et du seigneur d'Uchon [5]. Au milieu du treizième siècle, il appartenait à Guy de Riveau, chevalier. La veuve de Guy, *Rainiars*, et ses deux fils, Jean et Guillaume, reconnurent, en 1260, devoir au prieur et couvent de Saint-Martin-lès-Autun une rente de 20 sols dijonnais, payable le jour de la fête de saint Symphorien, pour l'anniversaire de messire Barthélemy de Riveau, chevalier, qui nous semble avoir été le père ou le grand-père de Guy, et ils assirent cette rente sur le fief de *Villeynes*, dans la paroisse d'Etang, lequel relevait de l'abbaye de Saint-Martin, comme ils le reconnaissaient expressément. [6]

Vilaine passa à Jean de Riveau que nous venons de citer et qui épousa Ysabelle *Filanchière*. En janvier 1305, Othenin de

---

1. Jacqueline de Pontailler était fille d'Anatole-Louis de Pontailler et d'Antoinette de Chastellux, fille elle-même du premier mariage de Anne de Loges avec Louis de Chastellux.
2. Terrier de Montjeu, 1761. (Étude de M⁰ Demontmerot, notaire à Autun.)
3. Vileynes, Villeynes, Vilaynes, Villaine, aujourd'hui Vilaine.
4. En 1151, Bernard d'Alonne céda aux religieux de Saint-Martin la moitié des dîmes de Vilaine et de la Chaume. (J.-G. Bulliot, *Essai historique sur l'abbaye de de Saint-Martin*, t. II, ch. XVI.)
5. Uchon, cant. de Mesvres, arr. d'Autun.
6. J.-G. Bulliot, *Essai historique sur l'abbaye de Saint-Martin d'Autun*, t. II, charte LXXII.

Riveau, damoiseau, fils de Jean, agissant tant en son nom qu'en celui de sa mère et de ses deux sœurs, Clémence et Hylaire, vendit à sa tante Béatrix de Riveau, dame de Montjeu, la terre de Vilaine et toutes ses dépendances : la Crose [1], la forêt et le moulin du *Bruillat* ou du *Bruyllet* [2] qui relevaient de l'abbaye de Saint-Martin, *la Chasoé* [3], *le grand et le petit Aguilley* [4], *le Murgier* [5] et *Combe-Ville* [6] qui dépendaient du fief du seigneur d'Uchon. Cette vente était consentie pour 220 livres tournois, prix de ce qui était de la mouvance de Saint-Martin, plus 80 livres tournois, prix de ce qui était du fief du seigneur d'Uchon [7]. Béatrix de Riveau devait déjà posséder un ancien démembrement de ce que son père avait eu à Vilaine, car en 1297 [8] elle avait fondé son anniversaire à Saint-Martin et avait consacré à cette fondation cent sous de rente sur la terre de *la Planchete*.

En 1314, Pierre ou Perrin de Montjeu pour reconnaître les services de Margot, fille de *Perrot* de Vilaine, et en dédommagement de certains griefs reprochés à sa mère Béatrix, donna en fief à ladite Margot le moulin du *Bruyllet* [9]. Margot de Vilaine qui avait épousé Jean dit *Panage*, damoiseau, vendit du consentement de son mari, en décembre 1318, la maison de Vilaine et toutes ses dépendances à Jean Haynard de Néronde *(de nigra unda)*, clerc, mari de sa sœur Phelicie, pour 200 livres de petits tournois [10]. Les nouveaux acquéreurs reprirent de fief de Perrin de Montjeu en 1319. [11]

---

1. La Crose, aujourd'hui le Croux, com. d'Étang.
2. Le Bruyllet, aujourd'hui *Brouillet*, com. d'Étang.
3. La Chazée, com. de la Chapelle-sous-Uchon, cant. de Mesvres, arr. d'Autun.
4. Aguilley?..... Ne serait-ce pas ce qui s'appela plus tard le grand et le petit Vernoy?
5. Le Murgier, aujourd'hui le Murger, com. de la Chapelle-sous-Uchon, cant. de Mesvres, arr. d'Autun.
6. Combe-Ville, aujourd'hui les Combes, com. de la Chapelle-sous-Uchon.
7. Pièce justificative n° XVII.
8. Pièce justificative n° X.
9. Pièce justificative n° XXVII.
10. Pièce justificative n° XXIX.
11. Pièce justificative n° XXX.

Selon le dénombrement donné par Hugues III de Montjeu en 1549, les villages des Places, du Vernoy, une maison au Croux tenue par Léonard Brenot, notaire royal, un meix au Murger, un autre aux Chaulmes [1], dépendaient de la seigneurie de Vilaine, qui était ainsi délimitée : « Ainsi qu'elle s'étend
» et compourte, tient d'ung cousté aux seigneuries d'Uchon,
» de Savigny [2] et du prieur de Mesvres ; d'aultre cousté le
» long de la rivière d'Arroux et au seigneur de la Perrière [3],
» et d'aultre au seigneur de Fougerette. » [4]

MONTGACHOT ET MONTOY [5], seigneurie dans la paroisse d'Etang avant 1370, appartenait à Jean de l'Espinace (*de Espinacia*), seigneur de Saint-Léger, chevalier. Ce seigneur l'échangea avec les villages des Arbres [6], des Fosses [7], de Montoy [8], de Montgauchoux [9], de Fougères [10] et de Villebers [11], contre la terre de Vaux, près de Cypierre en Charollais, à Agnès et Marguerite de Cortiambles, agissant de l'autorité de leur père, Jean de Cortiambles, chevalier, seigneur de Commarin [12]. Marguerite de Cortiambles épousa Jean de Jaucourt d'Inteville et lui porta Commarin. Agnès de Cortiambles se maria à Guillaume de la Tournelle qui devint par elle seigneur de Montgachot et d'Auxerain [13]. Guillaume de la Tournelle vendit en 1407 à un nommé Grand-Guillaume, d'Etang, *les chétifs prés* de Mont-

---

1. Les Chaumes, com. d'Étang.
2. Savigny, com. d'Étang.
3. La Perrière, com. d'Étang.
4. Fougerette, com. d'Étang.
5. Aujourd'hui Montgauchon; 1370, Mongauchoux; 1485, 1549, Montgachot; 1530, 1555, Montgauchot.
6. Les Arbres, com. de Brion, arr. d'Autun (Saône-et-Loire).
7. Les Fosses, com. d'Étang, arr. d'Autun.
8. Montoy, com. d'Étang.
9. Montgauchoux, aujourd'hui Montgauchon, com. d'Étang.
10. Fougères, aujourd'hui Fougerette, com. d'Étang.
11. Villebert, com. d'Étang. (Voir t. V des *Mémoires de la Société Éduenne*, nouvelle série, p. 42.)
12. Commarin, cant. de Pouilly (Côte-d'Or). — Pièce justificative n° LIII.
13. Auxerain, com. de Viévy, cant. d'Arnay-le-Duc (Côte-d'Or).

gachot, moyennant six blancs de cens [1]. Agnès de Cortiambles et Guillaume de la Tournelle eurent deux filles : 1° Philippe ou Philippine mariée à Hugues du Bos, bailli du Charollais; 2° Marie, femme de Jacques du Bos. Les deux sœurs épousèrent les deux frères. Le 13 août 1455, Philippe de la Tournelle, dame d'Auxerain et de Montgachot, veuve de feu noble seigneur messire Hugues *Duboys* (du Bos), en son vivant chevalier, seigneur de Marcy, affranchit Huguenin Perrot de Montgachot, pour le prix et somme de 20 sols en or. Cet acte fut passé au château d'Auxerain, en présence de damoiselle Philiberte *Duboys* (du Bos), veuve de feu noble homme Pierre de Luzy, et de messire Guy Alixant, chapelain de ladite dame d'Auxerain. [2]

Marie de la Tournelle, qui avait épousé Jacques du Bos, fut la mère de Claude du Bos, seigneur de Communes [3], d'Antoinette du Bos, mariée à Odile de Montjeu, et de Philiberte du Bos, qui, veuve de Pierre de Luzy, épousa Etienne de Salins, seigneur de Corrabœuf. Philippe de la Tournelle, dame du Bos, d'Auxerain et de Montgachot, n'ayant eu qu'une fille qui mourut jeune, sa seigneurie de Montgachot alla à sa nièce Antoinette du Bos, dame de Montjeu.

En 1469, Odile de Montjeu, seigneur de Montgachot, eut de vifs démêlés avec Guillaume Rolin de Beauchamp au sujet de la justice de cette seigneurie que les sires de Montjeu défendirent toujours avec un soin jaloux contre leurs puissants voisins les seigneurs de la Perrière. [4]

En 1503, le 2 février (nouv. st. 1504), Pierre de la Guiche, seigneur de Chaulmont en Charollais et de la Perrière, tant en son nom qu'en celui de Françoise de Chaseron, sa femme, dame de la Perrière, présenta une requête à François Rolin,

---

1. Arch. de Montjeu.
2. Arch. de Montjeu.
3. Communes, aujourd'hui Saint-Martin-de-Commune, arr. d'Autun (Saône-et-Loire).
4. Arch. de Montjeu.

seigneur de Beauchamp et de Monestoy, bailli d'Autun, contre Philibert de Montjeu. Il exposait : « qu'à cause de sa terre
» de la Perrière, entre autres beaux droits lui appartenoit un
» marchief establi à Etang, le mardi, pour faire criée, déli-
» vrance et subastations, vendues et delivrance de gaiges pour
» debtes, auquel marchief étoient tenus de venir les villages
» voisins, ceux de la Perrière, la Grange, les Blondeaux,
» Vault, Sommant, Saint-Didier, Savigny, Montoy, Montga-
» chot, Chaulmes, etc... Ce nonobstant, puis ung an en ça
» Philibert de Montjeu a ordonné et establi marchief le mardi
» de la semaine à Montgachot, prohibant à ses subjects de se
» rendre au marchief d'Etang. » Il requérait en conséquence le bailli d'Autun d'ordonner au premier sergent royal requis de citer le seigneur de Montjeu à comparaître à heure et jour déterminés, sur le lieu du débat, pour procéder à une enquête. Nous ignorons l'issue du procès.

En 1550, il y eut un autre procès entre le seigneur de la Perrière et Hugues de Montjeu ; ce dernier, par sentence du 2 janvier 1550 (nouv. st. 1551), fut maintenu en possession des terre et justice de Montgachot, Montoy et les Chaulmes.

Plus tard Montgachot et la Perrière étaient au même seigneur, le président Jeannin.

AISEY ET RAVELOUX.

Aisey et Raveloux [1], dans la paroisse de Dracy-Saint-Loup, séparés par la rivière de la Drée, appelée souvent la rivière de Muse, formaient une seigneurie qui, dès la fin du treizième siècle, appartenait aux sires de Montjeu. Il nous paraît probable que ce fut à l'origine un démembrement de la terre de Dracy-

---

1. Aujourd'hui Ravelon.

Saint-Loup. Une portion du village de Chevanes [1] dépendait de cette seigneurie. Aisey était un arrière-fief de la seigneurie de Lally; quant à Raveloux, il relevait primitivement de Dracy-Saint-Loup. En 1368, Marguerite de Saillenay en fit reprise de fief du sire de Dracy. En 1549, il relevait du prieuré de Saint-Symphorien. Les sires de Montjeu n'avaient aucuns droits de mainmorte en cette seigneurie dont tous les habitants étaient francs.

ANTULLY.

Les plus anciens possesseurs d'Antully que nous connaissions sont des Riveau *(de Rebello, de Revello, de Ribello)*, de la même famille que Béatrix qui porta Montjeu à Guillaume d'Ostun, mais d'une autre branche.

Girard de Riveau, chevalier, était un important personnage; dès 1170 il figure comme témoin dans de nombreuses chartes concernant le Chapitre de la cathédrale d'Autun [2]. Sa femme s'appelait Elisabeth [3]. En 1215, lui et ses fils Barthélemy et Renaud vendirent au Chapitre d'Autun 2 septiers d'avoine, 2 sols de cens et 2 gelines sur la manse *de Quercu*, c'est-à-dire du Chêne-Saint-Symphorien, aujourd'hui les Cerisiers, hameau de la commune d'Antully [4]. Son neveu Gérard de Riveau [5] était forestier du duc à Auxy. [6]

Ponce de Riveau, dit d'Antully, testa en 1248 et légua au Chapitre de la cathédrale d'Autun pour son anniversaire les hommes, les cens et les coutumes qu'il avait dans les paroisses

---

2. Chevanes, com. de Dracy-Saint-Loup.
1. A. de Charmasse, *Cartulaire de l'Église d'Autun*, p. 104 et 115.
2. « XI Kal. Sept. Obiit Helisabeth, uxor Girardi de Rebello. » (A. de Charmasse, *Cart. de l'Égl. d'Autun*, p. 336.)
3. A. de Charmasse, *Cart. de l'Égl. d'Autun*, p. 341.
4. Id. p. 112.
5. Auxy, cant. d'Autun.

SEIGNEURS D'ANTULLY JUSQU'EN 1615.

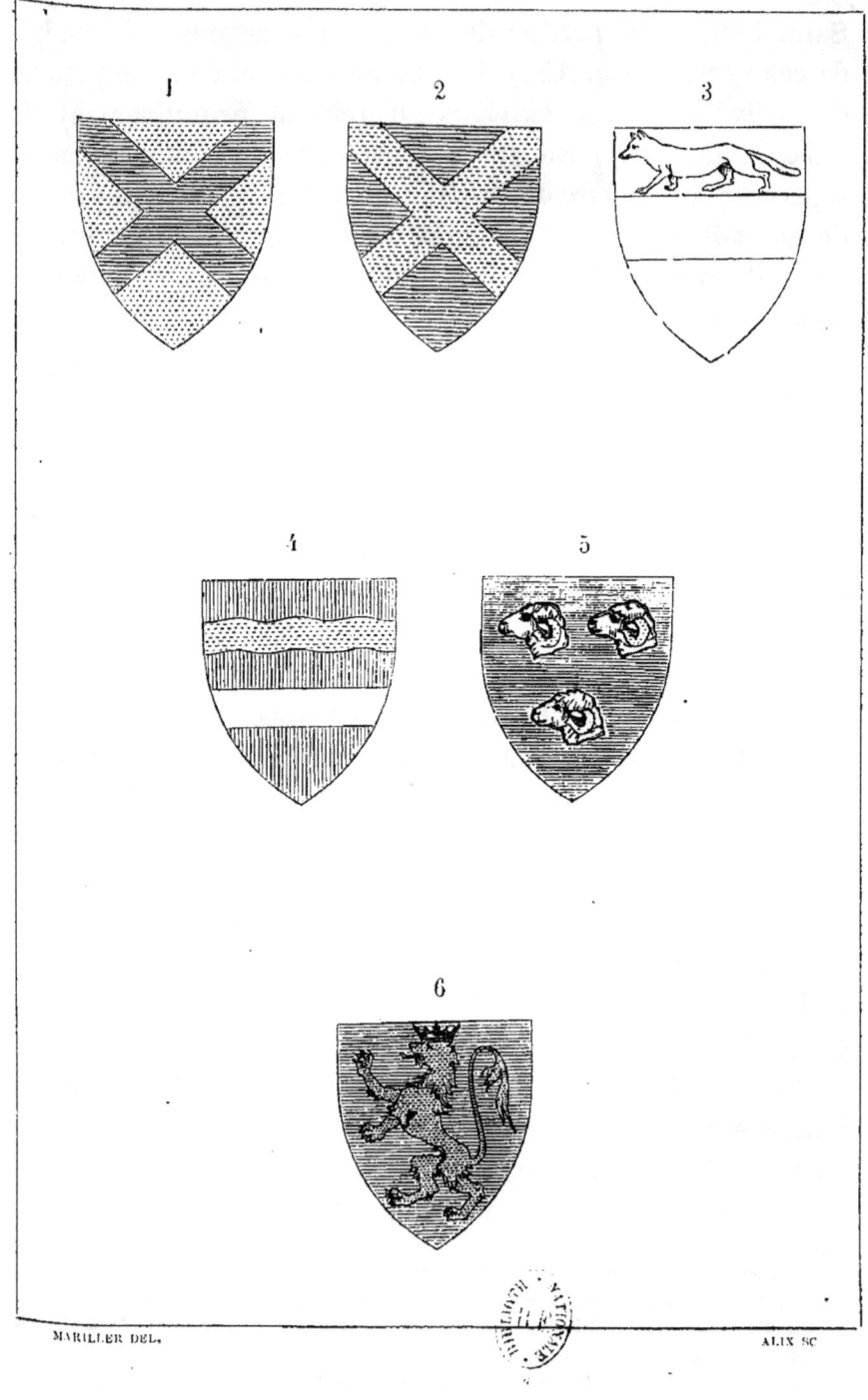

1 Loges.
2 Montjeu.
3 Regnard de Soirans.
4 Montconis.
5 Saint-Belin.
6 Orge.

d'Auxy et d'Antully [1]. Il fut inhumé sous le portail de Saint-Nazaire.

Il ne nous a pas été possible de relier entre eux d'une manière certaine tous les Riveau que l'on rencontre dans les chartes des douzième et treizième siècles, et dont le nom disparaît dans l'Autunois au commencement du quatorzième.

Nous sommes disposés à croire que les Loges ont dû par une alliance avec les Riveau hériter de ce que ces derniers avaient à Antully. Les Varennes qui, au commencement du quatorzième siècle possédaient soit à Autun, soit à Auxy ce qui avait appartenu aux Riveau, ont dû le tenir aussi de ces derniers, s'ils n'étaient eux-mêmes des Riveau portant un nom de fief. Ce qui pourrait le faire supposer, c'est que les Riveau, ou du moins plusieurs d'entre eux, ont porté le surnom de *le Moine*, *Monachus*, comme les Varennes après eux. Cette communauté d'origine expliquerait les libéralités que Hugues de Varennes, dit Cahins, fit à Jean de Loges, seigneur d'Antully, et à Perrin d'Ostun, seigneur de Montjeu, les deux beaux-frères.

Guillaume de Loges, chevalier, dit *l'Auvergnat* [2], possédait en tous cas, au milieu du treizième siècle, des biens importants, soit à Autun même, soit sur le plateau d'Antully, qu'il tenait peut-être de sa femme, s'il était d'origine étrangère à notre pays, comme semble l'indiquer son surnom. Le nom de *Loges* qu'il portait lui venait du fief de Loges, aujourd'hui Morelet [3], situé à peu de distance à l'est d'Antully.

---

1. A. de Charmasse, *Cart. de l'Égl. d'Autun*, p. 171.
2. A. de Charmasse, *Cart. de l'Égl. d'Autun*, p. 195, note.
3. Loges, aujourd'hui Morelet, com. du cant. d'Épinac, arr. d'Autun. Le château qui existe encore fut construit par Pierre de Loges en 1584. La terre et le château des Loges passèrent en 1627 à Louis de Pernes, comte d'Épinac, puis aux Rousseau, aux la Chère, aux Depringles, aux Bouhier. J. Bouhier les céda en 1680 à J. Morelet, doyen du Chapitre de Beaune, qui les légua, à son tour, à son neveu J. Morelet, écuyer, lequel fit substituer le nom de Morelet au vieux nom de *Loges*, en 1700. Les Morelet portaient *d'azur à une tête d'argent liée de gueules*. Jean Morelet, seigneur de Couchey, et ses deux neveux, Jean, conseiller du roi en ses conseils, doyen de Beaune, chanoine de la Sainte-Chapelle de Dijon, élu du clergé, et Bénigne,

En 1240, Guillaume de Loges et sa femme Ameline vendirent à l'abbé de Saint-Martin *la ville de Champitault* [1]. En 1244, Josserand de Brancion, seigneur de la Porcheresse [2], échangea à Guillaume ce qu'il possédait au Chêne-Saint-Symphorien [3], aux Chargeleaux [4], à Charbonnières [5], à Chailly [6], à la Verrerie de Chailly [7], à Valsantin [8], à Saint-Emiland [9], contre le meix *dou Maignelet* et d'autres meix sis à Corcelle, à Chassagne-Martin et la dîme de Saint-Berain-sous-Sanvignes [10]. Par suite de cet échange se trouvait constituée la belle seigneurie d'Antully [11]. Tous les sujets de cette seigneurie n'étaient pas de la même condition, ce qu'explique facilement la diversité d'origine. Ainsi les habitants du Chêne-Saint-Symphorien étaient francs, tandis que ceux d'Antully étaient serfs et mainmortables. Guillaume de Loges et sa femme fondèrent

écuyer, obtinrent en 1669 des lettres patentes les confirmant dans leur noblesse et leur permettant de reprendre les armes pleines de leur famille qu'un de leurs ancêtres avait brisées de *deux coquilles d'or au chef de l'écu*. Ces lettres établissent qu'ils descendaient de Guillaume Morelet, croisé en 1246. (J. d'Arbaumont, *les Anoblis de Bourgogne*, p. 81.) Le château de Morelet, fort bien conservé, est aujourd'hui la propriété de M. le vicomte de Louvencourt.

1. J.-G. Bulliot, *Essai historique sur l'abbaye de Saint-Martin*. Autun, 1849, t. II, ch. LVIII. — Champitault, aujourd'hui Champiteau, com. de Saint-Firmin, arr. d'Autun.
2. Porcheresse, com. d'Auxy, cant. d'Autun.
3. Chêne-Saint-Symphorien, hameau de la com. d'Antully, aujourd'hui les Cerisiers. Il existait anciennement une église sous le vocable de saint Symphorien sur le monticule que couronnait l'ancienne villa du Chêne *(de Quercu)*. Autour de cette église était un cimetière sur l'emplacement duquel chaque année la charrue des laboureurs met au jour les débris d'antiques sépultures. La réunion du Chêne-Saint-Symphorien à la seigneurie d'Antully amena vraisemblablement la suppression de cette église dont la tradition nous a conservé le souvenir. On sait du reste que c'est précisément de cette époque que date l'établissement des paroisses.
4. Les Chargeleaux; dans une charte de 1243, *Sagellau;* dans une autre de 1251, *Essargelaut;* dans une troisième de 1284, *Ysartgilaut*. Hameau de la com. d'Antully.
5. Charbonnières, hameau de la com. de Saint-Émiland, cant. de Couches-les-Mines, arr. d'Autun.
6. Chailly, hameau de la com. de Saint-Émiland.
7. La Verrerie, près Chailly, hameau de la com. d'Antully.
8. Valsantin, hameau de la com. de Saint-Émiland.
9. Saint-Émiland, autrefois Saint-Jean-de-Luze, Luse.
10. Saint-Berain-sous-Sanvignes.
11. Pièce justificative n° I. — Après la mort de son père, Henri de Brancion approuva et confirma cet échange en 1247, et Marguerite sa mère, veuve de Josserand, l'approuva et le confirma de même en 1251. (Arch. de Montjeu.)

pour eux et leurs prédécesseurs un anniversaire en l'église cathédrale [1]. Ils laissèrent deux fils, Arnulphe et Guy, qui en 1261 firent un accord avec Guillaume de Torcy, dit *Peaudoie*, damoiseau, seigneur de Chailly [2], au sujet de la moitié du Chêne-Saint-Symphorien, des Chargeleaux, d'Epiry [3] et de Saugy (?), que ce dernier prétendait tenir de Béatrix sa mère, héritière elle-même de son frère Guillaume d'Escutigny [4]. Guillaume Peaudoie abandonna ses prétentions pour neuf vingts livres dijonnaises.

Arnulphe l'aîné, sire de Loges, était bailli du Charollais en 1264 [5]. Le 17 mai 1275, il vendit au chapitre de Saint-Lazare d'Autun une pièce de terre située sous les murs du château de Riveau [6]. Nous lui connaissons deux fils, Jean et Philippe. Du premier, Jean, chevalier, sont issus les sires de Loges qui donnèrent aux quinzième et seizième siècles quatre baillis successifs à l'Autunois. Quant au second, Philippe, damoiseau, qui, en 1291, céda à l'évêque d'Autun [7] tout ce qu'il possédait au territoire de Saint-Denis-en-Vaux [8], on ne lui connaît pas de postérité.

Nous ne poursuivrons pas la généalogie de cette branche de la maison de Loges, ce serait sortir du cadre que nous nous sommes tracé. Nous avons seulement tenu à constater que les sires d'Antully et les sires de Loges avaient la même origine. Ceci établi, nous revenons à la branche d'Antully.

Guy de Loges, chevalier, seigneur d'Antully, frère d'Ar-

---

1. A. de Charmasse, *Cartulaire de l'Église d'Autun*, p. 195.
2. Chailly, com. de Saint-Émiland. Ce village porte encore aujourd'hui le nom de ses anciens seigneurs et s'appelle Chailly-lès-Peaudoie. En 1400, Chailly avait passé aux Clugny. En 1416, Guillaume de Clugny le jeune était seigneur de Chailly. En 1569, Alexandre Magnien reprit de fief du roi pour la seigneurie de Chailly. Le dernier des Magnien de Chailly mourut au commencement de la Restauration léguant Chailly à M. de Montagu.
3. Épiry, com. de Saint-Émiland.
4. Pièce justificative n° II.
5. Arch. de la Côte-d'Or, B. 404.
6. A. de Charmasse, *Cartulaire de l'Église d'Autun*, p. 213.
7. A. de Charmasse, *Cartulaire de l'Évêché d'Autun*, p. 178.
8. Saint-Denis-en-Vaux, com. du cant. de Givry (Saône-et-Loire).

nulphe, mourut jeune ; sa femme Emenegarde était veuve en 1263 [1]. Il eut deux fils, Guillaume et Huguenin, qui n'ont porté presque toujours que le nom *d'Antully*. Le second, Huguenin, quoique marié, ne laissa pas de descendants, du moins à notre connaissance. Nous savons seulement qu'il fit un échange avec son frère Guillaume en 1288 [2], échange dans lequel il était de moitié avec son cousin Jean de Loges, et qu'il vivait en 1291. [3]

Guillaume d'Antully, chevalier, fils aîné de Guy de Loges, affranchit en 1284 Robert, dit Saladin, du village des Chargeleaux [4]. En 1286, il fit hommage au duc de Bourgogne pour la terre d'Antully [5]. Trois ans plus tard, en 1389, il fit au duc cette autre reconnaissance :

Dominus Guillermus de Antulleyo, miles, quondam filius domini Guidonis de Logiis, militis, confitetur se et heredes suos de herede in heredem descendentes tenere in feudum a duce videlicet : domum suam fortem de Antulleyo cum fundo et quicquid tenet, possidet, vel habet qualitercumque in villa de Antulleyo, etc. [6]

La maison-forte d'Antully, dont Guillaume donnait dénombrement, avait été construite par lui, selon toute probabilité. Elle devait avoir une certaine importance, si on en juge d'après l'emplacement qu'elle a occupé. De larges et profonds fossés, constamment inondés par les eaux des sources voisines, l'entouraient complétement [7]. Nous n'avons pas de documents assez précis nous permettant de donner une description exacte de ce château [8]. Nous savons seulement qu'il était beaucoup

---

1. A. de Charmasse, *Cartulaire de l'Église d'Autun*, p. 195.
2. Pièce justificative n° VI.
3. Pièce justificative n° VIII.
4. Pièce justificative n° IV.
5. Arch. de la Côte-d'Or, B. 10483.
6. Arch. de la Côte-d'Or, B. 10484.
7. Les seigneurs d'Antully tiraient parti de ces fossés en les faisant empoisonner.
8. Le chemin conduisant de la route du Creusot au village d'Antully passe aujourd'hui entre les ruines du château et l'emplacement de la basse-cour qui fut elle-même entourée de fossés. Dans le terrier d'Antully de 1400, les fossés de cette basse-cour sont appelés les vieux fossés ; ce qui ferait supposer que l'emplacement de cette basse-cour était celui d'une maison-forte beaucoup plus ancienne.

plus considérable que le châtelet de Montjeu, et qu'il renfermait une chapelle sous le vocable de saint Blaise. Ce château fut détruit pendant les guerres de religion du seizième siècle.

Guillaume d'Antully avait épousé Hodierne de Limanton [1], qui mourut en 1299, et qui fut inhumée en l'église de Saint-Nazaire d'Autun, dans la chapelle à gauche en entrant. Le frère d'Hodierne, Guillaume de Limanton [2], chanoine de l'église d'Autun, fonda quelques années plus tard dans cette chapelle l'autel Saint-Laurent, par une disposition de son testament fait en 1314. Guillaume d'Antully et Hodierne laissèrent quatre enfants : 1° Jean, qui fut seigneur de Champitault et d'Antully en partie ; 2° Guy qui entra dans les ordres et qui, en 1321, était prieur du Fête [3]; 3° Béatrix, femme de Archambault de Montauches (de Montauchiis), chevalier; 4° Isabeau, qui épousa Perrin de Montjeu et lui porta la terre de Charbonnières et une partie d'Antully. [4]

Jean d'Antully, seigneur d'Antully en partie et de Champitault qui était rentré dans sa famille, fut un personnage considérable. En 1304, il fit un accord avec son voisin Théobald de Traves, seigneur de la Porcheresse, et délimita avec lui les seigneuries d'Antully et de la Porcheresse [5]. En 1311, il consentit un échange avec le Chapitre de la cathédrale d'Autun, auquel il céda, entre autres choses, une maison à Autun, située dans la rue du Fraigne [6]. Son nom [7] est cité avec ceux des seigneurs de Bourgogne ligués contre Philippe le Bel en 1314. Il donna au prieuré du Val-Saint-Benoît « dix livrées » de terre a tournois d'annuel et perpétuel rente, » pour la fondation de son anniversaire, lesquelles il assit sur les revenus

---

[1]. A. de Charmasse, *Cart. de l'Égl. d'Autun*, p. 332.
[2]. Arch. de l'hôtel de ville d'Autun. Fonds de la Cathédrale.
[3]. Le Fête, près Arnay-le-Duc (Côte-d'Or). — Pièce justificative n° XXXII.
[4]. Pièces justificatives n°° XIII et XVIII.
[5]. Pièce justificative n° XV.
[6]. Pièce justificative n° XXIV.
[7]. Du Chesne, *Histoire de la Maison de Vergy*. Preuves, p. 220.

de la terre d'Antully. Le duc de Bourgogne donna des lettres d'amortissement de cette fondation [1] le jeudi après la Fête-Dieu 1347.

Guillaume d'Antully, fils de Jean, seigneur de Champitault, obtint de la reine Jeanne, en 1358, des lettres patentes que nous citons *in extenso* :

Jehanne par la grâce de Dieu Royne de France, aiens en l'absence de mon seigneur le gouvernement du duchié de Bourgoigne, à touz ceulz qui ces présentes lettres verront, salut. Savoir faisons que comme notre amé et féal messire Guillaume d'Antilly, chevalier, seigneur de Champital, ait en ladite ville et es appartenences toute justice et seignorie haute, moienne et basse, et en signe de ladite justice et pour faire touz esplois appartenans à haut justicier y ais accoustumé d'avoir demies fourches, si comme il dict; nous, à sa supplicacion et pour et contemplacion de notre amé et féal chevalier messire Guillaume d'Antilly, son filz, bailli de notre filz en la contée de Bourgoigne, li avons ottroié ou cas dessuz dit et ottroïons de grâce espécial par ces présentes, en tant comme en nous est que luy et ses successeurs seigneurs dudit lieu facent drecier et aient s'il leur plaist doresenavant à touz jours fourches entières en la justice dessuz dite pour y faire touz esplois de justice comme il pooient faire paravant. Si mandons et commandons à touz nos justiciers et subgiez requerons autre que ledit messire Guillaume et ses hoirs et successeurs laissent en droit soy joir et user de notre présente grâce sens contredit ne empeschemen aucun. En tesmoing de ce nous avons fait mettre notre seel en ces lettres qui furent faites et données à Rouvre, le quinziesme jour de novembre l'an de grâce mil trois cens cinquante huit. [2]

En 1360, Guillaume d'Antully, chevalier, comme son cousin Hugues de Montjeu, s'obligea pour la rançon des 200,000 deniers d'or au mouton imposée à la Bourgogne par le traité de Guillon [3]. Il vivait encore en 1380, et donna cette année-là dénombrement au duc pour la terre de Champitault [4]. Il dut mourir peu après sans descendants, car en 1381 Odile

---

1. Pièce justificative n° XLII.
2. Arch. de Montjeu.
3. Dom Plancher, *Histoire de Bourgogne*, t. II, p. 230.
4. Arch. de Montjeu.

de Montjeu reprit de fief pour la même seigneurie. Son fils Guillaume, bailli du comté de Bourgogne, était probablement mort avant lui.

A partir de cette époque, les terres d'Antully, de Champitault, de Charbonnières, du Chêne-Saint-Symphorien, réunies en une seule, appartinrent aux Montjeu et restèrent dans cette famille jusqu'au milieu du seizième siècle.

En 1400, messire Lebrun, chapelain de Huguenin de Montjeu, rédigea le terrier d'Antully [1]. Huguenin, second fils d'Odile Ier de Montjeu, fut seigneur d'Antully et bailli d'Autun.

En 1413, le 3 juillet, des lettres patentes du duc accordèrent aux seigneurs l'établissement d'une foire devant se tenir à Antully le 10 février et d'un marché pour chaque mardi, sans préjudice de la foire se tenant déjà le jour de la Saint-Benoît.

Marie de Montjeu, fille unique de Huguenin et de Marie de Lugny, fut dame d'Antully et de ses dépendances. Elle épousa Guillaume de Sercey, seigneur d'Igornay et de Champallement, bailli de Chalon et écuyer de Philippe le Bon. Elle était veuve et sans enfants en 1467. Elle fit cette année-là un accord avec les religieux de Saint-Sernin-du-Bois au sujet de certaines manses situées sur les finages de Brandon et de Saint-Emiland. [2]

En 1480, pour obéir aux vœux de sa mère, elle fonda une messe qui devait se dire soit dans la chapelle de Saint-Sébastien en l'église d'Antully, soit dans la chapelle du château consacrée à saint Blaise, et elle affecta à cette fondation une rente de 40 livres tournois destinée à entretenir deux chapelains à la nomination de ses successeurs [3]. Elle mourut en 1484 environ, laissant Antully aux enfants de son cousin germain, Odile II de Montjeu.

---

1. Arch. de Montjeu.
2. Pièce justificative n° LXXII. « Locis et finagiis dicti castalleti de Brandon et » de Lucheyo. » Saint-Émiland s'appelait autrefois, Lehuse, Luze, St-Jean-de-Lux.
3. Arch. de l'évêché d'Autun. *Protocoles de J. d'Aiguemorte.*

Claude de Montjeu, chanoine d'Autun et de Lyon, archidiacre de Chalon, second fils d'Odile II, fut seigneur d'Antully.. Il obtint de Charles VIII des lettres patentes datées du 30 juin 1491 pour l'établissement d'une nouvelle foire à Antully qui devait se tenir le 11 juillet de chaque année [1]. Claude mourut en 1500, laissant les deux tiers d'Antully à son frère Philibert et l'autre tiers de cette seigneurie aux filles de son autre frère Jean de Montjeu, dit Pioche.

Philippe de Montjeu, fils de Philibert, seigneur d'Antully, ne se maria pas. En 1530, il céda à son beau-frère, Claude Regnard, seigneur de Soirans, les deux tiers de la terre d'Antully, ne s'en réservant que la jouissance. Claude Regnard en reprit de fief le 2 octobre 1535. Deux ans plus tard, Philippe de Montjeu ayant recueilli le troisième tiers de la seigneurie dans la succession de Simon de Mailly, il l'échangea encore à son beau-frère. [2]

Claude Regnard, mari de Jeanne de Montjeu et seigneur d'Antully, était fils de Louis Regnard, seigneur de Soirans [3], chambellan du roi et son bailli d'Amont au comté de Bourgogne [4], en 1490 ; il était petit-fils d'Amyot Regnard, bienfaiteur de l'hôpital d'Auxonne en 1435.

Les Regnard de Soirans appartenaient à la même famille que les Regnard de la Chaume, parmi lesquels on compte un grand nombre de chevaliers, capitaines et hommes d'armes sous les ducs. En 1372, Guillaume Regnard, écuyer, faisait partie de la compagnie de Robert de Martimpuys.

En 1544, Claude Regnard, capitaine de la citadelle de Chalon-sur-Saône, fut député par le roi pour prendre possession du comté de Charollais, en vertu du traité de Crespy. Il mourut vers 1554, laissant de Jeanne de Montjeu une fille nommée Anne qui épousa Philibert de Montconis.

1. Pièce justificative nº LXXVII.
2. Arch. de la Côte-d'Or, B. 10610 et 10611.
3. Soirans-Fouffrans, cant. d'Auxonne (Côte-d'Or).
4. Le sceau de Louis Regnard, bailli d'Amont, porte *une fasce accompagnée en chef d'un renard passant.*

Philibert de Montconis [1], par sa femme seigneur d'Antully et de Soirans, succéda à son beau-père dans la charge de capitaine de la citadelle de Chalon. Il eut deux filles : 1° Anne, mariée à Philibert Bernard, seigneur de Brandon [2]; 2° Guillemette, qui devint la femme de Georges de Saint-Belin, seigneur de Bielles en Bassigny.

Georges de Saint-Belin [3] fit renouveler le terrier d'Antully en 1571. A cette époque, le château était encore debout. Il fut détruit quelques années plus tard pendant les guerres de religion, vers 1595.

Guillemette de Montconis avait en mourant légué les deux tiers d'Antully à son mari Georges de Saint-Belin, et laissé l'autre tiers à ses quatre enfants : Gabriel, Antoinette, René et Christophe. Le tiers d'Antully advint à Antoinette qui se maria à Nicolas d'Orge [4]. Celui-ci, en 1598, racheta de son beau-père les deux tiers d'Antully, mais il ne profita pas longtemps de son acquisition. Il mourut peu après laissant quatre enfants mineurs. Sa veuve se remaria en 1611 à Charles-Emmanuel, baron de Cornoz. Le 14 mai 1614, Antoinette de Saint-Belin, dame de Cornoz, vendit au président Jeannin les trois quarts d'Antully pour 15,750 livres. Le 17 mars 1615, les mineurs d'Orge cédèrent le dernier quart au nouvel acquéreur moyennant 5,250 livres.

Montjeu et Antully, réunis encore une fois jusqu'au commencement de notre siècle, eurent les mêmes maîtres, mais non la même fortune. Antully sans château ne fut plus qu'une terre de produit, tandis que Montjeu devint un grand marquisat avec la belle demeure que l'on connaît.

Antully fut vendu par Mme de Morfontaine en 1821.

---

1. Montconis ou Montconnis : *de gueules à la fasce d'argent abaissée sous une fasce ondée d'or.*

2. Brandon, com. de Saint-Pierre-de-Varennes, cant. de Couches (Saône-et-Loire).

3. Saint-Belin : *d'azur à trois têtes de bélier d'argent accornées d'or.*

4. D'Orge ou d'Orges : *d'azur au lion couronné d'or, armé et lampassé de gueules.*

SIVRY.

Sivry [1], aussi loin que l'on a pu remonter, appartenait aux sires de Communes [2]. Agnès de Communes porta Sivry à son mari Guillaume du Bois, ou plutôt du Bos, damoiseau, qui, en 1368, donna dénombrement de la terre de Communes [3] au duc de Bourgogne.

Jacques du Bos, second fils de Guillaume, épousa Marie de la Tournelle dont il eut, entre autres enfants, Antoinette, qui devint la femme d'Odile II de Montjeu. C'est ainsi que Sivry, qui était un franc-alleu, entra dans la maison de Montjeu.

Les seigneurs de Sivry possédaient des rentes sur Tintry [4] qui étaient de l'arrière-fief du duc et du fief du sire de Couches.

Une chapelle, sous le vocable de Notre-Dame, avait été fondée en l'église de Saizy par les seigneurs de Sivry. Antoinette du Bos, dame de Montjeu, avait assigné à l'entretien de cette chapelle une rente de quatre francs sept sols sur sa terre de Montgachot dans la paroisse d'Etang-sur-Arroux. En 1477, Odile II de Montjeu donna à Jean Prost, de Broye, un meix sis à Sivry, moyennant trois francs et demi de taille, deux bichets d'avoine à la mesure de Nolay et deux livres de cire d'annuelle et perpétuelle rente, au profit de la chapelle fondée par ses prédécesseurs en l'église de Saizy, et dont son fils Claude était alors chapelain.

Au quinzième siècle, la maison seigneuriale, connue sous le nom de *Tour de Sivry*, se composait d'une tour, ainsi que l'indique son nom, protégeant une enceinte renfermant les granges et les étables.

---

1. Sivry, com. de Saizy, cant. d'Épinac, arr. d'Autun.
2. Le sceau de Jean de Communes, chevalier, en 1407, porte *un chevron accompagné de trois coquilles*. (Arch. de la Côte-d'Or, B. 374.)
3. Aujourd'hui Saint-Martin-de-Commune, cant. de Couches-les-Mines, arrond. d'Autun, à 8 kilomètres de Sivry.
4. Tintry, cant. d'Épinac, arr. d'Autun.

SEIGNEURS DE SIVRY JUSQU'EN 1789.

1 Communes.
2 Du Bos.
3 Montjeu.
4 Villers de Gerland.
5 Blondeau.
6 Fieubet.
7 Gaucourt.

Après Odile II de Montjeu, furent seigneurs de Sivry : Claude de Montjeu, archidiacre de Lyon, fils d'Odile ; Philibert, frère de Claude ; Philippe, fils de Philibert ; Hugues, frère de Philippe ; enfin Marie de Montjeu, qui porta cette terre à son mari Claude de Villers de Gerland. Peu de temps avant la mort de ce dernier, en 1569, les reîtres du duc de Deux-Ponts prirent, saccagèrent et brûlèrent en partie la maison seigneuriale de Sivry.

En 1592, Jean Blondeau, conseiller au parlement, garde des sceaux en la grande chancellerie de Bourgogne, se rendit acquéreur de la Tour et de la terre de Sivry sur les héritiers de Marie de Montjeu et du seigneur de Gerland. J. Blondeau, un an après, en 1593, fut attaqué à Sivry par un parti de ligueurs. Il se défendit avec énergie ; mais ayant été tué pendant le combat, son château tomba au pouvoir de l'ennemi qui le brûla.

Cette famille Blondeau qui succédait aux Villers de Gerland, héritiers eux-mêmes des sires de Montjeu, semble être originaire de la paroisse de Saizy, dans laquelle se trouvait le château de Sivry [1]. Elle a fourni plusieurs conseillers au parlement de Bourgogne et des présidents au parlement de Metz. Claude Blondeau [2], aumônier du roi, promoteur des assemblées du clergé, était abbé d'Ogny [3], de 1611 à 1625, et abbé de Saint-Jean-des-Prés [4] ; il mourut en novembre 1643 [5]. On connaît quatre abbesses de l'abbaye de Notre-Dame de Reconfort [6] portant le nom de Blondeau : Avoye

---

1. Dans le terrier de Saizy, dressé en 1535 par le notaire Pelletier pour les doyen et Chapitre de l'église d'Autun, seigneurs en partie de Saizy, la Vesvre de Saizy, Sivry et Changey, il est fait mention d'un grand nombre de Blondeau ; entre autres, de honorable Jean Blondeau, fils de feu Jean Blondeau, marchand à Nolay, d'honorables hommes Jean et Mathieu Blondeau, frères, demeurant au village de Changey. Le nom de Blondeau existe encore aujourd'hui à Saizy et aux environs.
2. *Gallia Christiana*, t. IV, col. 490.
3. Ogny, com. de Marcilly, cant. de Pouilly (Côte-d'Or).
4. Saint-Jean-des-Prés-de-Choques, diocèse de Saint-Omer.
5. Bibl. nationale, départ. des mss. F. Gaignières, n° 249, fol. 230.
6. Notre-Dame de Reconfort, abbaye de femmes, com. de Saizy, cant. de Tannay (Nièvre), autrefois du diocèse d'Autun.

Blondeau de 1543 à 1578 ; Anna I de Blondeau qui fut reçue abbesse en 1578 par l'évêque d'Autun, Charles Ailleboust ; de 1580 à 1591, Huguette de Blondeau ; en 1598 Anna II de Blondeau. [1]

Le château actuel de Sivry fut reconstruit sur l'emplacement de l'ancienne tour de Sivry brûlée par les ligueurs ; et, selon la date inscrite au dessous d'un écusson qui existe encore sur la façade, sa reconstruction eut lieu en 1600. Dans le dénombrement que « noble Guy Blondeau, seigneur de Sivry, » notaire et secrétaire du roi et des finances, grand maître » enquesteur et général réformateur, grand gruier et loupve- » tier des eaux et forêts en Bourgogne, » donna en 1601 « de » laditte terre à lui advenue par l'hoirie de feu Mre Pierre » Blondeau son père, » on lit textuellement : « Item, en laditte » terre il y a maison forte, laquelle, ayant esté cydevant par » les derniers troubles ruynée, a esté nouvellement réediffiée » par ledit s^r Blondeau en forme de pavillon et grand corps » d'hostel, granges et escuryes ; le tout fossoyé et lesdits fossés » de la largeur de trente pieds, revestus de murailles et ponts- » levits pour la fermeture d'icelle maison. » [2]

Les Blondeau portaient *d'or au chevron d'azur, brisé à la pointe d'un croissant d'argent, accompagné de trois œillets de gueules, feuillés et soutenus de sinople*[3]. Ces armoiries se voient encore aujourd'hui sur deux écussons de pierre incrustés dans les murailles du château de Sivry. L'un d'eux est écartelé aux 1 et 4 de Blondeau, et aux 2 et 3 de Bourdin qui est *d'azur au chevron d'argent accompagné de trois têtes de daim coupées d'or, les deux du chef affrontées*; l'autre écusson est parti de Blondeau et de Bourdin.

Elisabeth Blondeau, fille de Gilles Blondeau, président à la cour des comptes de Paris, et de Marguerite Le Boults, porta

---

1. *Gallia Christiana*, t. IV, col. 507.
2. Arch. de M. Stéph. Laureau.
3. Palliot, *Parlement de Bourgogne*, p. 243, 255.

Sivry à son mari Anne de Fieubet [1], seigneur de Launac, conseiller au parlement de Paris en 1655, maître des requêtes en 1663, et frère de Claude de Fieubet qui épousa Nicolas Jeannin de Castille, marquis de Montjeu. En 1669, messire Anne de Fieubet, chevalier, seigneur de Launac, Jaillac, Saint-Sernin-du-Plain [2], la Chassagne [3], Saigey [4], la Vaux [5], Epertully [6], Créot [7] et autres lieux, et Mme Elisabeth Blondeau, firent faire par Abraham Durand le terrier de la seigneurie de Sivry [8]. Il est question dans ce terrier de deux chapelles fondées dans l'église de Saizy par les prédécesseurs des seigneurs, l'une sous le vocable de Notre-Dame, l'autre sous celui de sainte Marguerite. Nous avons dit plus haut que la première remontait au moins au milieu du quinzième siècle ; quant à la seconde, nous ne savons à quelle époque eut lieu sa fondation ; ce fut probablement après les Villers de Gerland. Anne de Fieubet mourut maître des requêtes honoraire, le 22 mars 1705, âgé de 73 ans ; sa femme Elisabeth Blondeau le suivit de près et mourut le 13 juillet de la même année à l'âge de 66 ans.

Paul de Fieubet, seigneur de Cendré et fils des précédents, leur succéda dans la seigneurie de Sivry. Il fut conseiller au parlement de Paris en 1689 et maître des requêtes en 1690. Il épousa Angélique Magdelaine de Fourcy. Il mourut le 1er mars 1718, âgé de 54 ans.

Sivry passa ensuite à Armand-Paul de Fieubet, second fils de Paul et de Magdelaine de Fourcy, qui suivit la carrière des

---

1. Fieubet, noble famille du Languedoc, porte *d'azur au chevron d'or, accompagné en chef de deux croissants d'argent et en pointe d'un rocher ou d'un mont de même.* (D'Hozier, *Arm.* de 1696.)
2. Saint-Sernin-du-Plain, cant. de Couches, arr. d'Autun.
3. La Chassagne, com. d'Aubigny, cant. de Nolay (Côte-d'Or).
4. Saigey, com. d'Aubigny, cant. de Nolay (Côte-d'Or).
5. La Vaux, aujourd'hui La Vaulx, com. d'Aubigny, cant. de Nolay (Côte-d'Or).
6. Épertully, cant. d'Épinac, arr. d'Autun.
7. Créot, cant. d'Épinac, arr. d'Autun.
8. Arch. de M. Stéph. Laureau. — Pour les seigneurs absents, les déclarations des reconnaissants étaient reçues par Jacques Duchemin, leur procureur.

armes et devint mestre de camp de cavalerie. Armand-Paul de Fieubet s'unit le 14 août 1731 à Henriette Feydeau. Il mourut à Sivry le 24 mai 1767.

Catherine-Henriette de Fieubet, fille d'Armand-Paul, épousa Mathias-Raoul, comte de Gaucourt [1], maréchal des camps et armées du roi. Les Gaucourt, originaires de Picardie, remontent à Raoul, seigneur de Gaucourt et d'Argicourt en 1270 ; ils ont fourni plusieurs grands officiers de la couronne [2]. Pendant la Révolution, Mme de Gaucourt, qui était veuve, resta à Sivry où elle ne fut pas inquiétée. Elle mourut à Paris en 1809. Ses enfants, Sylvain-Nicolas-Henri-Raoul comte de Gaucourt, Louise-Gabrielle de Gaucourt, veuve en premières noces de Louis-Joseph de Sacres de l'Aigle, et femme de Maurice Baudard de Saint-James, vendirent, en 1810, la terre et le château de Sivry à M. H. Laureau, grand-père du propriétaire actuel.

1. Par erreur, La Chesnaie des Bois appelle le mari de Catherine-Henriette de Fieubet *Guillaume, marquis de Gaucourt*.
2. De Gaucourt : *d'hermines à deux barbeaux adossés de gueules*.

PIÈCES JUSTIFICATIVES

I

Mars 1243 (nouv. style 1244). — *Échange entre Josserand, sire de Brancion, et Guillaume, sire de Loges.*

Nos Jocerandus, dominus Branceduni, notum facimus universis tam presentibus quam futuris quod nos sine malo ingenio concessimus, tradidimus et quitavimus in excambium et permutacionem nomine nostro et nostrorum fideli nostro Guillermo domino Logiarum, militi, et heredibus suis in hereditatem perpetuam pacifice possidendum quicquid habebamus vel habere poteramus omnimoda racione usque in presentem diem *au Chaisgne Sain Syphorien* et *a Sagellau* et *a Charbonères*, et *a Chaaly*, et *a la Verrère* juxta, et *a Villesantin*, et *a Lauyse*, et in appendiciis seu pertinenciis earumdem villarum seu locorum, videlicet in hominibus, terris, pratis, nemoribus, planis, dominio sive justiciis proventibus et in omnibus juribus, que omnia habebamus et tenebamus de excambio et permutacione facta nobis a domino duce Burgundie, et hec ipsa dictus Guillermus et heredes sui a nobis et heredibus nostris tenent in feodum et tenebunt, et ipsum Guillermum nomine suo et suorum et nomine nostro et nostrorum in hominem jam recepimus, de istis nosmet devestientes ipsum in vestituram posuimus corporalem. Hoc si quidem retento quod nos et homines de herbergamento in nemoribus de dicto excambio usagium ad opus nostri habebimus, sine vendere, vel donare, vel amplius essartare, et ad porcos nostros de nostris arveolis tantum pro duobus denariis de painagio pro quolibet porcorum eidem Guillermo et ejus heredibus persolvendis. Pro hujus modi autem excambio et permutacione jam dictus Guillermus, nomine suo et suorum, tradidit equivalens digna extimacione nobis et heredibus nostris in hereditatem perpetuam pacifice possidendum, videlicet quicquid habebat vel habere poterat omnimoda racione usque in presentem diem *au Maigneleth* et *a Granges* et *au Crous Autumois* et *a Corcelles* et herbergamento Guillermi *Lorgeu* militis, juxta

Vevre, cum prato quod partitur cum eodem milite *a Vevre* et *a Chassaign Martin* et *a Mondidier* et *a Varise,* et etiam quicquid habebat vel habere poterat omnimoda racione usque in presentem diem in decima in parrochia Sancti Benigni *de souz San vignes* et in appendiciis seu pertinenciis earumdem villarum seu locorum, videlicet in hominibus, terris, pratis, nemoribus, planis, dominio sive justiciis proventibus et in omnibus juribus. De hiis autem omnibus prelibatus Guillermus se ipsum devestiens nomine suo et suorum nos nomine nostro et nostrorum corporaliter investivit. Dedit etiam dictus Guillermus nobis pro dicto excambio et tradidit in pecunia numerata ducentas et sexaginta libras divionensium, quas nos vel heredes nostri dicto Guillermo reddere tenemur si aliquo casu contingente dictum excambium remaneret dissolutum. Sciendum est preterea quod nos nec heredes nostri homines prelibati Guillermi nobis retinere non possumus, nec ipse nec heredes sui similiter nostros, etc. In cujus rei testimonium et robur, ad instantiam Henrici filii nostri qui hoc excambium et permutacionem laudavit, voluit et concessit, prenominato Guillermo tradidimus presentes litteras sigilli nostri karactere confirmatas.

Actum est hoc anno gracie millesimo ducentesimo quadragesimo tercio, mense marcio.

(Archives de Montjeu.)

II

Septembre 1261. — Accord entre Guillaume de Torcy, dit Peaudoie, damoiseau, et Arnulphe et Guy de Loges, frères, chevaliers.

Nos Guillermus de Clamere canonicus et officialis Eduensis universis presentes litteras inspecturis notum facimus quod cum causa seu discordia verteretur ut dicitur inter Guillermum de Torceio dictum *Piaudoie,* domicellum, ex una parte, et dominos Arnulphum et Guidonem de Logiis, fratres, milites, ex altera, super eo videlicet quod idem Guillermum *Piaudoie* petebat nomine suo et nomine Beatricis matris sue a dictis Arnulpho et Guidone sibi reddi, deliberari et in pace dimitti medietatem cujusdam ville que dicitur Quercus Sancti Symphoriani, medietatem ville *d'Essargelaut,* medietatem de Espyreio et medietatem ville *de Saugy,* cum omnibus appendiciis et pertinenciis medietatum villarum predictarum in quibus omnibus idem Guillermus *Piaudoie* dicebat se et predictam Beatricem matrem suam debere succedere ratione successionis seu excasure Guillermi de

Escutigneio quondam fratris ipsius Beatricis. Tandem idem Guillermus *Piaudoie* in nostra presencia propter hoc specialiter constitutus, non coactus, non circumventus, imo providus ac spontaneus et pro urgenti necessitate ac evidenti utilitate ejusdem, ut asserit coram nobis, quidquid juris habet idem Guillermus *Piaudoie* vel habere potest aut debet omnimoda racione et quod habere posset de cetero in predictis villis et appendiciis et pertinenciis earumdem, tam racione successionis predicte quam alia racione quacumque, scilicet hominibus, mansis, tenementis eorumdem, talliis, costumis, censibus, decimis, terris, pratis, nemoribus, vineis, planis, pascuis, aquis, piscariis, dominiis, justiciis magnis et parvis et rebus aliis universis quibuscumque vendit, tradit et in perpetuum quictat dictis Arnulpho et Guidoni fratribus ac heredibus eorumdem pro novies viginti libris divionensis monete nunc currentis, de quibus duo valent unum parisiensium, eidem Guillermo *Piaudoie* jam solutis in pecunia legitime numerata ab Arnulpho et Guidone supra dictis, prout idem Guillermus *Piaudoie* coram nobis confitetur. Quam vendicionem, tradicionem et quictacionem dictus Guillermus *Piaudoie* promictit coram nobis et tenetur per juramentum suum super hoc in manu nostra corporaliter prestitum se super se et sub obligatione omnium bonorum suorum mobilium et immobilium presentium et futurorum ubicumque sint et quocumque eisdem Arnulpho et Guidoni ac eorum heredibus in perpetuum in pace tenere, etc. In cujus rei testimonium, ad preces et instanciam dictorum Guillermi *Piaudoie* et Beatricis matris sue litteris presentibus apposuimus sigillum curie Eduensis.

Datum et actum Edue, anno Domini millesimo ducentesimo sexagesimo primo, mense septembri.

(Archives de Montjeu.)

III

Avril 1279 (nouv. style 1280?). — Fondation faite par Guillaume de Montjeu, chevalier, en l'église du Val-Saint-Benoît.

Universis presentes litteras inspecturis nos magister Johannes de Borbonio canonicus et officialis Eduensis notum facimus quod in nostra presentia propter hoc specialiter constitutus dominus Guillelmus de Montejovis miles recognoscit publice et ex certa sciencia se dedisse et concessisse in puram et perpetuam elemosinam Deo et Ecclesie Vallis Sancti Benedicti, ordinis Vallis Callium, pro remedio anime sue et antecessorum suorum et pro anniversario suo annuatim ibidem faciendo quinque solidos monete currentis in Burgundia ex annuo redditu priori et fratribus ibidem Deo servientibus annis singulis die crastina nativitatis Domini persolvendos; quoscumque solidos idem miles assidet et assignat eisdem religiosis super molendinum suum de Azeio situm in parrochia de Draceyo Sancti Luppi; promittens per juramentum suum super hoc corporaliter prestitum dictus miles premissa eidem complere et inviolabiliter perpetuo observare et se per se vel per alium contra factum istud de cetero non venire ; abrenuntians in hoc facto omni actioni et exceptioni donationis concessionis et a....ationis hujusmodi non factarum. Et omnibus husque contra presentes litteras possent obici seu dici et precipue juridicenti generalem renunciationem non valere ; volens et concedens quod nos vel officialem Eduensem qui pro tempore fuerit ipsum ad observantiam premissorum per censuram ecclesiasticam compellamus et compelli faciamus ubicumque maneat vel existat ; et quo ad hoc se et suos et dictum molendinum obligat idem miles coram nobis. In cujus rei testimonium ad preces et instantiam dicti militis litteris presentibus apponimus sigillum curie Eduensis.

Datum anno Domini millesimo ducentesimo septuagesimo nono, mense aprilis.

(Archives du grand séminaire d'Autun.)

IV

Juillet 1284. — Affranchissement de Robert, dit Saladins des Chargeleaux, par Guillaume d'Antully, chevalier, fils de défunt Guy de Loges, chevalier.

In nomine Domini, amen. Anno Incarnationis ejusdem millesimo ducentesimo octogesimo quarto, mense julio, nos Guillermus de Antuilleyo, miles, filius quondam domini Guidonis de Logiis militis defuncti, et domina Odierna ejusdem Guillermi militis uxor, universis presentes inspecturis notum facimus quod nos pensantes et considerantes bona, curialitates et servitia que et quas Robertus dictus *Salaadins de Ysartgilaut* et ejus uxor nobis et nostris fecerunt et exibuerunt per longum tempus et adhuc de die in diem non cessant impendere fideliter et benigne recompensatione aliqua digna esse; nos volentes et cupientes vicium ingratitudinis evittare, in recompensationem bonorum, curialitatum et servitiorum hujus modi necnon pietatis intuitu et pro viginti quatuor libris monete turonensis jam nobis ab ipsis Roberto et ejus uxore traditis et solutis integre in pecunia legitime numerata et in nostrum commodum totaliter jam conversis, ipsos Robertum Salaadins, ejus uxorem et eorum heredes, homines nostros, manumittimus, absolvimus et quittamus imperpetuum cum manso, tenementis, domibus, ortis, terris, pratis, oschiis, alis, appenditiis et pertinentiis eorumdem et cum aliis omnibus et singulis bonis tam mobilibus quam immobilibus eorumdem et rebus et possessionibus queconque sint et quoconque nomine censeantur, de quibus ipsi Robertus et ejus uxor sunt in possessione, vel quasi, per se sive per alium vel alios; ab omnibus et singulis talliis collectis, exactionibus, angariis, perangariis, muneribus et servitutibus, volentes et concedentes penitus et precise ipsos Robertum, ejus uxorem et eorum heredes, cum omnibus et singulis bonis rebus et possessionibus eorumdem, esse absolutos, immunes et liberos ab omni servitute et onere servitutis, et quod libertate perpetua gaudeant et quod nichil conditionis servilis remaneat in eisdem; que predicta bona fuerunt quondam Johannis dicti *Clerc de Ysartgilaut,* filii quondam Donni Robini, et sunt sita infra fines villarum infra scriptarum : videlicet infra fines ville de *Ysargilaut* et infra fines ville Quercus Sancti Symphoriani sitorum in parochiatu de Antuilleio; salvis dominio et justitia alto et basso, magnis et parvis, nobis et nostris heredibus in bonis predictis perpetuo retentis, et salvis et retentis nobis et nostris heredibus viginti quatuor solidis monete pro tempore currentis in Burgundia et duabus libris cere annui et perpetui redditus annis singulis in mense Martio nobis et nostris a tenentibus et possidentibus bona predicta reddendis et perpetuo solvendis ; et si contingat eosdem Robertum, ejus uxorem aut eorum heredes manere focum et locum tenere extra justiciam et dominium nostrum, alium dominum advohare quam nos vel heredes nostros ac etiam reclamare, nos vel heredes nostri omnia et singula bona ipsorum Roberti, ejus uxoris et eorum heredum extra dominium et justiciam nostram commorantium, existentia et sita sub nostro dominio et in justicia nostra capiemus, tanquam nostra bona propria in manu nostra reducemus et voluntatem nostram faciemus tanquam verus dominus plenarie de eisdem; item, salvo et retento totaliter jure domini ducis Burgundie si habet et habere debet aliquod jus in bonis superius nominatis. Hec autem universa et singula prout de verbo ad verbum superius expressa sunt ac divisa nos memorati Guillermus miles et domina Odierna tenemur et promittimus per juramenta nostra, tactis sanctis evangeliis, corporaliter prestita et sub obligatione omnium bonorum nostrorum mobilium et immobilium, presentium et futurorum, a modo imperpetuum bona fide tenere, firmiter et inviolabiliter observare, adversus omnes nostris expensis propriis deffendere et guarantire, etc. In quorum omnium predictorum robur ac testimonium litteris presentibus sigillum dicte curie rogavimus et obtinuimus apponi.

Actum in presentia magistri Roberti, notarii Eduensis, domini Johannis *de Bazois*, militis, et Johannini *de Charboneres*, testium ad hoc specialiter vocatorum, anno, mense predictis.

(Archives de Montjeu.)

V

Février 1286 (nouv. style 1287). — *Don fait par Robert, duc de Bourgogne, à Pierre d'Ostun, bailli d'Auxois, du fief que Hugues de Saint-Léger et Guy de Lally tiennent en la châtellenie de Glenne.*

Nos Robers, dux de Bourgoigne, façons savoir à touz ceaux qui verront et orront ces présentes lettres que nos donons et otroions à nostre amé et féaul monseignor Pierre d'Ostun, chevalier, orendroit nostre baillif d'Aussois, en croissance dou fyé qu'il tient de nos, lou fyé que tient et doit tenir de nos mes sires Hugues de Saint-Ligier, chevaliers et mes sires Guis de Lally par raison de la chastellerie de Glenne. Et mandons et commandons audit Hugues et audit Gui qu'ils entrent en la foy et lou maige dou dit Pierre. Ou tesmoing de laquel chose nos avons mis nostre seaul en ces présentes lettres faites et données l'an de grace mil deux cens quatre vinz et six, ou mois de fevrer.

(Archives de Montjeu.)

VI

Septembre 1288. — *Échange entre Huguenin d'Antully, et Jean de Loges, damoiseaux, d'une part, et Guillaume d'Antully, chevalier, d'autre part.*

In nomine Domini, amen. Anno incarnationis ejusdem millesimo ducentesimo octogesimo octavo, mense septembris, nos, Hugoninus de Antuilleyo, domicellus, Beatrix ejus uxor, Johannes de Logiis, domicellus, et Margarita ejus uxor, notum facimus omnibus presentibus et futuris quod nos sponte, provide, sine vi et metu, pro utilitate nostra super hoc considerata, facimus excambium perpetuum seu permutationem perpetuam cum domino Guillermo de Antulleyo, milite, et domina Odierna ejus uxore, in hunc modum : quod, pro eo quod dictus miles et ejus uxor nobis dant in perpetuum atque quictant quidquid habent, tenent et possident apud Quinceyum tam in terris, pratis, domibus, mansis, hominibus, tailliis, serviciis, corveis, costumis, censibus, aquis, stagnis, molendinis, aquarum decursibus, justiciis parvis et magnis quam in aliis commodis quibuscumque et quocumque nomine censeantur in dicta villa de Quinceyo et appendiciis dicte ville, scilicet mansum relicte dicti *Malaquin,* mansum Johannis dicti *Tellant* de Quinceyo, mansum ejus fratris, mansum liberorum dicti *Perdisote* de Quinceyo, mansum dicti *Joli,* mansum dicti *Auchai....* de Quinceyo, mansum Hugonis Pelliparii, mansum Perreneti et ejus fratris, mansum Johannis *Masoer* et mansum relicte Johannis Bubulci cum omnibus aliis appendiciis et pertinenciis dictorum mansorum. Nos, Hugoninus et Beatrix ejus uxor predicti, in remuneracionem omnium predictorum damus, tradimus imperpetuum et quictamus in excambium perpetuum dicto militi et ejus uxori et eorum heredibus mansum Bernardi *dou Fraigne;* item, mansum Robelini ejus filii; item, mansum Guillermi dicti *Doyre,* mansum relicte Henrici *Doyre,* mansum Pereneti *dou Fraigne;* item, mansum dictorum *les Chambers* cum omnibus aliis tenementis et appendiciis dictorum mansorum et eorum tenentibus; item, mansum Johannis dicti *Michot;* item, mansum Hugoneti *Fougereaul* cum omnibus aliis et appendiciis et pertinenciis dictorum mansorum; item, nemus quod vocatur *li Deffens* de sancto Saturnino et omnia nemora nostra dicta de *Magney* et quidquid habemus et habere possumus qualicumque ratione sit de rivo dicto *Monboiseu* et de riparia de *Marrey* usque ad caudam stagni prioris Sancti Saturnini de Bosco; item, damus dicto militi, ejus uxori et suis heredibus imperpetuum molendinum nostrum de *Champiteaul* quod vocatur molendinum Micheti Johannis, cum fundo et appendiciis dicti molendini; et sciendum est quod nos Hugo et Beatrix predicti non possumus edificare vel facere edificari molendinum aliquod in tota riparia de *Champiteaul,* neque heredes nostri, nisi de dicti militis, ejus uxoris vel heredum suorum fuerit voluntate; item, damus quidquid habemus in predictis locis tam in terris, pratis, domibus, mansis, tailliis, costumis, hominibus, tailliis, censibus, nemoribus, dumis, stagnis, aquis, aquarum decursibus, justiciis parvis et magnis quam in aliis commodis quibuscumque et quocumque nomine censeantur, etc. Et nos, Johannes de Logiis et Margarita ejus uxor predicti, damus in excambium perpetuum dicto militi, ejus uxori et eorum heredibus in remuneracionem rerum predictarum nobis ab ipsis concessarum vineam nostram *de Changes,* que vocatur vinea Brutini de Edua, quittam et liberam pro duodecim denariis census singulis annis solvendis in marcio abbatisse Sancti Johannis Eduensis, sitam desuper vineam Guidonis *Prevost* de Noulayo et juxta vineam dominorum *de Loges*; item, mansum Lamberti *de Marchesuel* cum omnibus aliis et appendiciis dicti mansi; item, vineam nostram dictam *Veser,* sitam in terragio *de Vilers,* desuper Noulayum; item, vineam nostram dictam *de Piget,* sitam in eodem terragio; item, molendinum nostrum dictum *de Changes,* situm juxta domum dominorum *de Loges;* item, decem bichetos frumenti costumalis ad mensuram Noulei quos Petrus *Buchepoz* tenet ad vitam suam duntaxat, et quidquid juris habemus et habere possumus in rebus predictis a nobis concessis, etc.

Actum in presentia Jacobi Galteti, notarii de Colchis, Johannis *Michet,* Johanneti *de Champeaige,* Dionisii Clerici filii Girardi *Dartuz* et Andree filii Petri *Petit de Loges,* testium ad hoc vocatorum, anno et mense predictis.

(Archives de Montjeu.)

VII

Mars 1289 (nouv. style 1290). — Partage de Charbonnières et de Chailly entre Guillaume d'Antully, chevalier, et Guillaume Peaudoie, chevalier.

En non de Nostre Seignour, amen. En l'an de l'incarnacion de celuy mil douz cenz quatre vinz et nuef ou moix de mars, ge Guillaumes d'Antuillé, chevaliers, faix assavoir a toz ces qui verront et orront ces presentes lettres que de la terre qui estoient comenauz entre moy et mon seignour Guillaume Peaul d'oye, chevalier, a Charbonieres et a Chaillie et es apertenances, partaiges ha esté faiz entre nos, de la volunté et de l'assentemant de nos deux, en la manière et en la forme que s'ensiet : premièremant et ce li uns des partaiges, et es li chiez Chailliez, ou quel partaige sunt et remanent a toz jors maix totes les choses et li bien qui sunt ci desoz nomé; premieremant, li mes Michelin de la Verrere qui doit seize souz, une mine d'avoine et une geline; item, li mes Perrin Robert qui doit seize souz, une mine d'avoine et une geline; item, li mes Odon de la Verrere qui doit seize souz une mine d'avoine et une geline; item, li mes au Beullat qui doit unze souz, une mine d'avoine et une geline; item, li mes..... ot qui doit seize souz, une mine d'avoine et une geline; item, li mes Johanot de Lorme qui doit seize souz, une mine d'avoine et une geline; item, quatre souz et les does pars de..... avoine por le quart d'un mes; item, li mes Guillaume Gauterin, une mine d'avoine et une geline;

item, li mes Bobin le Perrin et ses tenemanz qui doit vint et quatre souz et trois bichoz d'avoine et.... geline et demée; item, li mes Moreaul au Rosseaul qui doit seize souz, une mine d'avoine et une geline; item, li mes Thibaut le Dom Guillaume et ses tenemanz qui doit vint et quatre souz, trois bichoz d'avoine et geline et demée; item, li mes Paillot qui doit seize souz, une mine d'avoine et une geline; item, li mes a cex de Lailie qui doit seize sous, une mine d'avoine et une geline; item, li mes Guion le Cosseard qui doit seize souz, une mine d'avoine et une geline; item, li mes Gauterin Lenart qui doit seize souz, une mine d'avoine et une geline; item, li mes Moreaul Maschereau et ses tenemanz qui doit vint un souz et quatre deniers, une mine et un dimey bichoz d'avoine et une geline; item, li mes Phelebert et ses tenemanz qui doit treze souz et quatre deniers; item, li mes Villain doze deniers et bichoz d'avoine; item, est a cest partaige la partie dou pasquier de la Colorée par desuz devers la meson Gauterin Lenart jusque es bomes qui sunt mises, et justice et seignories en cele partie, par desuz jusque es dites bomes. Et cilz de nos deux qui aura Charboneres en son partaige aura justice et seignorie des les dites bomes en soz; et a cest partaige des les bomes qui sunt mises à l'issue de la ville de Charbonieres selon le chemin par où l'en vait a Leuse, de bome et bome par desuz de vers Chaillie tot ensuit come les bomes se portent; item dou bois de...... qui se tient au bois de la Vendue jusque es bomes qui sunt mises par mi la dite forest jusque à l'aigue de Tintrey, et dou bois de la Vendue li partie desus de vers Pont d'Argent jusque es bomes. Dou bois........ dit es Foillons, li partie dès le bois de la Vaicherie, et dès les bomes qui sunt mises..... par desus jusque au chemin de Leuse qui vait à Charbonieres et de vers Pont d'Argent. Et es assavoir que celx qui aura cestuy partaige aura justice et seignorie es choses et es leuz qui sunt ci desuz..... Et segra chascuns hons ses héritaiges, ses mes et les ales des diz mes quelque part que eles soient en cestuy partaige ou en l'autre, qui est desoz devisiez. Et aura chascuns sires justice et seignorie es diz mes et es ales des diz mes et es tenemanz quelque part que il soient. Et est assavoir que tuit li pasquier de Charbonieres et de Chaillie airest de celuy desuz nommé qui est partiz et devisez par bomes remanent comun par aisance des dites viles, sauf ce que cilz qui aura cestuy partaige desuz devisé es pasquiers qui sunt dedans les bomes desuz nommées aura les emendes si elles y avenent et justissera come sires. Totes ces choses desus nommées par enseint com eles sunt devisées et ordenées sunt et demorent a toz jors maix en cestuy partaige airest dou dixme de Foillons et de tel rayson com messires Guillaumes Peaul d'oye a ou mulin de Charbonieres que n'est pas mis en partaige. Les quex totes choses par ensient com eles sunt desuz devisées et expressées et mises en cestuy partaige par desuz nommé ge li devant diz Guillaumes d'Antuillé confesse et en verité publiemant reconoix que eles sunt avenues et remanent par droit et loiaul partaige au dit mon seignor Guillaume Peaul d'oye et es siens a toz jors maix, en tel manière que ge et li mien non y poront gemaix riens demander ne nul droit reclamer, et quitte a toz jors maix au dit mon seignour Guillaume Peaul d'oye tot le droit que je puis avoir en totes les choses qui sunt avenues ou partaige desuz dit; et est assavoir que si riens y estoit demoré qui ne fust parti et fust oblié a partir, li diz messires Guillaumes Peaul d'oye luy avise suz ce qui doit partir et metre en partaige. Item, ge li devant diz Guillaumes Peaul d'oye faix assavoir a toz ces qui verront et orront ces présentes que li partaiges desuz diz est faiz de ma volunté et de mon assentemant et me tiens pour paiez des choses contenues ou dit partaige, et reconoix que li autres des partaiges faiz de la dite terre comenaul et faiz de ma volunté et de mon assentemant par ensient com il est contenu ci desoz et sunt et remanent a toz jors maix en cestuy partaige qui s'ansient totes les choses qui y sont contenues; Charbonieres et li chiez, et sunt a cestuy partaige, li quez demorent à toz jors maix au dit mon seignour Guillaume d'Antuillé et es siens : premieremant, li mes es enfanz Lambelin qui doit sèze souz, une mine d'avoine et une geline; item, li mes es Botelouz qui doit seze souz, une mine d'avoine et une geline; item, li mes es Caraisse qui doit seze souz, une mine d'avoine et une geline; item, li mes a la feme Pasquelin qui doit seze souz, une mine d'avoine et une geline; item, li mes Melot qui doit unze souz, une mine d'avoine et une geline; item, li mes au Quiot qui doit seze souz, une mine d'avoine et une geline; item, li mes Gelyein qui doit seze souz, une mine d'avoine et une geline; item, li mes es Rambauz qui doit seze souz, une mine d'avoine et une geline; item, li Rambaut et li anfant Guiot Bonebin por un mes, seze souz, une mine d'avoine et une geline par moities; item, li mes es Margarons, seze souz, une mine d'avoine et une geline; item, li mes Odot Raimbaut qui doit seze souz, une mine d'avoine et une geline; item, li mes Berthelmier au Geley qui doit seze sous, une mine d'avoine et une geline. Item, li mes au Vaiché, seze souz, une mine d'avoine et une geline; item, li mes a la Gaite, seze souz, une mine d'avoine et une geline; item, li mes Bobin des Crouz qui doit seze souz, une mine d'avoine et une geline; item, li mes Estevenon dou Mont et ses tenemenz qui doit vint et quatre souz, troix bichoz d'avoine et gelines et demée; item, li mes Berthelmier Maschereaul qui doit dix souz et oict deniers, un bichot et une quarterenche d'avoine et une geline; item, li mes es anfanz Malemiete qui doit dix souz et oict deniers, un bichot d'avoine et une quarterenche et une geline; item, et li mes et li tenemanz Johan au fil Jehanin de Charbonieres qui doit vint et six souz et oict deniers; item, et li partaiges dou pasquier de la Colorée par desoz de vers la meson Estevenin dou Mont, ensint com les bomes le portent qui y sunt mises. Les bomes qui sunt mises a l'issue de la ville de Charbonieres departent cestuy partaige dou partaige de Chaillie premier desuz nomé. Et est assavoir que touz li chemins ensint com les bomes portent de bome en bome, et s'en vient vers Pont d'Argent devers la forest de Charbonieres et à cestuy partaige; item, li partie dou bois de la forest par dever Pierre Luysere et touz ce qui est dedanz les aclos des murs jusque es bomes qui sunt mises; item, li partie dou bois de la Vendue par de soz devers les ruauz de Tintré, de bomes en bomes, jusques es arreres bomes qui sunt mises par le mi leuf de celle Vendue; item, la partie dou bois et dou terraige que l'on dit en Foillons par desoz de vers les ruauz de Tintré et par dever Ternant jusque vers le bois de la Vaicherie et es bomes qui sunt mises, qui s'en vont de bome en bome au droit vers le dit bois de la Vendue; item, li mes Renaud le Marion; li mes Robert le fil Jaquot; li mes Perrot son nief; li mes la Rose; li mes Girart Damote; li mes Guillemette de la Bise et Perrenelon, e tuit lour tenemant et tot ce qu'il doivent. Et est assavoir que li diz messires Guillaumes d'Antuillé aura en cestuy partaige a toz jors maix justice et seignorie es choses et es leuz qui sont ci devisé en cestuy partaige, et segra chascun hons ses heritaiges, ses mes et les ales de ses mes, quelque part qu'il soient, ou en cestuy partaige ou en l'autre desuz premier devisié. Et aura chascuns de nos justice et seignorie es mes et es ales des mes de son partaige et es tenemanz quelque part qu'il soient. Et est assavoir que tuit li pasquier de Charbonieres et de Chaillé, ai rest de celuy qui est desuz partiz et devisiez et nommés par bome, remanent comun par aysance des dites viles, saul ce que li diz Guillaumes d'Antuillé aura en cestuy partaige les emendes si eles avenent dedanz les bomes desuz dites es diz pasquiers et justissera come sires. Totes ces choses desuz nommées par ensint, com eles sunt devisées et ordenées en cestuy derrier partaige, sunt et demorent a toz jors mais en cestuy partaige au dit Guillaume d'Antuillé et es siens, ai rest dou dixme de Foillons et de tel rayson com ge li diz Guillaumes Peaul d'oye ay ou mulin de Charbonières, que n'est pas mis en cestuy partaige ne en l'autre premier nommé. Les quelx totes..... *(déchirure portant sur deux ou trois mots)* eles sunt devisées, expressées et mises en cestuy derrier partaige, ge li devant diz Guillaume Peaul d'oye confesse et en vérité publiemant reconoix que eles sunt avenues et remanent par droit... *(déchirure portant sur un mot)* partaige au dit Guillaume d'Antuillé et es siens a toz jors mais, en tel manière que ge ne li mien non y poons gemais riens demander, ne nul droit reclamer, et quitte a toz jors mais au dit Guillaume d'Antuillé et es siens tot le droit que ge puis avoir en totes les choses qui sunt avenues en cestuy derrier partaige audit Guillaumes par ensint com il est desuz dit. Et est assavoir que si riens y estoit demoré qui ne fust parti et fust oblié à partir, ge li diz Guillaumes Peaul d'oye moy avise suz ce ou doy partir et metre en partaige. Cest partaige derrier et l'autre partaige premier, noz li devant dit Guillaumes d'Antuillé et Guillaumes Peaul d'oye, ensemble totes les autres choses desuz devisées et ordenées prometons par noz serimanz, etc.

Ce fut fait et outroié en la presence de Huguenin de Saint Poinz, clerc, notaire d'Ostun, Hugues... *(déchirure portant sur deux mots)*, Juhan de Loges, Hugues de Barnay, Renaut de Monestoy, Guiot de Layse.

(Archives de Montjeu.)

VIII

28 juillet 1291.— Accord entre Johannin de Charbonnières et son frère Guiniot.

In nomine Domini, amen. Anno incarnationis ejusdem millesimo ducentesimo nonagesimo primo, mense julio, die festi beatorum Nazari et Celsi, ego Johaninus, quondam filius Theobaldi *de Charbonieres*, notum facio universis presentes litteras inspecturis quod ego non coactus nec deceptus vendo, cedo et quitto in perpetuum dicto *Guiniot* fratri meo et suis in perpetuam hereditatem totam partem meam et totum jus quam et quod habeo aut habiturus sum quoquomodo in omnibus bonis que habebamus inter nos communia mobilia et hereditaria, tam ex parte patris quam matris, acquisita et etiam acquirenda, tam in domibus, mansis, tenementis, terris, pratis quam in omnibus aliis rebus et juribus quibuscumque, videlicet pro sex libris Viennensium michi solutis a dicto *Guiniot* fratre meo in pecunia numerata de quibus me teneo pro pagato, etc. In cujus rei testimonium sigillum dicte curie litteris isti rogavimus apponi.

Actum in presencia Hugonis de sancto Poncio, clerici, notarii Eduensis, domini Guillermi de Antulleyo, militis, et Hugonis de Antulleyo, domicelli, testium ad hoc vocatorum, anno, mense et die predictis.

(Archives de Montjeu.)

IX

19 août 1296. — Vente de sept meix situés en les paroisses de Dracy-Saint-Loup et de Curgy, par Guite, Agnès et Huguette, filles de Perrot d'Essarton, damoiseau, et Symon et Huguenin de Visigneux, fils de Michel Arbalestrier de Visigneux, et époux de Guite et d'Agnès, à Pierre d'Ostun, chevalier.

In nomine Domini, amen. Anno incarnationis ejusdem M° CC° nonagesimo sexto, mense augusti, die dominica post festum Assumptionis beate Marie Virginis, nos Guieta, Agnes et Hugueta, sorores, filie Perroti d'Essarton, domicelli, Symoninus *de Visignou,* domicellus, dicte Guiete maritus, Hugoninus dicti Symonini frater, maritus dicte Agnetis, liberi Micheleti Arbalistarii *de Visignou,* nec non et dictus Perrotus, notum facimus universis presentibus et futuris, quod nos vendimus, concedimus imperpetuum et quittamus, quilibet nostrum insolidum, domino Petro de Edua, militi, et suis res inferius annototas : videlicet apud Draceyum Sancti Luppi mansum dicti *au Loat* ; item, mansum Bortholometi *Coisart,* mansum Helyeti *Bureaul,* mansum Renaudi *de la Ronce,* mansum Coleti *de la Ronce,* cum hominibus dictos mansos tenentibus, et cum aliis pertinenciis et juribus ad dictos mansos spectantibus; item, apud *Nantuel* et parrochia de Curgeyo, mansum Ligeroni *de Nantuel,* mansum Bernardi *de la Perche,* mansum Roberti *de la Perche,* cum aliis pertinenciis et juribus dictorum mansorum et cum hominibus dictos mansos tenentibus, et generaliter quicquid juris et rationis habemus aut habere possumus et debemus in parrochiatibus de Draceyo et de Curgeyo supradictis, tam in hominibus, domibus, terris, pratis, censivis, costumis, servitiis, talliis, redditibus et exitibus, quam in omnibus rebus aliis quibuscumque. Et hanc venditionem facimus precio sexaginta librarum Dyvionensium de quibus nos tenemus a dicto emptore plenarie et integre pro pagatis. Quare de dictis rebus venditis nos devestimus, etc. Salvo tamen feodo domine Ysabellis de Draceyo, relicte domini Johannis dicti *Le Roux* de Castellioneto, militis, in predictis.

Actum in presentia Hugonis de sancto Pancio, clerici notarii

Eduensis, magistri Hugonis *dou Cepoy*, clerici, Guillermi Forestarii, Piquardi de Barbis et Philiberti de Mota de Sancto Ysidoro, testium ad hoc vocatorum, anno, mense et die predictis.

(Archives de Montjeu.)

X

Août 1297. — Fondation faite en l'abbaye de Saint-Martin d'Autun par Béatrix dame de Montjeu, veuve de Guillaume d'Ostun, chevalier.

Anno incarnationis Domini M. CC. XCVII, mense augusto, ego Beatrix, domina de Montjeu, relicta domini Guillelmi de Edua, militis, notum facio quod dono et concedo in puram et perpetuam eleemosynam nec non et pro remedio anime mee et antecessorum meorum religiosis viris priori et conventui monestarii Sancti Martini Eduensis centum solidos monete communiter currentis in Burgundia, annui et perpetui redditus, quos assideo super terram et jura que habere possum apud la *Planchete*, moventia de feodo abbatis Sancti Martini. Videlicet super mansum et tenementum dicti *au Beyreu*, super mansum dicti *Aubaron*, super mansum dicte *de la Noirice*, super mansum Morelli *de la Planchete*, etc.... Item super omnes terras quas habeo in dicta villa *de Planchete*, parochiatu de Stagno. Tenebuntur predicti religiosi et successores eorum celebrare in abbatia Sancti Martini, singulis annis, quinquaginta et duas missas pro remedio anime mee et antecessorum meorum nec non et pro meo anniversario, etc.

(*Essai historique sur l'abbaye de Saint-Martin d'Autun*, par J.-G. Bulliot, t. II, charte xcv.)

XI

30 novembre 1297. — Vente de 50 sous dijonnais de cens sur les hommes de l'Abergement de Cordesse, faite par Isabelle, fille de Symon de Barnay, veuve de Colonet de Cordesse, à Pierre d'Ostun, chevalier, bailli d'Auxois.

In nomine Domini, amen. Anno incarnationis ejusdem millesimo ducentesimo nonagesimo septimo, mense novembri, die beati Andree apostoli, ego Ysabella quondam filia clementis domini Symon de Barnayo, relicta Coloneti *de Cordesse*, notum facio universis presentes litteras inspecturis quod ego vendo et concedo in perpetuum domino Petro de Edua, militi, ballivo *d'Auxois*, et suis quinquaginta solidos

Divionensium quos habeo et percipio, habere et percipere debeo super census seu in censibus quos debent annuatim homines de Albergiamento *de Cordesse* de suis tenementis prefato domino Petro, videlicet pretio quindecim librarum Divionensium mihi propter hoc a dicto Petro in pecunia numerata de qua me teneo pro pagata; quare de dictis quinquaginta solidis venditis me penitus devestio, et dictum Petrum pro se et suis investio et in plenum dominium induco totaliter de eisdem; promittens, etc. Hanc autem venditionem, ego, Johannes, filius dicte Hysabelle, volo et laudo, et de non veniendo contra meum presto corporaliter juramentum; volentes nos compelli ad premissorum observantiam quasi ex re adjudicata, etc.

Actum in presentia Hugonis de Sancto Pontio, clerici, notarii Eduensis, Renaudi de Leusia, Johannis Poleri et Richardi *Brochet*, testium ad hoc vocatorum, anno, mense et die predictis.

(Archives de Montjeu.)

XII

Mars 1299 (nouv. style 1300). — Reconnaissance de Huguenin de Chantere demeurant aux Chaumottes et de quinze autres s'avouant les hommes de Pierre d'Ostun, bailli d'Auxois.

In nomine Domini, amen. Anno incarnationis ejusdem M° CC° nonagesimo nono, mense martii, nos Hugoninus *de Chantere* commorans apud *Chaumot*, Hugo *Molerot*, Hugoninus de Bosco, Voillotus *Sautepié*, Galterus *Roolins*, Girardus *Lanfamchi*, Yletus filius Theobaldi *Sergent*, Maurellus *Vioz*, Berthodus *Cotayn*, Perronetus filius *Tousot*, Ligeretus filius Johannis *Griffon*, Jacobus *de Coy*, Hugoninus gener Stephaneti, Belinus *de Bertran* et Johannes filius Roberti *de Bertran*, notum facimus universis presentibus et futuris quod nos sumus homines providi ac nobilis viri domini Petri de Edua, ballivi *d'Auxois*, et quod nos et heredes nostri sumus et esse debemus homines dicti domini ballivi et heredum suorum perpetuo de omnibus bonis nostris et tenementis nostris quecumque sint; item, quod nos ponimus et obligamus nos et bona nostra omnia mobilia et immobilia ubicumque sint ad voluntatem et ordinationem dicti domini ballivi, absque aliqua alia contradictione vel revocatione facienda. Promittentes, etc.

Actum in presentia Petri Verrerii notarii Belnensis, Johannis *de Grange*, et Johannis *Saichant* de Belna clerici, testium ad hoc vocatorum, anno et mense predictis.

(Archives de Montjeu.)

XIII

Mars 1303 (nouv. style 1304). — Reconnaissance de Jean dit Groselers de Luse (aujourd'hui Saint-Émiland) et de sa femme Jeanne à Perrin de Montjeu, damoiseau.

In nomine Domini, amen. Anno Incarnacionis ejusdem millesimo trecentesimo tertio, mense marcio, nos, Johannes dictus *Groselers de Lehuse* et Johanna ejus uxor, notum facimus universis quod nos et nostri sumus et esse debemus perpetuo homines justiciabiles Perrini *de Montgehu*, domicelli, et suorum, et quod nos tenemus et tenere debemus pro nobis et nostris a dicto Perrino et suis specialiter medietatem molendini siti subtus pontem *de Lehuse*, cum oychia ipsius molendini; item quandam oychiam que partitur cum liberis Renaudi *Marion*, et cum terris liberorum domini Haymonis de Tintreyo; item quandam peciam terre que vocatur *li Palese*, sitam juxta oychiam dicte *Larosse Jangoul* et juxta terram Durandi et Jaqueti dictorum *les Rosseaux de Chaaillé*; item omnia et singula que dictus Perrinus acquisivit a Mariona quondam filia Renaudeti de Ponti de Lehusia, etc.

Actum in presencia Bertheri de Dyvione, notarii Eduensis, Johannis de Antuilleyo et Guillermi *de Préaux*, domicellorum, testium ad hoc vocatorum, anno et mense predictis.

(Archives de Montjeu.)

XIV

Décembre 1303. — Vente faite par Isabelle, veuve de Colonet de Cordesse, et par son fils Jean, à Pierre d'Ostun, sire de Dracy, chevalier, des droits qu'ils avaient dans les bois de Cordesse, dits les bois du Duc.

In nomine Domini, amen. Anno Incarnationis ejusdem millesimo, trecentesimo tertio, mense decembris, ego Ysabellis relicta Coloneti *de Cordosse*, et ego Johannes eorum filius, notum facimus universis quod nos sponte, provide, vendimus, concedimus ac perpetuo quittamus pro nobis et nostris heredibus domino Petro de Edua, domino Draceii, militi, pro se et suis heredibus, quicquid juris et actionis habemus et habere possumus in nemoribus *de Cordosse* que vocantur nemora Ducis, sitis in parochiatu *Cordosse*, excepta tamen tertie parte panum et denariorum qui debentur ratione forestagii dictorum nemorum, usu porcorum arvei nostri et afoagio nostro pro hospitio nostro nobis et nostris salvis penitus et retentis, sicuti alii homines de Abergamento *de Cordosse* habent in nemoribus supradictis; quamquidem venditionem fecimus pretio viginti quinque librarum Turonensium, de quibus solutionem integram recepimus a dicto emptore in pecunia numerata, et nos tenemus de eisdem plenarie pro pagatis; quare, etc.

Actum in presentia Hugonini de Visinioo, coadjutori Bertheri de Dyvione, notarii Eduensis, Johannis de Beligneyo, garafi sui, et Johannis de Syvreyo, clerici, testium ad hoc vocatorum, anno et mense predictis.

(Archives de Montjeu.)

XV

Août 1304. — Accord entre Jean, sire d'Antully, damoiseau, et Théobald de Traves, sire de la Porcheresse, damoiseau.

In nomine Domini, amen. Anno incarnationis ejusdem millesimo trecentesimo quarto, mense augusto, cum discordia veteretur inter me Johannem, dominum de Antuilleyo, domicellum, ex una parte, et me Theobaldum *de Troves* dominum *de la Pourcheroce*, domicellum, ex altera, super eo videlicet quod ego prefatus Johannes dicebam et asserebam contra dictum Theobaldum me habere et habere debere justitiam magnam et parvam in omnibus terris, pratis, pascuis, planis et nemoribus sitis inter villam *de la Pourcheroce* et villam de Antuilleyo, prout predicte se important a dictis villis usque ad nemus domini ducis; me predicto Theobaldo in contrarium allegante et asserente predicta omnia esse et esse debere de mea propria justitia magna et parva; item et super eo quod quilibet nostrum Johannis et Theobaldi predictorum dicebat et asserebat quod nemus *de Charmoy* cum fondo ipsius nemoris erat et esse debebat de suo proprio hereditagio; tandem super predictis discordiis, bonis viris, videlicet domino Guillermo *de Mynmandes*, milite, Perrino de Montejocoso, domicello, et pluribus aliis mediantibus, dicta discordia pacificata est et sopita extitit in hunc modum : videlicet quod omnes terre, omnia prata, pascua, nemora et omnia alia existentia a metis in locis hic inferius annotatis impositis a parte ville de Antuilleyo sunt et erunt perpetuo de justitia magna et parva et blaeria mei Johannis supradicti et heredum meorum; item, et nemus *de Charmoy* cum fundo prout mete in locis inferius annotatis ab oblico posite a parte ville de

Antuilleyo sunt de proprio hereditagio mei Johannis supradicti et heredum meorum ac etiam perpetuo remanebit cum justitia et dominio eorumdem; omnia vero a metis predictis a parte ville *de la Pourcheroce* existentia ad me Theobaldum predictum et meos heredes perpetuo remanebunt; item, et nemus *de Charmoy* predictum prout a metis inferius annotatis a parte ville *de la Pourcheroce* se importat cum justitia magna et parva et dominio omnium predictarum, quarum quidem metarum predictarum una situata est a *l'Aulbespin* sito retro nemus de Antuilleyo, inter cheminum per quod itur de Antuilleyo apud Eduam et inter campum Jaqueleti; alia situata est in terra more *Labourruace*, juxta iter per quod itur a mala vevra apud Antuilleyum; alia sita est *es murgiers des Loutières* in terra Bernardi Vichier; alia sita est a *l'Aulbespin* de subtus cheminum *de Chambaraut*, juxta terram dictorum *es Frambers de Chambaraut* et inter terram dictorum *es Bretons;* alia est desuper dictum cheminum *de Chambaraut*, inter terram liberorum Girardi *au Martenot* et terram Renaudi *le Favrat*, hoc salvo quod emende in dicto chemino inter dictas metas sito provenientes inter nos Johannem et Theobaldum predictos et inter heredes nostros per medium dividentur, ita quod quilibet nostrum medietatem dictarum emendarum percipiet et habebit; alia vero meta sita est juxta cheminum per quod itur de Antuilleyo ad molendinum *au Convers*, juxta terram Bernardi *Roncin* et terram Martini *de Poisson*, que sita est desuper vevram liberorum Girardi *au Martenot;* alia sita est *au Vernoy* Renaudi *Brisson*, juxta locum vocatum *li Croz au Sarradin* et juxta cheminum per quod itur a villa de Antuilleyo ad molendinum *au Convers;* alia sita est *a la grosse Pierre*, inter pratum Deniseti *Framber* et terram liberorum Johannis dicti *Corner;* et alia sita est juxta nemus *des Baumes de Charmoy* et juxta terram liberorum Pasquelini dicti *François* et se extendit recte inspiciendo usque ad quercum crucesignatum situm in dicto nemore, quod nemus dividitur per plures arbores crucesignatas in dicto nemore situatas prout se extendunt recte inspiciendo, usque ad metam desuper rivum inter dictum nemus et nemus domini ducis existentem positam; item actum est inter nos Johannem et Theobaldum predictos ac etiam ex pacto deductum quod homines nostri gaignagia sua et terras suas tenebunt et possidebunt in quacumque justitiarum nostrarum pro honeribus suis nobis et nostris heredibus persolvendis modo debito et reddendis; item michi Johanni predicto et meis tertiis, costumis et censivis in quibus homines *de la Pourceroce* michi tenentur, ratione terrarum et pratorum plurimorum in finagio *de la Pourcheroce* sitorum, salvis penitus et retentis.

Et hec omnia et singula supradicta prout superius sunt expressa et divisa, nos, Johannes dominus de Antuilleyo et Theobaldus *de la Pourcheroce* predicti, tenemur ex pacto et promittimus pro nobis et nostris heredibus per firmam stipulationem et per juramenta nostra propter hoc super sancta evangelia corporaliter prestita necnon et sub obligationem omnium bonorum nostrorum presentium et futurorum alter alteri nostrum et suis tenere perpetuo ac inviolabiliter observare, etc.

Actum in presentia Hugonini de Bisuncio, clerici coadjutoris Bertheri de Dyvione, notarii Eduensis, Perrini de Montejocoso, domicelli, dicti *Chier mes*, et Guioti de Foresta, domicelli, testium ad hoc vocatorum, anno et mense predictis.

(Archives de Montjeu.)

XVI

Juillet 1305. — Reprise de fief par Huguenin, fils de Guillaume dit Male-Clerc, d'Autun, pour ce qu'il tenait à Saint-Forgeot et Dracy-Saint-Loup de Symon d'Ostun, chevalier.

In nomine Domini, amen. Anno incarnationis ejusdem M°CCC° quinto, mense julio. Ego Hugoninus filius quondam Guillermi dicti *Maleclerc* de Edua, clericus, notum facio universis presentibus et futuris quod ego confiteor et assero me tenere et debere me tenere in feudum perpetuum a domino Symone de Edua, milite, sextam partem omnium rerum quas Girarda mater mea habebat et possidebat die qua decessit, quequidem res site sunt in villa (et) parrochiatu Sancti Ferreoli et parrochiatu de Draceyo, et partitur dicta sexta pars rerum predictarum pro indiviso cum Pellerino fratre meo et cum Petronilla et dicta Doucerona, sororibus meis; item, quicquid juris habeo in sexta parte rerum predictarum, videlicet tam in terris, pratis, domibus, mansis, oychiis quam rebus aliis quibuscumque. Que omnia predicta trado in pignus seu gaigeriam in manu dicti Symonis supra dicti pro centum solidis Turonensium, quos michi mutuavit in pecunia numerata, de quibus me teneo pro pagato, a dicto Symone tenenda et possidenda omnia supradicta pacifice et quiete, et fructus inde suos faciendos tanquam de re feodali, sine acquittacione aliqua, quousquam reddidero dicto domino Symoni vel suis centum solidos Turonensium prenotatos, pro quibus ypothecavi res predictas tanquam res feodales. Promittens, etc. Et est sciendum quod predicta impignorata possum redimere in mense marcio, non in alio tempore, prout fuit concordatum. Volens me compelli, etc.

Actum in presentia Hugonis de Bisuncio, clerici, coadjutoris Bertheri de Dyvione, clerici, notarii Eduensis, Stephani filii Guillermi de Grosso bosco, et Roberti dicti *Rosignot* de Syvreyo, testium ad hec vocatorum anno et mense predictis.

(Archives de Montjeu.)

XVII

Janvier 1305 (nouv. style 1306). — *Vente de Vilaine et de ses dépendances, par Othenin de Riveau, damoiseau, à sa tante Béatrix, dame de Montjeu.*

In nomine Domini, amen. Anno incarnationis ejusdem millesimo trecentesimo quinto, mense januarii, ego Othoninus, domicellus, quondam filius domini Johannis de Ribello, militis, et domine Ysabellis *Filanchière*, notum facio universis presentes litteras inspecturis quod ego nomine meo, predicte Ysabellis, matris mee, Clemencie et Hylarie, sororum mearum, pro quibus manucapio de rato sub obligatione omnium bonorum meorum, et me fortem facio in hiis agendis que secuntur, spunte, provide, nec vi, nec dolo, nec metu ad hoc inductus, sed pro evidenti utilitate mea et dictarum matris et sororum mearum, vendo, trado, concedo, et titulo pure, perpetue, perfecte ac irrevocabilis venditionis quitto pro me et meis heredibus, sine retentione aliqua, seu reclamatione imposterum facienda, domine Beatrici, domine *de Mongehu* supra Eduam, matertere mee, pro se et suis heredibus, totam terram et alia jura que fuerunt de capite ei hereditate domini Guidonis de Ribello, militis, patris predictorum domini Johannis et Beatricis, existentia in ducatu Burgundie, scilicet apud *Vileynes,* apud *la Crose dou Creux,* in nemore et in molendino *dou Bruillat,* et in omnibus pertinentiis et appenditiis dictorum locorum, nec non et homines comorantes in mansis et tenementis locorum predictorum, que predicta sunt et movent de feudo abbatis Sancti Martini Eduensis; item, apud *la Chasoe,* apud *Aguiller* magnum et apud *Aguilley* parvum, apud *lou Murgier,* apud *Combe Ville* et in omnibus pertinentiis et appendiciis locorum predictorum, que predicta sunt et movent de feudo domini Luzeii in castellania de Huchone; item, et generaliter et specialiter omnia alia bona et jura quecumque sint et quocumque nomine censeantur que fuerunt de capite et hereditate predicti domini Guidonis, in ducatu Burgundie existentia; quamquemdam vendicionem omnium rerum predictarum de feudo dicti abbatis moventium facio dicte domine Beatrici et suis pretio ducentarum et viginti Turonensium, vendicionem si quidem omnium rerum predictarum de feudo domini Luzeii movencium facio similiter dicte domine Beatrici et suis pretio quatuor viginti librarum Turonensium, de quibus pecunie summis predictis solutionem integram, plenariam et perfectam pro me et nomine quo supra recepi et habui, etc.

Actum in presentia Bertherii de Dyvione, notarii Eduensis, magistri Philiberti de Trinorchio, vigerii Eduensis, magistri Hugonis *de Capoy*, clerici, et Johannis de Edua, vigerii, testium ad hoc vocatorum, anno et mense predictis.

(Archives de Montjeu.)

XVIII

Décembre 1306. — Partage et accord faits entre Jean, sire d'Antully, damoiseau, et Béatrix, enfants de feu Guillaume, sire d'Antully, chevalier.

In nomine Domini, amen. Anno incarnationis ejusdem millesimo trecentesimo sexto, die veneris post festum Nativitatis Domini, ego Johannes dominus de Antuilleyo, domicellus, quondam filius domini Guillermi domini de Antuilleyo, militis, et ego Beatrix, dicti Johannis soror, extra omnem tutelam et monburiam et avoeriam, etate legitima perfecta et mei juris existens, notum facimus universis presentibus et futuris quod nos habuimus et habemus inter nos pactiones et conventiones ad invicem que sequuntur : videlicet quod ego prefatus Johannes pro partagio ipsius Beatricis et portione sua omnium bonorum paternorum, maternorum et acquisitorum, ipsam Beatricem in omnibus bonis predictis contingentibus, trado et concedo pro me et meis heredibus predicte sorori mee et suis viginti libratas terre ad monetam Dyvionensem et centum libras monete predicte semel in pecunia numerata, quas vero viginti libratas terre ad monetam predictam teneor ex pacto et promitto pro me et meis heredibus, per juramentum meum propter hoc supra sancta Dei evangelia prestitum corporale et sub obligatione omnium bonorum meorum, assidere et assignare competenter dicte sorori mee et suis, infra duos menses postquam ab ipsa vel ejus heredibus super hoc fuero requisitus, et dictas centum libras dicte sorori mee vel mandato suo reddere et solvere in pace et sine litte movenda, similiter infra duos menses postquam ab ipsa vel ab ejus mandato super hoc fuero requisitus; et si in premissis vel premissorum aliquo, quod absit, deficerem, teneor et promitto sub juramento et obligatione meis predictis reddere et plenarie resarcire dicte sorori mee omnia dapna, missiones expensas et totum interesse que et quas occasione dicti deffectus suo simplici juramento se dixerit incurisse. Ego si quidem predicta Beatrix sponte, scienter et provide, provida deliberatione prehabita, non in aliquo circonventa, pro predictis michi a dicto Johanne fratre meo faciendis et adimplendis, ut predictum est, de quibus teneo me plenarie pro contenta, dictum Johannem fratrem meum et hejus heredes quitto imperpetuum et absolvo pro me et meis heredibus imperpetuum ab omnibus partagiis, controversiis, discordiis, petitionibus et omnibus aliis in quibus michi potuit teneri usque ad diem confectionis presentium litterarum, nichil in bonis tam mobilibus quam immobilibus que presenti tenet et possidet et que acquirere poterit in futurum de cetero retinendo, faciens pactum de non petendo aliquid in eisdem, etc. Item, sponte scienter et provide partagia inter me et dictum fratrem meum facta volo, laudo, ratiffico et penitus approbo, et quod permaneant in suo robore firmitatis. Item, si dictum Johannem fratrem meum absque herede sui proprii corporis et legitimo matrimonio procreato decedere contingat, volo et concedo pro me et meis heredibus quos ad hec obligo quod Ysabellis karissima soror mea, uxor Perrini de Monte Jovis, ad successionem ipsius Johannis fratris mei pro medietate mea deveniat, et medietatem omnium bonorum ipsius Johannis que post decessum ipsius Johannis invenientur capiat et habeat perpetuo pro omni sua voluntate facienda absque contradictione aliqua a me vel meis super hoc facienda, non obstante consuetudine aliqua seu jure aliquo michi vel meis competente per quas possumus predicta impedire vel etiam annullare, etc.

Actum in presentia Bertheri de Dyvione, clerici, notarii Eduensis, Johannis de Roqueta, clerici, Mathelie de Flaigneyo, domicelle, et Guillermi dicti *le Andriot,* de Antuilleyo, testium ad hec vocatorum, anno et die predictis.

(Archives de Montjeu.)

XIX

Mai 1307.—Acquisition du Petit-Montjeu faite par Perrin de Montjeu, damoiseau, sur Perreau de Varennes, damoiseau, et Damerone, dame de Broye.

In nomine Domini, amen. Anno incarnationis ejusdem millesimo trecentesimo septimo, mense maii, ego Perellus *de Varenes,* domicellus, filius quondam domini Hugonis *le Moyne de Varenes,* militis, notum facio universis presentes litteras inspecturis quod ego sponte, provide, pro utilitate et necessitate mea evidenti, vendo, trado et in hereditatem perpetuam quitto et concedo Perrino *de Monjeu,* domicello, et suis heredibus quamdam villam meam que vocatur *li Petit Monjeu,* sitam desuper civitatem Eduensem, item et quicquid ego et domina domina Damerona domina *de Broyes* habebamus seu habere poteramus in dicta villa, cum fundo et suis pertinenciis et appendiciis universis in hominibus, mansis, domibus, tailliis, costumis, censivis, terris, pratis, nemoribus, justicia, dominio et rebus aliis quibuscumque que predicta omnia sunt et movent de feodo Hugonis dicti Quahini *de Varenes,* domicelli. Hanc autem vendicionem facio precio quinquaginta librarum Turonensium dupplicam michi a dicto emptore solutarum in pecunia numerata, de quibus me teneo pro pagato. Quare de predictis omnibus et singulis a me superius venditis me penitus devestio et dictum emptorem corporaliter investio de eisdem pro voluntate sua modis omnibus et omni tempore faciendis; promittens pro me et meis solempniter stipulando et per juramentum meum super sancta Dei evangelia prestitum corporale et sub obligatione omnium bonorum meorum presentium et futurorum, predicta omnia a me superius vindita dicto Perrino emptori et suis heredibus in pace tenere, et contra dominam *de Broyes* predictam et contra omnes alias personnas imperpetuum pacifice garantire et facere quicquid in causa evictionis fieri debet et prestari et contra predicta de retro non venire nec contra venientibus consentire; renuncians autem in hoc facto et certa scientia omnibus exceptionibus doli, metus et in factum dicte venditionis non legitime facte, dicte pecunie non habite nec recepte, spei future numerationis et habitationis, deceptionis utra medium justi pretii, omnibusque aliis exceptionibus juris et fact ad hoc pertinentibus et juridicenti generalem renunciationem non valere; volens me compelli ad promissa tenenda quasi ex re adjudicata per curiam domini ducis Burgundie cujus juridictioni quo ad hoc suppono me et meos heredes. In cujus rei testimonium sigillum dicte curie litteris istis rogavi et obtinui apponi.

Actum in presentia Petri Porerii, notarii Belnensis, Johannis de Antuylleyo et Johannis *de Rovroy,* domicellorum, testium ad hoc vocatorum, anno et mense predictis.

(Archives de Montjeu.)

XX

Juillet 1307. — Remise de droits de fief par Hugues dit Cahins de Varennes, damoiseau, à Perrin de Montjeu et Jean, sire d'Antully, damoiseaux.

In nomine Domini, amen. Anno incarnationis ejusdem millesimo trecentesimo septimo, mense julii, ego Hugoninus dictus Cahins *de*

Verennes, domicellus, universis notum facio, quod consideratis meritis, servitiis et curialitatibus mihi a Perrino de Monte Jovis et Johanne domino de Antulleyo, domicellis, impensis et adhuc de die in diem impendere non desistunt, in remunerationem et recompensationem omnium predictorum, dono, concedo imperpetuum acque quitto pro me et meis, donatione irrevocabili facta inter vivos, videlicet, dicto Perrino et suis feudum in quo mihi tenebatur Perellus *de Varennes,* filius domini Hugonis Monachi, ratione tertie partis castri et pertinentiarum de Rivello et omnium rerum quas habebat idem Perellus in civitate Eduensi, dicto vero Johanni et suis feudum in quo mihi tenebatur dictus Perellus ratione omnium rerum quas habebat in villa et finagio de Auceyo prope Eduam, etc.

Actum in presentia Bertheri de Dyvione, clerici, notarii Eduensis, Johannis *de Jersainvaul* et Thierici de Alta Rippa, domicellorum, testium ad hoc vocatorum, anno et mense predictis.

(Archives de Montjeu.)

XXI

Mai 1308. — Échange entre Guillaume de Bourdeaux, damoiseau, et Perrin de Montjeu.

In nomine Domini, amen. Anno incarnacionis ejusdem millesimo trecentesimo octavo, mense mayo, ego Guillermus de Bordellis, domicellus, notum facio universis quod ego feci permutationem et excambium perpetuum cum Perrino domino de Monte Jovis, domicello, in hunc modum quod pro eo quod dictus Perrinus michi tradidit et perpetuo quittavit quemdam mansum cum alis pertinenciis et appendiciis dicti mansi, qui mansus vocatur mansus *Chaumeron* situs a *Poisot,* parochia de Brecis, de quibus me teneo plenarie pro pagato penitus et contento. Ego sponte, provide, in excambium et permutationem omnium predictorum trado, cedo, concedo imperpetuum atque quicto pro me et meis heredibus predicto Perrino pro se et suis heredibus feudum in quo tenetur michi Guillelmus *de Préaux,* domicellus, ratione omnium rerum quas habet idem Guillermus *de Préaux* in villa et finagio *de Préaux* et pertinencis ejusdem, videlicet tam in domibus, grangiis, pratis, terris, mansis, oichiis, nemoribus quam rebus aliis quecumque sint et quocumque nomine censeantur, quasquidem res predictas assero et affirmo esse de meo feudo et movere, cum molendinis, hominibus, censivis, costumis, tailliis et justiciis magnis et parvis quos et quas idem Guillelmus *de Préaux* habet et possidet in villa, finagio et pertinentiis ville supradicte, etc.

Actum in presentia Hugonis de Bisuntio, clerici, coadjutoris Bertheri de Dyvione, clerici, notarii Eduensis, Henrici *de Troves*, Tierrici de Alta Riva et Johannis *li Orgeux*, domicellorum, testium ad hoc vocatorum, anno et mense predictis.

(Archives de Montjeu.)

XXII

1er août 1308.—Reprise de fief pour la terre d'Illand relevant de l'évêque d'Autun, par Pierre d'Ostun, chevalier, seigneur de Chevigny près Semur.

Universis presentes litteras inspecturis, nos officialis Eduensis notum facimus quod in prensencia dilecti et fidelis nostri Johannis Brandini de Sinemuro, jurati nostri ac curie nostre Eduensis notarii publici, cui quo ad hoc et majora vices nostras commisimus, propter hoc personnaliter constitutus, nobilis vir dominus Petrus de Edua, miles, dominus de Chevigneio prope Sinemurum, quiquidem miles non vi, non dolo neque metu, sed sciens, spontaneus et bene providus in hoc facto et de sua plena voluntate confessus fuit tenere in feodagio et per modum feodagii a reverendo in Christo patre domino meo domino Eduensi episcopo, nomine et causa episcopatus sui, domos, terras, redditus, exitus et rentas inferius divisatas et declaratas et specifficatas : primo, domum fortem de loco vocato *Illain* Bellum cum justicia dicte domus Belli et universa prata moventia et pertinencia dicte domo; item, plateam stangni vocati *Chapeaulx;* item, omnes terras arrabiles et non arrabiles quas dictus miles tenet et possidet in dicto finagio *d'Illain* appartinentes dicte domo; item, mansum Perelli dicti *de La Chieze* et totum suum tenementum; item, mansum Johanneti dicti *Jouhan*; item, mansum Symonis *Rebours* et omnia tenementa ipsorum; item, mansum Pelerini et totum suum tenementum, qui mansus debet viginti solidos Turonensium annuatim et perpetue; item, mansum Porrelli dicti *Le Roncin,* qui debet viginti solidos annuatim et perpetue de renta; item, in dicta villa *d'Illain* circa quatuor sextaria, duos bichetos, unum boisselum cum dimidio avene mensure de Sedeloco, annualles et perpetuales; item, in dicta villa circa duos solidos, tres denarios Turonensium cum uno obolo de censa annua et perpetua; item, omne id quod dictus miles tenet et possidet in villa et finagio de loco vocato *d'oultre Toronne* in parrochia de Aligneyo, videlicet et primo, mansum Guillermi *Pitoys* et totum tenementum ejus; item, mansum Guillermi *Berneaul;* item, mansum Morelli Vincencii; item, mansum heredum Johanneti *du Maigneron;* item, mansum Germani Claudii ; item, mansum qui fuit Johanneto *Le Pitoisat* et Laurencio *Le Pitoisat;* item, mansum Guillermi Martini; item, mansum heredum *Coragat*; item, mansum Roberti dicti *Rousée;* item, mansum Loiseti cum omnibus tenementis ipsorum; item, mansum dicti *Boute roue;* item, mansum Pelleterii; qui mansi predicti sunt mortabiles et tailliabiles bis in anno alto et basse et in justicia magna et parva, alta, mena et bassa, cum omnibus tenementis hominum et mansorum supradictorum dicto militi pertinentium; item, in dicta villa circa sex sextarios, unum bichetum avene, mensure de Sedeloco, de consuetudine annua, et supra fornum supradictorum unam gallinam et corveas assuetas. Item, protestat dictus miles, etc.

Datum et actum die prima mensis augusti anno Domini millesimo CCC° octavo, presentibus Anxello *Balore* et Perello *Bridouhedier,* testibus ad hoc vocatis specialiter et vocatis.

Archives de l'Évêché d'Autun. *Cartulaire vert*, vol. II, fol. 19 v°.)

XXIII

7 avril 1309. — Lettres d'amortissement données par Hélie, évêque d'Autun, de dix livres de rente léguées à l'église d'Autun par Béatrix, dame de Montjeu, et que Pierre de Montjeu demandait à asseoir sur ce qu'il tenait en fief de l'évêque, à Autun.

Universis presentes litteras inspecturis, Helyas, permissione divina episcopus Eduensis, salutem. Significavit nobis dilectus noster Perrinus de Montejovis, domicellus, filius quondam nobilis domine domine Beatricis quondam domine de Montejovis deffuncte, quod predicta domina dum viveret sane mentis existens et in bona memoria constituta, de sui et suorum antecessorum salute cogitans, dedit et legavit in sua ultima voluntate ecclesie nostre Eduensi decem libras monete currentis in Burgondia annui et perpetui redditus in pios usus cujusdam altaris ibidem, videlicet in ecclesia beati Lazari in honorem beati Ludovici fundati, penitus convertendas. Item, sexaginta solidos dicte monete pro anniversario suo in dicta ecclesia annis singulis in perpetuum faciendo. Item, *Perrinus* volens et cupiens dicte deffuncte desiderium et ultimam voluntatem sicut decet modis omnibus adimplere, et quod dictum legatum debitum sorciatur effectum, nobis humiliter supplicavit quod cum ipse assidere et assignare proponat dicta legata prefate ecclesie Eduensi super rebus et bonis suis sitis in cyvitate finagio et territorio Eduensi de feodo nostro legio moventibus, predictis assessioni et assignationi nostrum prebeamu assensum, et a nobis predictas res seu bona pro quantitate dicti legati amortiri. Idcirco, nos prefatus episcopus accedentes et considerantes in quantum predicta domina tempore suo utiliter et provide se habuit erga dictam ecclesiam nostram Eduensem dignum quod sit ut benemeriti digna remuneratione gaudere debeant et secundum apostolum : Qui in benedictionibus seminat, de benedictionibus et mente debeat; volentes in dicta ecclesia cultum divini nominis agmentari, et justa postulantibus non sit denegandus assensus, predictam assignationem seu assessionem quam fecit idem Perrinus pro supradicto legato super rebus seu bonis prenominatis de feodo nostro moventibus ut superius est expressum, volumus, laudamus et pro nobis et nostris successoribus imperpetuum confirmamus ac eciam pro quantitate dicti legati amortimus, nichil mihi nobis vel nostris successoribus retinentes quantum ad feodum supradictum. In cujus rei testimonium sigillum nostrum presentibus litteris duximus apponendum.

Datum apud Thoyseium, die lune post octabas Resurrectionis Domini, anno ejusdem millesimo CCC° nono.

(Archives de l'hôtel de ville d'Autun. Fonds de la Cathédrale.)

XXIV

21 avril 1311. — *Échange entre le Chapitre de l'église d'Autun et Jean d'Antully, damoiseau.*

Universis presentes litteras inspecturis, Guido, decanus, et capitulum ecclesie Eduensis, salutem in Domino. Noveritis quod nos, considerata utilitate ecclesie Eduensis, habitoque super hoc in nostro capitulo diligenti tractatu, permutamus cum Johanne de Antuilleio, domicello, domino dicti loci, et ex causa permutationis seu excambii tradimus, concedimus imperpetuum et quittamus eidem Johanni de Antuilleio, domicello, pro se et ejus heredibus imperpetuum, homines nostros et ecclesie Eduensis quos habemus in parochiatu de Antuilleio, videlicet tenentes et possidentes mansum qui dicitur mansus Renaudi *Sebile;* item, tenentes et possidentes mansum qui dicitur mansus *de la Fontaine;* item, tenentes et possidentes mansum qui dicitur mansus Renaudi *Couart;* item, tenentes et possidentes mansum qui dicitur mansus *Tullin;* item, tenentes et possidentes mansum qui dicitur mansus *Bartholomet;* item, tenentes et possidantes mansum qui dicitur mansus Renaudi *Pasquelin;* item, tenentes et possidentes hochiam et pratum quos nos Guido, decanus, acquisivimus a Bernardo *le Huguenin,* et quidquid juris habemus, habere possumus et debemus in dictis hominibus dictos mansos, hochiam et pratum tenentibus et possidentibus, nec non in dictis mansis prato et hochia, tenementis et possessionibus eorumdem et in hiis que nobis annuatim solvere tenentur dicti habitantes tenentes et possidentes mansos, hochiam et pratum predictos, tam ratione personarum suarum, mansorum, prati et hochie predictorum quam alia ratione quacumque, tam in censivis, costumis, tertiis quam rebus aliis, juribus et commodis universis quocumque nomine censeantur, et generaliter quidquid habemus, habere possumus et debemus in dicta villa de Antuilleio et in finagio dicte ville, tam in terris, hochiis, pratis, planis, pascuis quam rebus aliis universis, exceptis uno sextario avene ad mensuram fori Eduensis et duodecim denaris censualibus que singulis annis debentur ecclesie Eduensi, ratione thesaurarie ecclesie Eduensis, apud Quercum Sancti Symphoriani in parochiatu de Antuilleio, mense marcio, et hoc salvo similiter et retento quod nos de voluntate et assensu dicti Johannis, domicelli, super dictos homines, mansos, res et possessiones predictas ex causa permutationis seu excambii hujusmodi retinemus viginti quinque solidos monete dyvionensis annui et perpetui redditus nobis et successoribus nostris et ecclesie Eduensi reddendos et solvendos annis singulis, Edue, die martis, post festum Resurrectionis dominice, ab eodem Johanne et ejus heredibus, seu ab illo vel illis qui dictos homines, mansos, res et possessiones predictas tenebunt pro tempore in futurum, pro anniversario matris dicti Johannis singulis annis imperpetuum faciendo a nobis et successoribus nostris die mercurii post festum Resurrectionis predicte in ecclesia Eduensi predicta. Quiquidem Johannes, domicellus, nobis et ecclesie Eduensi predicte ex causa permutationis seu excambii hujusmodi tradit, concedit et quittat imperpetuum pro se et heredibus suis, pro rebus superius nominatis, domum suam sitam Edue que vocatur domus magistri Humberti *des Vergiers,* juxta virgultum qui quondam fuit magistri *Helye* de Poilleio, quondam canonici Eduensis, quem nunc tenet magister Helias medicus, quondam nepos dicti canonici, ex una parte, et curtile Guillermi de Sancto Andrea movens de hereditate uxoris dicti Guillermi ex altera, cum curtili et arboribus existentibus retro dictam domum dicti Johannis et plastro ante dictam domum existante, prout dicta domus cum curtili et arboribus existentibus in eodem retro ipsam domum et plastro ante ipsam domum sito se in lungum important a vico publico per quem itur de vico Fraxini versus domum domini Petri, domini Montis Jovis, militis, et versus Ribellum usque ad muros civitatis Eduensis, et in latum, a dicto virgulto dicti magistri *Helye* usque ad dictum curtile dicti Guillermi de Sancto Andrea; item et tres homines ipsius Johannis, domicelli, quos habet in parochiatu ecclesie de Auciaco supra Eduam tailliabiles et explectabiles alte et basse, sicut dicit, quorum unus vocatur Johannes *Batauz*, alius vocatur *Totains* et alia vocatur *Huguete* de *Espoisses*, cum ipsorum hominum tenementis et possessionibus universis, et quidquid juris, possessionis et proprietatis habet idem Johannes, domicellus, habere potest et debet quacumque ratione vel causa in eisdem hominibus possessionibus et tenementis eorum, tam ratione personarum suarum quam tenementorum et possessionum suorum, tam in talliis, censivis, costumis, courveis, tertiis quam rebus aliis, juribus et commodis universis, etc. In quorum testimonium sigillum Sancti Nazarii quo utimur litteris presentibus duximus apponendum.

Datum et actum in nostro capitulo, die mercurii post octabas festi Resurrectionis dominice, anno Domini millesimo trecentesimo undecimo.

(Archives de Montjeu.)

XXV

28 mai 1311. — Vente de douze meix dans les paroisses de Saint-Forgeot et de Dracy-Saint-Loup, faite par Marguerite de Tenarre, femme de Hugues de Souterrain, chevalier, à Guiot et Perrin d'Ostun, frères, fils de feu Symon d'Ostun, chevalier.

In nomine Domini, amen. Anno incarnationis ejusdem M° CCC° undecimo, die veneris ante Panthecostes, ego Marguareta *de Tenarre*, uxor domini Hugonis *de Souztarain*, militis, notum facio universis presentibus et futuris quod ego sponte, scienter, et provide, laude et assensu predicti domini Guidonis [1], mariti mei, michi in hiis que sequntur auctoritatem prestantis, vendidi et titulo pure, perpetue, perfecte ac irrevocabilis venditionis tradidi et quittavi imperpetuum pro me et meis heredibus Guioto et Perrino fratribus, liberis quondam domini Symonis de Edua, militis, pro ipsis et eorum heredibus,

---

1. Le mari de Marguerite de Tenarre étant appelé plus haut du nom de Hugues, il doit y avoir erreur dans l'une des deux appellations, mais plus probablement dans la seconde, comme il résulte de la suite de la pièce.

mansum Fabri *de Chamborre,* mansum Renaudi *Barclou,* mansum Roberti *Barclou,* mansum *au Gasson,* mansum Girardi *Fourquart,* mansum Bernardi fratris dicti Girardi, mansum Robilini de Ulmo, mansum liberorum Renerii de Ulmo, mansum liberorum dicti *Chevrer,* mansum Galteri *Le Guillaume,* mansum uxoris Bernardi de Furno, et mansum sororis sue, cum alis, pertinenciis et appendiciis dictorum mansorum, que omnia sita sunt in parrochiatibus de Sancto Ferreolo, et de Draceyo Sancti Luppi, et sunt et movent de justicia alta et bassa dictorum fratrum dominorum de Draceio Sancti Luppi predicti, et sunt de proprio hereditagio meo et de maritagio matris mee, et sunt et movent de franco allodio. Item, vendo et quitto imperpetuum modo quo supra dictis emptoribus et suis quicquid habeo, habere possum et debeo in dictis parrochiatibus, tam in terris, pratis, domibus, mansis, hominibus, tailliis, censivis, costumis, nemoribus, aquis, aquarum decursibus, justicia, dominio quam rebus aliis quibuscumque et quocumque nomine censeantur. Quamquidem venditionem rerum predictarum feci dictis fratribus et suis precio sexies viginti et quinque librarum Dyvionensium, de quibus solutionem integram recepi et habui a dictis emptoribus in pecunia numerata, et me teneo de eisdem plenarie pro pagata penitus et contenta. Quare de predictis omnibus, etc. Ego, prefatus Hugo *de Souztarain* volo, laudo et penitus approbo, promittens per juramentum meum prestitum corporale contra predicta vel aliquid de predictis de cetero non venire, etc.

Actum *in presentia Johannis Cassardi,* clerici, coadjutoris Bertheri de Dyvione, notarii Eduensis, Johannini de Sancto Saturnino, Aymonini *de Flaigne,* domicelli, et Guioti de Chamilleyo, testium ad hoc vocatorum, anno et die predictis.

(Archives de Montjeu.)

XXVI

5 septembre 1312. — Lettre de Hugues de Sauvement à Guy d'Ostun,
seigneur d'Arconcey.

A noble home son chier seigneur et ami mons Gui Dostun, segneur d'Arconci, Hugue dou Sauvemant siens en totes choses, salut, et lui apparellie a faire sa volonté de la tauxation dou flé que Arviers de Borbon a prins de monss. lo duc an flé; li tauxations de la terre des fiez et rerefiez monte xj^{xx} xiiij livres xix' viij^e tornois, et por la maison et por la justise qui n'est pas au pris dessus dit antre moi et lo dit

Arviers sumes a acort a lxv livres si que tote la somme monte CCC livres tornois, et ce je vos fais savoir par la teneur de ces presantes lettres donées soz mon seing, l'an de grace MCCC et xij lo mardi devant Notre Dame au septanbre.

(Archives de la Côte-d'Or, B. 10492.)

XXVII

14 décembre 1314. — Donation d'un moulin assis sur la rivière de Mesvrin, faite par Pierre de Montjeu à Margot, prévôte de Vilainnes. [1]

Au non de nostre Soignour, amen. En l'an de l'incarnacion d'icelui mil trois cenz et quatorze, lé somadi après la feste de seincte Luce, ge Pierres, sires de Montgehu, chevaliers, fais savoir a touz ceaux qui verront ces lettres que consideranz les aggreaubles servises lesquelx m'ay faiz Margoz, fille ce en arries Perrot de Vilainnes, et expecialement en recompensation d'aucuns grief et domaiges lesquelx ma dame Beatrix ce en arries ma mère fit si cum l'on dit au père et a la mère de ladite Margot, ge done, quitte et delivre por moy et mes hoirs, por don fait en les vis, non rapelauble, a ladite Margot, a ses hoirs, perpetuellement et a ceaux qui de li hauront cause, un molin assis sur la rivière de Mevrain, pres dou bos dou Bruyllet, ansamble les appertenences doudit molin; item, un boichet assis a Vilainnes lequel l'on appelle le Bennon, ansamble totes les apperetenences doudit boichet; item, dones maignies d'ommes taillaubles et exploitaubles, c'est assavoir Renaut le genre au Bastard, et les anfanz a la Boillon, ansamble lors mes, les appertenences, les droiz et les costumes que ge hi hay et puis havoir, la justise haute et basse es choses desus dites a moy et es miens, sauf a ladite Margot et es suens pourront gaigier de leurs droitures es choses desus dites; item, done a ladite Margot et es suens, por les causes desus dites vint soulz digonois, un bichot d'avoynne et une geline, lesquelx choses ge prenoie de annuel et perpetuel rante sur le mes qui fut doudit Perrot, en tel condicion que ladite Margoz et suy hoir tauront et devront tenir en fié de moy et de mes hoirs totes les choses desus nommées et specifiées, la justice haute et basse es choses desus dites a moy et a mes hoirs sauve et retenue, sauf tant que je vuil et outroie a ladite Margot et a ses hoirs que dedans le porpris de lour menoir la justice jusque a sexante

---

1. Titre mis au dos de l'original.

souz et de sexante souz en avaul soit lour, et qu'il puissient gaigier es choses desus dites por lever lor rentes; et se por avanture autres lettres saalées dou seal de la cort le duc ou d'autre seal faites sur les choses desus specifiées estoient trovées, ge les dites lettres dois or en avant vuil estre nules et de nule valour; et totes les choses desus nommées et devisées ge suis tenuz et promet por moy et por mes hoirs par ferme stipulation et par mon sairement doné sur soint evvangile et sus l'obligation de touz mes biens tenir, garder perpetuelement a ladite Margot et a ses hoir, et garantir contre touz a mes propres despans, et que ge ne viendray en contre par moy ne par autruy, ne consentiray que autres hi vaigne; et les choses desus dites je fais sus condiction qelles plaisent a mon soignour l'abbé de Saint-Martin dou cui fié les choses desus dites sunt et muvent; et renunce en ceste faite a totes exceptions, barres et allegations de fait et droit qui pourroient estre dites ou apposées contre la tenour de ces lettres; et vuil estre controinz a totes ces choses tenir et garder aussi cum de chose adjugié par la court monsoignour le duc de Borgoigne, en la juridiction quant a ce ge souzmet moy et mes hoirs. En tesmoinz de laquel chose ge hay requis et fait mettre en ces lettres le seal de ladite court.

C'est fait en la presence de Berthier de Dyjon, notaire d'Ostun, de mon soignour Guillaume de Corrvel, de frère Jeham, segretain de Seint Martin des Champs, et de Benoît de Clugny, clerc, tesmoinz a ce appelez, l'an et le jour desuz diz.

(Archives de Montjeu.)

XXVIII

15 décembre 1314. — Analyse d'une lettre sous les sceaux de l'official d'Autun et de la cour de l'archidiacre de Beaune, Jean de Varennes.

Accensement fait le dimanche avant la Saint-Thomas 1314, par *dominus de Germoles, dominus de Grangia, miles, Guidoni de Edua, domino de Draceyo prope Eduam, et Perrino ejus fratri, domicellis*, de quatre pièces de vignes situées au finage de Dracy-le-Fort

L'acte est passé en présence de *nobilibus viris domino Johanne Desrrée, Petro de Monjeul et Johanne de Antuilleyo, militibus.*

(Archives de la Côte-d'Or, B. 1086.)

XXIX

Décembre 1318. — *Vente de la maison de Vilaine, en la paroisse d'Étang, faite par Margot de Vilaine, damoiselle, femme de Jean dit Panaye, damoiseau, à Jean Aynard de Néronde, clerc, mari de sa sœur Félicie.*

Nos Stephanus de Poilliaco, tenentes sigillum commune excellentissimi regis nostri Francorum in baillivia Matisconensi constitutum, notum facimus universis presentes litteras inspecturis quod coram mandato nostro videlicet Petro *de Curtiz*, clerico, jurato predicti domini regis et nostro, et ad hoc a nobis specialiter deputato, propter hoc personaliter constituta, Margota *de Vilaynes*, domicella, uxorque Johannis dicti *Panaye*, domicelli, sine vi, dolo et metu ad hoc inducta, in nulloque ut asserit circumventa vel decepta, sed de facto suo prudens, certa et provida, et sua voluntate spontanea, de consensu et auctoritate ipsius Johannis mariti sui, vendit, tradit, quittat, cedit pariter et concedit, tituloque pure et perfecte venditionis deliberat pro se et suis perpetuo Johanni Haynardi de Nigra unda, clerico, et Phelitie ejus uxori sororique predicte Margote, et suis imperpetuum domum suam *de Vilaynes*, sitam in parochia Stagni Eduensis dyocesis, cum pertinenciis et appendiciis dicte domus, et unacum decem libratis terre ad Turonenses, quas dicebatur habere dicta Margota in villa et finagio *de Vilaynes*, et que decem librate terre sibi date fuerunt in dotem a venerabili et religioso viro domino Johanne de Fatreriis, priore Silvigniaci, quando dictus Johannes *Panaye*, domicellus, ipsam Margotam duxit in uxorem; una etiam cum omnibus aliis bonis hereditariis mobilibus et immobilibus, tam paternis quam maternis, acquisitis quocumque nomine censeantur, tam in terris arabilibus quam non arabilibus, cultis et non cultis, pratis, domibus, plaustris, areis, arboribus, nemoribus, hominibus tailliabilibus, liberis, ascriptitiis, servitiis, censivis, angariis, perangariis, molendis aquis, aquarum decursibus, quam aliis rebus quibuscumque, quocumque nomine nuncupentur seu nuncupari possint, precio videlicet ducentorum librarum parvorum Turonensium, quas siquidem ducentas libras Turonensium parvorum confitetur dicta Margota, laude et auctoritate quibus supra, se habuisse et recepisse a dictis Johanne et Phelicie conjugibus, emptoribus, in pecunia bene numerata, et de quibus se tenet dicta venditrix coram dicto jurato nostro plenarie et integraliter pro pagata, etc. In cujus rei testimonium ad preces et requisitionem dictorum domicellorum conjugum nobis pro ipsis per predictum juratum nostrum oblatas, cui super hiis et aliis fidem adhibemus pleniorem, cum nobis constet de premissis per ipsius jurati nostri relationem, sigillum commune domini regis predictum litteris presentibus duximus apponendum, salvo in predictis jure domini regis predicti et etiam alieno.

Datum anno Domini millesimo trecentesimo decimo octavo, mense decembris.

(Archives de Montjeu.)

XXX

18 novembre 1319. — Reprise de fief pour Vilaine, par Jean Aynard et sa femme Félicie de Vilaine, de Pierre d'Ostun, chevalier, sire de Montjeu.

Universis presentes litteras inspecturis, nos officialis Eduensis notum facimus quod in presencia Thome de Croto, clerici et jurati nostri quo ad ea que secuntur loco nostri audienda nobisque fideliter referenda commissimus vices nostras tanquam illi cui in hiis et majoribus fidem plenariam adhibemus, propter hoc specialiter constituti, Johannes Aynardi, clericus, et Felicia *de Vilaynes*, ejus uxor, confitentur et publice recognoscunt se tenere in feudum et de ipsius feudo a nobili et potente viro domino Petro de Edua, milite, domino de Monte Jovis res que sequuntur, videlicet domos suas de *Vilaynes* cum juribus, pertinenciis et appendiciis ipsarum sitas in villa et finagio de *Vilaynes;* item, duos mansos hominum, scilicet mansum heredum Colini dicti *le Bastar,* et mansum heredum dicti *a la Boillon,* cum omnibus juribus, pertinenciis et appendiciis ipsorum mansorum; item, quemdam molendinum situm in ripparia de *Mevrein,* juxta nemus Brulliaci, cum omnibus pertinenciis dicti molendini; item, unum boichetum situm apud *Vilaynes* vocatum *le Buney* cum omnibus pertinenciis et appendiciis ipsius boicheti; item, justiciam et juridicionem infra septa et porprisia sua de *Vilaynes* usque ad sexagenta solidos et infra, et generaliter omnia universa et singula que tenent et possident dicti conjuges in villa, finagio et territorio de *Vilaynes* et parochiatu de Stangno. In cujus rei testimonium, ad preces et requisitionem dictorum conjugum per dictum juratum nostrum nobis oblatas, qui hec omnia ita esse vera et acta coram ipso loco nostri, anno et die, presentibus testibus infra scriptis, nobis per suum retulit juramentum, sigillum curie Eduensis presentibus litteris duxemus apponendum.

Datum die dominica post yemale festum beati Martini, presentibus

Guillelmo de Vallibus, domicello, et Hugone *le Preontet* de Magobrio, testibus ad hoc vocatis specialiter et rogatis, anno Domini millesimo tricentesimo decimo nono.

(Archives de Montjeu.)

XXXI

Septembre 1320.—Remise d'une rente de vingt-quatre sols tournois, sur la manse du Martroy, faite par Guillaume d'Alonne, damoiseau, à Aynard de Vilaine.

In nomine Domini, amen, anno incarnationis ejusdem millesimo trecentesimo vicesimo, mense septembri, ego Guillelmus, quondam filius Arthaudi *de Alone*, domicellus, notum facio universis presentibus et futuris quod ego non vi, non metu, non dolo ad hoc indutus, ymo spontaneus et providus, considerans et attendans quanta servicia curialitates et beneficia quam plurima michi et meis heredibus prestita et imppensa a Johanne Ainardi *de Vilaines* et que adhuc michi et meis de die in diem imppensa et impendere nititur incessanter nulla inde remuneratione subsecuta, nolens super hoc vicium ingratitudinis tollerare, ymo volens et affectans dicto Johanni de predictis serviciis et beneficiis, si non in toto, tamen in aliqua parte, recompensationem facere et prestare, eidem Johanni Ainardi et suis imperpetuum do, dono, cedo, concedo pariter acque quitto donatione pura perfecta et irrevocabili facta inter vivos viginti quatuor solidos Turonensium bonorum quos in Guillelmo predicto et meis debentur de annuo redditu quolibet anno in et super mansum *dou Martroy* situm et existentem in finagio de Valleta, cum omni jure et actione quod et quam habeo, habere possum et debeo in predictis viginti quatuor solidis, retento tamen in Guillelmo predicto et meis heredibus feodo quod habeo in dictis viginti quatuor solidis et in aliis rebus que dictus Johannes habet et possidet in villa et pertinenciis de Valleta, predictosque viginti quatuor solidos Turonensium a dicto Johanne et suis perpetuo percipiendos tenendos et habendos pacifice et quiete absque aliqua pertubatione et impedimento in predictis donationibus a me vel meis heredibus faciendis. De quibus rebus donatis supra dictis ego Guillelmus predictus me et meos heredes devestio et ipsum Johannem presentem investituram recipientiem investio, et incorporalem possessionem modo quo supra induco totaliter de eisdem, etc.

Actum in presencia Roberti Seguini, clerici, coadjutoris Johannis

Ganeton de Tholono, clerici, notarii de *Montcenix*, Clementis de Magobrio, clerici, et Guillelmi *le Berardat*, testium ad hoc vocatorum, anno, mense quibus supra.

(Archives de Montjeu.)

XXXII

20 octobre 1321. — Quittance donnée par Archambaud de Montauches, chevalier, à son beau-frère Jean d'Antully, chevalier.

In nomine Domini amen. Anno incarnationis ejusdem millesimo CCC° vicesimo primo, die martis in festo revelacionis beati Lazari, ego Archambaudus de Montauchiis, miles, notum facio universis quod ego habui et recepi a nobili viro domino Johanne de Antulleyo, milite, per manum domini Guidonis ejus fratris, prioris de Festo, sexagenta libras Turonensium bonorum currentium parvorum, computatis in eisdem trigenta libris quas olim recepi a dicto Johanne, milite, in pecunia numerata, facto computo inter me et ipsum Guidonem, videlicet in diminucionem et extenuationem ejusdem debiti ducentarum librarum dicte monete in quibus michi tenebatur debitor obligatus rationis maritagii Beatricis sororis ipsius domini Johannis, uxoris mee; de quibus sexagenta libris et computo me teneo pro pagato, etc. In quorum testimonium sigillum dicte curie litteris istis rogavi et feci apponi.

Actum in presencia Vincentii de Sampigneyo, clerici, notarii Eduensis, Hugonis *Bretin* de Edua et Johannis *de Lexartot*, monachi Sancti Martini Eduensis, testium ad hoc vocatorum et rogatorum, anno et die predictis.

(Archives de Montjeu.)

XXXIII

5 mars 1323 (nouv. style 1324). — Constitution de rente par Gilète, fille de Blainchart, d'Autun, femme d'Hélie Bretenat, d'Autun, à Alix de Montjeu, damoiselle, sœur de Pierre, sire de Montjeu.

In nomine Domini, amen. Anno incarnationis ejusdem millesimo CCC° vicesimo tercio, die lune post focos, ego Gileta, filia quondam Guillermi *Blainchart* de Edua, uxor Helyeti dicti *Bretenat* de Edua clerici, notum facio universis quod ego pro [me] et meis heredibus et de assensu et auctoritate dicti Helyeti mariti mei vendo, et nomine pure et perpetue vendicionis traddo, delibero acque quieto Alipdi de Montejovis, domicelle, sorori domini Petri domini de Montejovis, pro se et suis heredibus et ab ea causam habentibus et habituris quadraginta solidos Turonensium parvorum ex annuo et perpetuo redditu solvendos singulis annis dicte Alipdi et suis die festi beati Martini yemalis pro precio triginta et quinque librarum Turonensium bonorum parvorum michi a dicta Alipdi integri salutarum in pecunia numerata, de quibus triginta et quinque libris dicte monete me teneo pro pagata penitus et contenta. Quos quadraginta solidos et ob hoc dicte Alipdi pro se et suis assedeo et assigno super duas pecias terrarum sitas in civitate Eduensi in loco qui dicitur *sus Saule,* que terre dicuntur terre *Blainchart,* quarum peciarum terre una sita est inter terram Guillelmi Melinete que fuit Guillelmi Lombardi et terram Regnaudi Quadrigarii, et alia inter terras Guioneti filii................... de Bordis; hinc et inde per hunc modum quod in casu quo ego aut mei heredes defficeremus in solutione dictorum quadraginta solidorum ad terminum predictum quod dicta Alipdis et sui pro se vel per mandatum suum auctoritate sua propria absque advocacione seu reclamacione alterius judicis ad dictas terras recurrant, in manu sua teneant et fructus earumdem suos faciant quousque a me vel meis sibi de toto deffectu dicti redditus non soluti et de missionibus et dampnis inde ab eadem Alipde et suis habitis, factis et incurcis fuerit plenarie satisfactum, super quibus volo quod eadem credatur suo simplici juramento. Quasquidem terras exinde dicte Alipdi et suis franche, libere et quiete ab omni alio onere teneor et promicto garantire et deffendare contra omnes; promictens pro me et meis per meum juramentum propter hoc ad sancta Dei esvangelia corporaliter prestitum et sub obligatione omnium bonorum meorum mobilium et immobilium presencium et futurum omnia et singula predicta tenere in pace et firmiter adimplere et contra non venire nec contra venienti in aliquo de cetero consentire. Omnibus actionibus et exceptionibus tocius juris et facti que contra premissa dici possent vel opponi, penitus renuncians et juridicenti generalem renunciationem non valere. Ego vero Helyetus predictus maritus ipsius Gilete dictam vendicionem et obligacionem per dictam Giletam factas confiteor et cognosco de conssensu et auctoritate meis esse factas; volentes nos conjuges predicti compelli ad promissorum observationem quasi ex re adjudicata per curiam domini ducis Burgundie cujus juridictioni supponimus nos, heredes nostros quo ad hoc et omnia bona nostra.

In quorum testimonium sigillum dicte curie litteris istis rogavimus et obtinuimus apponi.

Actum in presentia Vincentii de Sampigneio, clerici, notarii Eduensis, Stephani Guiardini, Hugonis Bretin de Edua et domini Hugonis fratris mee Gilete predicte, testium ad hoc vocatorum et rogatorum, anno et die predictis.

(Archives de l'hôtel de ville d'Autun. Fonds de Saint-Jean-le-Grand.)

XXXIV

14 novembre 1326. — Fondation de messes faite en l'église de Dracy-Saint-Loup par Guy d'Ostun, sire de Dracy-Saint-Loup, damoiseau.

Universis præsentes litteras inspecturis, nos officialis Æduensis notum facimus quod in presentia dilecti nostri Guillelmi de Sancto Salino clerique jurati nostri, cui quo ad ea quæ sequuntur et ad majora audienda et loco nostri recipienda et nobis fideliter referenda commisimus vices nostras, propter hoc specialiter constitutus vir nobilis et discretus Guydo de Ædua, dominus de Draceyo Sancti Lupi, domicellus, pro se et suis ex una parte; et vir religiosus frater Guillelmus de Fontanis concanonicus prioratus Sancti Symphoriani Æduensis ordinis Sancti Augustini rectorque parochialis ecclesiæ prædicti Sancti Lupi de Draceyo, nomine suo suæque ecclesiæ prædictæ et successoribus suis rectoribus ejusdem, presente etiam venerabili religioso et honesto fratre Hugone humili priore prædicti prioratus Sancti Symphoriani Æduensis suo in Christo patre et patrono prædictæ ecclesiæ Sancti Lupi, dicto Guillelmo in infra scriptis agendis authoritatem prestante nomine suo et ecclesiæ sue antedictæ ex altera parte; certi, scientes et providentes super hoc inter se prehabita deliberatione diligenti prout asserunt coram dicto jurato nostro, inter se ad invicem, videlicet dictus Guydo pro se et suis et dictus rector nomine quo supra vice et authoritate quibus supra, pactiones et coventiones faciunt et inhiunt quæ sequuntur. Videlicet quod cum alias inter partes predictas prolocutum aut concordatum fuisset expresse nominibus quibus supra quod de et super pluribus usagiis quæ dictus rector nomine suo et ecclesiæ suæ prædictæ dicto domino de Draceyo petebat in suis nemoribus pro calefaciendo se in hospitio suo claudendo de nemore mortuo ac edificando de vivo nemore et piscatura in suis ripariis de Draceyo ad tribulam et quotiescumque sibi placeret, actumque fuisset et concordatum supra prædictis et infra scriptis inter partes prædictas quod pro prædictis petitis dicto

Guydoni a dicto rectore sibi aliquod jus habebat idem rector, dictus Guydo pro se et suis heredibus et a se causam habentibus et habituris dat, cedit, deliberat atque quittat in perpetuum donatione irrevocabili facta viro prædicto rectori nomine suæ prædictæ ecclesiæ omne jus et omnem actionem quod quam habet, habere potest et debet et habere consuevit causa quacumque seu titulo tam in possessionibus quam proprietate in decima seu decimis tam bladorum et aliorum fructuum provenientium in terris decimalibus de Draceyo prædicto, sibi salvo et retento feodo duodecimæ partis dictæ decimæ de Draceyo quam ab eodem tenent heredes dominæ Ysabellis, et salvis eidem Guioto et suis duodecim sextariis siliginis boni et mercabilis ad mensuram de Draceyo annis singulis percipiendis et habendis in grangia dicti rectoris inter festum beati Martini hiemalis et festum Nativitatis Domini, una cum quatrecentis glodiis quolibet unius gerbæ dictæ decimæ. Item habebit idem rector et ejus successores rectores dictæ ecclesiæ ex nunc in perpetuum piscaturam ad tribulam tantum in riparia de Sautrone per tres dies qualibet septimana, videlicet die mercurii, veneris et sabbati, et qualibet die Adventus Domini et qualibet die totius Quadragesimæ, scilicet a molendino dicto Josdane usque ad vadum aquarum conjunctarum ad Arotum et ubi dicta ripparia de Sautrone intrat in rippariam Aroti. Item sciendum est quod idem rector habebit et ejus successores piscaturam a cauda ecclusiæ dicti molendini dicti *Josdan*, quæ est ad vadum per quod itur de Draceyo apud *la Crisse,* insuper in dicta ripparia ad omnia ingenia per dies et tempora supradicta. Item habebit idem rector et sui successores piscaturam per omnes crotos existentes et existentia futuris temporibus in praeria et pasqueriis de Draceyo non conjunctis vel adjunctis rippariæ de Aroto. Et per ipsas piscaturas dicto rectori et successoribus suis datas et declaratas a dicto Guyoto ut dictum est, idem rector pro se et successoribus suis et authoritate qua supra petita sua in aliis rippariis dicti Guioti et suorum ipsi Guyoto et suis quittat penitus et absolvit ac dimittit. Item vult et concedit dictus Guyotus pro se et suis quod prædictus rector pro se et successoribus suis habeat usagium suum in nemoribus de Vevra pro pastione de sex porcis quolibet anno in pastione dictorum nemorum, quamdiu durabit pastio eorumdem, absque ullo panagio persolvendo. Et proquibus universis et singulis supradictis a dicto domino de Draceyo dicto rectori modo et forma predictis datis, declaratis et concessis, idem rector pro se et suis successoribus ex nunc in perpetuum tenetur et tenebitur celebrare aut celebrari facere singulis hebdomadis in sua prædicta ecclesia unam missam de Sancto Spiritu vel beatæ

Mariæ aut pro defunctis ad arbitrium seu voluntatem ipsius Guyoti dum vivit, et post ejus decessum de defunctis pro remedio animæ suæ et antecessorum suorum, videlicet ad altare constructum in dicta ecclesia in honore Dei et beati Martini; et cum hoc idem rector et sui successores tenetur et tenebuntur annis singulis reddere et solvere dicto domino de Draceyo et suis et ab eodem causam habentibus et habituris die festi sancti Lupi in ecclesia de Draceyo prædicta plenam pugnam cujusdam hominis semel candelarum cerearum in longitudine unius pedis cum dimidio pede; et servientes dicti domini de Draceyo solvere illa die de candelis et pane prout antea ibidem est fieri consuetum. Item idem rector pro se et successoribus suis, nominibus et authoritate quibus supra, quittat dictum Guyotum dominum de Draceyo et ejus heredes et ob causam habentibus et habituris de quatuor bichetis cum dimidio siliginis et quatuor bichetis cum dimidio avenæ ad mensuram de Draceyo, quos idem Guydo debebat annis singulis dicto rectori nomine suæ ecclesiæ in eleemosinam, seu pro eleemosina dominæ Ysabellis super decimam de Draceyo, quam idem Guydo dicto rectori nomine quo supra dedit et concessit causis et rationibus supradictis. Preterea idem Guiotus non infirmando omnia et singula prædicta prout divisa sunt et declarata nec aliqua eorumdem, sed potius confirmendo et augendo in honorem Domini nostri Jesu Christi, gloriosissimæ Virginis Mariæ matris ejusdem totiusque celestis curiæ et beati Martini in honore cujus fundatum et constructum est illud altare in prædicta ecclesia Sancti Lupi, ad opus ipsum rectoris et successorum suorum, et ad fundamentum ejusdem altaris, dat, cedit, deliberat atque quittat pro se et suis heredibus et ab eodem causam habentibus et habituris prædicto rectori et successoribus suis rectoribus ecclesiæ prædictæ prædictos duodecim sextarios siliginis ad mensuram prædictam de Draceyo, qui sibi a prædicto rectore antea debebantur annis singulis infra terminum prelibatum in grangia dicti rectoris ratione decimæ de Draceyo supradictæ prout superius est expressum; ita tamen quod dictus rector et ejus successores exinde tenetur et tenebuntur celebrare aut celebrari facere ad illud altare beati Martini in dicta ecclesia Sancti Lupi existentem qualibet septimana tres missas in remedio et pro remedio dicti Guioti, antecessorum et successorum suorum, una cum missa a dicto rectore sibi debita qualibet septimana prout supra scriptum est, hoc autem excepto quod in septimana benedicta, septimana paschali, et aliis festivitatibus solemniis per quas fiunt octavæ et per quas non celebratur in ecclesia pro defunctis, dictus rector faceret celebrare divinum officium ad illud altare de festo de die aut octavarum; tamen sacerdos celebrans quater in dicta septimana tenetur et tenebitur dicere unam collectam de defunctis in missa sua pro dicto Guidone et antecessoribus suis, et pro tanto dictus Guido pro se et suis in predictis hebdomadis aut festivitatibus de dictis suis quatuor missis se habet et se habebit pro contento. Item concordatum est inter partes prædictas, nominibus quibus supra, quod si accideret, quod absit, quod dictus rector aut ejus successores non celebrarent predictas quatuor missas qualibet septimana, quod idem rector et ejus successores vocato dicto Guyoto in septimana sequenti illam septimanam qua defecerit, ut dictum est, dictas quatuor missas celebrare tenetur et tenebuntur illas celebrare aut celebrari facere et totum defectum adimplere; et nisi fecerit idem rector aut ejus successores, dictus Guido et sui aut eorum mandatum tenetur petere et requirere eidem rectori et illi qui pro tempore fuerit rector dictæ ecclesiæ ut ipse infra octos dies post ejus Guioti aut suorum requisitionem celebraret aut celebrari faceret dictas missas non celebratas, et exinde qualibet septimana celebret dictas quatuor missas, et dictus rector predictam requisitionem dicti Guioti et suorum aut eorum mandati tenetur facere et etiam adimplere; alioquin idem Guydo et sui per se vel per alium eorum nomine et pro ipsis se tenetur prerogatire, proclamare a predicto rectore qui pro tempore fuerit viro religioso et honesto priori prioratus Sancti Symphoriani Eduensis, tanquam patrono et patri spirituali ejusdem rectoris, ut ipse compellet ipsum rectorem ad celebrandum predictas missas, et dictum Guyotum de celebrandis dictas missas restituere in statum pristinum, qui prior tenetur compellere dictum rectorem ad omnia predicta facienda, adimplenda et restituenda infra quindecim dies post dicti Guioti aut suorum requisitionem, aut mittere ad dictum locum unum ex suis concanonicis conventus sui Sancti Symphoriani prædicti, et eamdem ibidem instituere pro celebrando dictas missas missionibus et expensis ipsius rectoris, et importabit idem institutus emolumentum dicti redditus sive bladi; et si a casu fortuito accideret, quod absit, quod prior Sancti Symphoriani et rector dictæ ecclesiæ requisitiones ipsius Guyoti vel suorum aut eorum mandati per tempora et intervalla prædicta, ut dictum est, non adimpleret, aut ipsum Guiotum aut suos ad suum statum de dictis missis reduceret, ut superius est expressum, et infra prædictos terminos dictum Guyotum et ejus heredes authoritate sua propria et tenore presentium dictis terminis elapsis possit et poterit ad dictum altare facere celebrari predictas quatuor missas per talem capellanum quem sibi placuerit eligere, qui capellanus per quamlibet diem qua celebrabit habebit et percipiet a dicto rectore quindecim denarios Turonenses currentium pro tempore, et ibi celebrare dictas missas quousque idem rector celebraverit aut celebrari fecerit sciente dicto Guioto ipsoque vocato sufficienter vel suis omnes missas tempore revocato apto tempore a dicto rectore non celebratas; qui rector tenetur et promittit pro se et suis successoribus dictos quindecim denarios casu predicto reddere et solvere capellano supra dicto, etc. Nos vero frater Hugo humilis prior predicti prioratus totiusque ejusdem loci conventus presentes, in premissis faciendis et in eis consentientes, sigillum Sancti Symphoriani quo solo et unico utimur una cum prædicto sigillo curiæ Æduensis præsentibus litteris duximus apponendum.

Datum et actum die veneris post hiemale festum beati Martini anno Domini millesimo trecentesimo vigesimo sexto, presentibus domino Petro de Montejovis, milite, Johanne de Romero, Guioto de Marigneio, Hugone de Montejovis, domicello, domino Guidone curato de Veteri vico, Stephano Boisserandi de Ædua et pluribus aliis testibus ad hoc vocatis specialiter et rogatis. [1]

(Archives de Montjeu.)

XXXV

26 mai 1327. — Dénombrement donné au duc de Bourgogne par Pierre d'Ostun, sire de Montjeu, chevalier.

Universis presentes litteras inspecturis, nos officialis Eduensis notum facimus quod in presentia Guillermi de Sancto Salvio, clerici jurati nostri viceque nostra in hac parte fungentis, propter hoc specialiter constitutus, nobilis vir, dominus Petrus de Edua, dominus de Montejovis, miles, publice confitetur et etiam recognoscit se tenere et tenere debere ab excellentissimo principe domino duce Burgundie res infra scriptas videlicet : Domum suam de Montejovis, fossata et maneria dicti loci, villam dicti loci unacum villa Montisjovis de campo de parvo *Moguil*, mansos et homines habitantes dictas villas et existentes in finagiis dictarum villarum ; item, duas partes castri de Ribello Eduensi unacum jure suo dicti castri et fossatorum ejusdem ; item domum suam existentem ante dictum castrum cum curtili

---

1. Les archives de Montjeu ne possèdent pas l'original de cette charte, mais seulement une copie sur papier, collationnée en 1636 sur une grosse en parchemin extraite des archives du prieuré de Saint-Symphorien, et qui avait été elle-même copiée et collationnée sur les lettres originales le 8 avril avant Pâques 1431 par les notaires *du Soleil* et *Charbonnet*. Ces copies successives expliquent les incorrections du texte.

et pertinenciis dicte domus; item jus suum quod habet in vinea et campo de subtus dictam domum; item stannum suum de subtus dictum castrum, campum de subtus et molendinum et oychiam desuper dictum stannum; item mansum qui fuit Guioneti de Ribello unacum aliis pertinenciis dicti mansi; item prata sua sita inter dictum mansum et stannum predictum; item prata sua sita in praeria de Arroto in finagio Eduensi; item, mansum et campum in quo nunc est tegularia versus stannum episcopi, una cum justicia et juriditione rerum predictarum et cum omni alio suo jure competente in locis predictis; item usagium suum in nemoribus de *Plenoyse* et aliis nemoribus communalibus et unacum omni jure suo competente in dictis, tam in chaciis quam aliis quibuscumque; item expavastes animalium silvestrorum que capte sunt in montana desuper Eduam et circa, in terris confinatoribus. Item villam *de Charboneres* et habitantes dictam villam et eorum tenementa unacum justitia et juridicione dicte ville, et cum aliis juribus et actionibus que et quas habet in dicta villa et pertinenciis ejusdem. Promictens per juramentum pro se et suis contra hujusmodi confessionem de cetero non venire, nec contra venianti in aliquo consentire. In cujus rei testimonium ad preses dicti militis nobis oblatas per dictum juratum, notarium, cui fidem adhibemus in hac parte, sigillum curie Eduensis presentibus litteris duximus apponendum.

Datum et actum die martis ante Penthecostes, anno Domini M° CCC° vicesimo septimo, presentibus domino Hugone, curato de Sampignyo, domino Jocerando, curato sancti Saturnini, presbyteris, Johannino *Petit-Bon,* de Edua, clerico, et Johanne de Casteleto, testibus ad hoc vocatis et rogatis. G. DE S^{to} SALVIO.

(Archives de Montjeu.)

XXXVI

29 décembre 1328. — Accord entre Alix, fille de défunt Girart de Saint-Léger, damoiseau, femme Guiot de la Forest, damoiseau, et Guiot et Perrin frères, enfants de défunt Symon d'Ostun, chevalier.

En nom de Nostre Seignour, amen. L'an de l'incarnation d'ycelui mil trois cens vint et huit, lou jeudi apres la feste de la Nativité d'yceluy, je Aalis, jadis fille Girart de Saint Ligier, damoyseaul, femme de Guiot de la Forez, damoyseaul, fays savoyr à touz ces qui verront et orront ces presentes lettres que cum descorz fut mehuz entre moy de l'auctorité dou dit Guiot, mon mari, d'une part, et

Guiot et Perrin, frères, enfans de mons. Symon d'Ostun jadis chevalier, fil de monsr Pierre d'Ostun seignour jadis de Dracey Saint Loup, d'autre part, sur ce que je de l'auctorité dessus dicte disoye et affermoye en contre les diz frères qu'il tenient la maison-fort de Saint Ligier dou Bos a tort et sans cause et en mon prejudice la terre et les appartenances, les quez mayson, terre et appartenances me appartiennent par rayson de mon père dessusdit dou quel je me disoye estre hoyrs en tout sous testament, les diz frères disenz et affermenz au contrayre que la dite mayson, terre et appartenances havoient esté vendues et en vendue dehument fayte à mon seignour Pierre d'Ostun, leur grand père por certain pris d'argent, à la parfin je Aalix dessusdite de l'auctorité que dessus, moy loyaument enformée et deliberation dehue hue en ce fait, confesse et cognoys la dite vendue des dites chouses bien et loyaument estre bone et soffisent, ensi comme elle fut fayte au dit monsr Pierre d'Ostun, et lou pris de la dite vendue estre suffisamment payé à mon père et à ses devanciers ou à autre en son nom et à son proffit. Pourquoy je, de l'auctorité que dessus, la dicte vendue faicte audit monseignour Pierre, comme dessus loe et en tant que moy toyche en puict toychier, la conforme et approve, et la dite mayson, terre et appartenances totes es dis frères et à lor hoyrs quictoys à touz jourz mais pour moy et pour mes hoyrs, et promet par mon serment de non venir en contre, etc.

Ou tesmoin de la quel chose nous havons fait mestre lou scaul de la dicte court en ces presentes lettres faites et données en la presence de Guillaume de Saint Ceauge, clerc, coadjuteur de Vincent de Sampigny, clerc, notayre d'Ostun pour monseignour lou duc, Thiebaut de Crones, Johins de Mimandes d'Arney et Robert de Marney, damoyseaulx, tesmoins à ceu requis et appellez, l'an et lou jour dessus diz.

(Archives de Montjeu.)

XXXVII

13 septembre 1330.— Reconnaissance de Gauthier de Varennes s'avouant l'homme de Guy d'Ostun, chevalier, sire de Dracy-Saint-Loup.

Universis presentes litteras inspecturis, nos officialis Eduensis notum facimus quod in presencia Guillermi dicti *Espéron* de Manleto, clerici jurati nostri vice que nostra in hac parte fungentis, cui in hiis et in majoribus indubitanter fidem plenariam adhibemus, propter hoc personaliter constitutus, Galterus de Varenna, apud Ygornaium morans, clericus, non coactus, non deceptus nec in aliquo circumventus, ymo spotaneus et providus, ut asserit coram dicto jurato nostro et testibus infra scriptis, recognoscit et publice confitetur se esse hominem a prima origine sua nobilis viri domini Guidonis de Edua, militis, domini de Draceyo Sancti Luppi, et quod ipse Galterus et sui heredes non possunt facere nec etiam reclamare alium dominum temporalem quam predictum dominum de Draceyo vel heredes dicti domini de rebus, mansis et pertinenciis eorumdem mansorum, quos mansos dictus Galterus tenet et possidet a dicto domino de Draceyo; et in casu in quo dictus Galterus et sui heredes contrarium facerent, seu alium dominum reclamarent temporalem de predictis rebus et mansis et specialiter de omnibus rebus quas dictus Galterus a dicto domino tenet et possidet tam in parochiatu de Ygornayo, Sancti Leodegarii de Bosco quam in parochiatu *de Cordosse,* vult et consensit dictus Galterus pro se et suis quod dictus dominus de Draceyo possit exigere et levare ab ipso Galtero et a suis in quocunque loco moram faciet idem Galterus centum libras Turonensium pro facto, ac eciam capere et in sua manu ponere predictas res et suos facere dictos mansos cum pertinenciis eorumdem. Item recognoscit et publice confitetur dictus Galterus coram dicto jurato nostro quod ipse et sui heredes debent perpetuo et tenentur solvere annis singulis eidem domino de Draceyo et suis, die festo beati Martini hyemalis, duos solidos et sex denaria Turonensium et medietatem unius bicheti avene ad mensuram dicti domini. Item recognoscit et publice confitetur idem Galterus ac eciam expresse promittit coram dicto jurato nostro presente et eciam dicto domino quod ipse homines predicti domini ubicumque maneant non conveniet nec faciet conveniri in alia curia seu coram alio judice ecclesiastico vel seculari preter quam in sua curia et coram ipso seu gentibus suis; et si aliquando contrarium faciet, obligat se erga dictum dominum in centum solidis Turonensium, quosquidem centum solidos vult quod idem dominus possit exigere et levare ipso facto; etc. In cujus rei testimonium, ad preces et requisitionem dictorum domini et Galteri, nobis oblatas per dictum juratum nostrum, qui nobis premissa per suum juramentum retulit esse vera, sigillum curie Eduensis presentibus litteris duximus apponendum.

Datum et actum die jovis in vigilia Exaltationis Sancte Crucis, anno Domini millesimo trecentesimo trecesimo, presentibus Johanne *de Labouloye,* curato de Ygornayo, Robino *de Cordosses* et..... Halyeti canonico sancti Symphoriani Eduensis, testibus ad premissa a dicto jurato nostro vocatis specialiter rogatis. EPOISSE.

(Archives de Montjeu.)

XXXVIII

27 novembre 1331. — Droits d'usage dans la forêt des Miens, octroyés par Guy d'Ostun, chevalier, aux habitants de Dracy-Saint-Loup.

In nomine Domini amen. Anno incarnacionis ejusdem M° CCC° tricesimo primo, die mercurii post festum beati Clementis pape, ego Guido de Edua, dominus de Draceyo Sancti Luppi, miles, notum facio universis presentibus et futuris quod cum Johannetus *Li Lyon*, Symona dicta *Boisseaul*, ejus soror, dicta *Li Galote*, Guiotus Morelli, Hugoninus *Pomart*, Marguareta ejus mater, Symona filia *a la Cule*, Guiotus *Guaicheloz*, Ysabellis *Estevenart*, Guillermus filius Jacobi, Johannes Morelli, Girardus ejus filius, dictus *Li Baillif*, dictus *Chaumirey*, dictus *Chopinoz*, Johannetus Naudini, Johanneta uxor *au Bruley*, Hugoninus *Li Peletiers*, Guiotus *Bouhart*, Johannes *Bouhart*, dicta *Perrot*, Johannes *Billart* ejus filius, Perronetus *Maillot*, dictus *Li Geanz*, Johannes filius Guarini, Johannes *Veillarz*, dictus *Chamboz*, dictus *Li Terriers*, dictus *Li Mesagiers*, Bartholomeus Barberius, *Adam* ejus frater, dicta *Li Cortote*, dicta *Li Chievre*, dicta *Melenote*, filia *au Bourgeois*, heredes *au Tisserant* pro dicta *Guibour*, Johannetus *Li Peletiers*, Guillermus ejus frater, Johannetus *Li Marion*, Roletus *Pilloz*, dictus *Li Gouhez* Colardot, dicta *Roynote* filia Colot, dictus *Breneaulx*, Perrinus *Li Bouhoz*, Hugo Coisart, Perronetus *Li Mariglier*, et Hugoninus *Li Gentiz Hones*, homines mei, habitatores ville de Draceyo predicto voluerint et se consenserent in partagio, divisione et ordinatione factis per me ex una parte et nobilem virum dominum Petrum dominum de Montejovis, militem, pro se et Johanne de Chevigneyo, domicello, filio quondam Stephanini de Chevigneyo, domicelli ex altera, de et super nemore dicto *de Meen*, ratione et occasione cujus nemoris lis orta erat inter me ex una parte et dictos militem et Johannem ex altera, ratione juris quod asserebant habere in eodem, in quo quidem nemore etiam dicti habitatores asserebant usagium habere per totum dictum nemus pro necessitatibus suis universis faciendis : ego considerans et attendens amorem et fidelitatem quas retroactis temporibus dicti homines mei prudenter erga me habuerunt et incessenter habent, nollens prout nec est decens juri suo in aliquo derogare, sed potius, in juri suo confovere, sponte, scienter et provide premissis concurrentibus quia se consenserunt in partagio, divisione et ordinatione predictis de dicto nemore per metas de novo positas diviso ut in partagio, divisione et ordinatione de et super ipso nemore factis latius declaratur, sponte, scienter et provide volo, ordino et eisdem hominibus meis tam masculis quam femellis superius nominatis, presentibus et recipientibus concedo pro se et suis heredibus quod ipsi et sui heredes habeant et possideant ut ante confectionem presentium habebant, de cetero pacifice usagium suum in dicto nemore, videlicet in illa parte dicti nemoris solum que devenit ad partagium meum per deversus Draceyum, secundum divisionem et ordinationem predictas inter me et dictum militem pro se et nomine quo supra de dicto nemore ut premittitur factas, et prout mete de novo ibidem posite, videlicet a meta posita inter forestam de Azeyo et dictum nemus de *Mehen* per metas de meta in metam usque de super pratum vocatum *Lauche Testote* versus Draceyum, ipsum nemus a parte Dracei in longitudine et latitudine dividunt et demestrant; videlicet pro redibentiis ratione dicti usagii debitis michi et meis seu servientibus aut forestariis meis et heredum meorum dicti nemoris annuatim ut antea solvebant et solvere consueverunt de cetero reddendis et persolvendis, salvo tamen michi et meis heredibus usagio nostro in predicto nemore penitus et retento. Et in augmentationem mansorum dictorum hominum, volo et ordino et eisdem hominibus presentibus et recipientibus pro se et suis concedo pro me et meis heredibus quos ad hoc obligo, quod terre plane dicti nemoris mei de tempore preterito, presenti et futuro inter dictos homines equaliter dividantur et distribuantur et ad agriculturam tradantur ipsis hominibus in et per partes inter ipsos dividandas per gentes aut forestarios nostros dicti loci; videlicet, pro quinta gerba fructuum in dictis terris pro tempore provenentium michi et meis aut mandato nostro in dictis campis quotienscumque inseminabuntur a cultoribus eorumdem, quitte et libere absque missionibus reddenda et deliberanda. Et propter hoc ego prefatus miles teneor ex pacto et promitto pro me et meis heredibus quos ad hoc specialiter obligo bona fide et per firmam stipulationem legitimam et solennem, etc.

Actum in presentia Johannis de Flureyo coadjutoris Vincentii de Sampigneyo, clerici, notarii Eduensis, domini Guidonis, curati de Ygornayo, Johannis *de La Bouloye,* Richardi *Broichoz,* Morelli dicti *Bonhoz* de Sancto Leodgario, et domini Petri Halieti de Sancto Theobaldo, canonici sancti Symphoriani Eduensis, testium ad hoc vocatorum specialiter et vocatorum, anno et die predictis.

(Archives de Montjeu.)

XXXIX

Mardi 24 août 1333. — Dénombrement des biens que Pierre d'Ostun, sire de Montjeu, tient en fief de l'évêque d'Autun.

Universis presentes litteras inspecturis, nos officialis Eduensis notum facimus quod in presentia Stephani Girardini de Edua, clerici, apostolica imperialique, regia etiam et nostra auctoritate publice notarii, subscripto officio suo et vice nostra in hac parte fungentis, cui quo ad ea que secuntur loco nostri audienda, recipienda et nobis referenda commisimus vices nostras, tanquam illi cui super hiis et majoribus fidem plenariam adhibemus, propter hoc specialiter constitutus nobilis vir dominus Petrus de Edua, miles, dominus Montis Jovis, ex certa scientia recognovit et confessus fuit publice coram dicto notario et testibus infrascriptis se tenere in feodum ligium a reverendo in Christo patre et domino nostro domino Johanne, divina providentia episcopo Eduensi, res suas que inferius continentur : primo videlicet villam *de Chanteloup,* homines suos ipsius loci, mansos et tenementa eorumdem cum pertinentiis ville et mansorum predictorum ac justicia magna et parva dicti loci; item, mansum dicte *la Favete de la Louhere;* item, mansum qui quondam fuit domini Martini *de la Louhere*, presbiteri, situm inter mansum predicte *la Favete* et mansum dictorum *ès Marpaulz* de Cruce; item, mansum ipsorum Marpaudorum cum alis et pertinentiis ipsorum mansorum et justicia magna et parva eorumdem; item, mansum Bruneti de Rivello, mansum Jacobi de Rivello et partionariorum suorum, mansum qui fuit quondam dicti *au Ver,* mansum relicte Guillermeti de Rivello et suorum liberorum, mansum qui fuit quondam dicti *au Maistrol* quem dictus Barrilloz modo tenet, mansum qui quondam fuit Renaudi clerici, quem nunc tenens prefatus Barrilloz et Matheus; item, mansum et domum quos nunc tenet dictus *li Peleteraz,* mansum et domum quos tenens heredes dicti *le Caillat* de Sancta Anastasia cum alis et pertinentiis dictorum mansorum et justicia et dominio eorumdem; item, ochiam sitam desuper capellam Sancte Anastasie; item, ochiam sitam inter domum et ochiam que quondam fuerunt Roberti de Sancto Gengulpho, clerici, et domum et ochiam que fuerunt Guioneti de Rivello; item, ochiam que quondam fuit Martini Tobernarii, quam nunc tenent filii dicti Monachi de Rivello, sitam desuper caudam stanni ipsius militis, quod dicitur de Rivello, cum costumis et censivis locorum ipsorum; item, censivos suos et alia sua jura omnia que habet Edue in vico de Potella; item, molendinum suum de Sancta Anastasia, quod molendinum dicitur communiter molendinum de Rivello; item, molendinum suum quod fuit quondam Thome Vannerii; item omnes censivos quos habet in parochiatu capelle beate Anastasie; item, feudum suum omnium rerum quos heredes Hugonis de Montelom tenent in dicto parochiatu dicte capelle beate Anastasie et pertinentiis, tam in dominio, feodo, retrofeodo quam etiam censivis et costumis; item, nemus suum desupra Rivellum cum prato quod quondam fuit dicti *au Caillat,* sito desuper dictum nemus, ac justicia magna et parva locorum predictorum. In cujus rei testimonium, ad preces dicti militis, nobis oblatas per dictum notarium, sigillum curie Eduensis una cum signo et subscriptione ejusdem notarii, presentibus litteris inde confectis per eumdem duximus apponendum.

Datum et actum Edue in marmoribus Sancti Lazari, anno Domini millesimo trecentesimo tricesimo tertio, indictione prima, mense augusti, die martis in festo beati Bartholomei, apostoli, pontificatus sanctissimi patris et domini nostri domini Johannis divina providentia pape XXII, anno decimo septimo, presentibus Hugone de Marreyo, Odone de Laiseio, domicellis, et Guillermino de Sancto Salvio, clerico notario curie nostre, testibus ad premissa vocatis specialiter et rogatis.

(Archives de l'évêché d'Autun.)

XL

26 avril 1338. — Reconnaissance de deux habitants de Dracy-Saint-Loup s'avouant les hommes de Guiot d'Ostun, damoiseau.

En nom de Nostre Seigneur, amen. L'an de l'incarnation d'iceluy mil trois cens trante et huictz, lou diemange apres la feste saint Georges, nous Johannot li Polestiers de Dracey Saint Loup, et Johein, fils dou dit Johannot, des lois et de l'authorité de mon dessus dit père, tan congoinctement com devisement façons asavoir à tous ces qui verront et orront ces presentes lettres que nous, non deceupz, ne contraint, mas de nostre propre et pure volonté, cognoissons et confessons nous estre hommes taillaubles, esploitaubles et justisaubles aut et bas de noble home Guiot d'Ostun, damoiseaul, sires de Dracey Saint Loup, de la condition de quoy tuiz les autres hommes de la terre de Dracey et des appartenances de la dite terre sont; et cognoissons que nous Johannot et Joheim dessus dits tan pour nous com pour

nos hoirs tenons dou dessus dit Guiot d'Ostun, nostre seigneur, et
des siens, tous les meubles et heritaiges qui suint, c'est asavoir en
prey, en terres, en curtiz, en maisons, en censives, en uxaiges de
bois et de rivieres, ce..... en havons tan en terres et appertenances
de Dracey Saint Loup que en la cité d'Ostun et appertenances d'icelle;
et promettons nous Johannot et Johein dessus dits pour nous sar-
ments doné corporeman sus saintes evangiles et sus l'obligation de
tous nos biens meubles et immeubles present et avenir, etc.

(Archives de Montjeu.)

XLI

6 avril 1344.—Vente de Villez, Abost et Chamborre, dans les paroisses de Dracy-
Saint-Loup, Cordesse et Saint-Forgeot, par Hugues de Montjeu, chevalier, à Guy
de Dracy-Saint-Loup, chevalier.

Universis presentes litteras inspecturis, nos officialis Eduensis
notum facimus quod in presentia Jacobi Martini, de Edua, clerici
jurati nostri, viceque nostra in hac parte fungentis quo ad ea que
secuntur et majora audienda, recipienda et nobis fideliter refferenda
commisimus vices nostras tanquam illi cui in hiis et majoribus fidem
plenariam adhibemus, propter hoc personaliter constituti, nobiles
viri dominus Guido de Draceyo Sancti Lupi et Hugo de Montejovis,
milites, non coacti, non decepti, ymo spontanei et providi et ex certa
scientia, fecerunt inter se ad invicem pactiones et coventiones infra
scriptas perpetuo inter se et suos moraturas tales : videlicet quod
dictus dominus Hugo, dominus Montis Jovis, admodiat et nomine
admodiationis pure et legitime perpetueque et irrevocabilis tradit,
quittat, deliberat et concedit pro se et suis imperpetuum prenominato
Guidoni, domino Draceii predicti, pro se et suis recipienti res suas
infra scriptas, videlicet quidquid habet, habere potest et debet quacumque ratione, titulo seu causa, in villis *de Villez, d'Aubos et de*
Chambourre, sitis in parochiatibus de Draceyo Beati Lupi, *de Cor-*
desse et de Sancto Ferreolo, tam in hominibus quam in mensis eorumdem, terris, pratis, ochiis, censivis, costumis, corveis quam rebus
aliis quibuscumque et quocumque nomine censeantur, ab ipso domino
de Draceyo et suis habendas, tenendas et perpetuo ac pacifice possi-
dendas, ac etiam tanquam suas proprias excollendas, pro pretio videlicet duodecim librarum Turonensium parvorum pro tempore communiter currentium annui et perpetui redditus reddendarum et sol-
vendarum ex nunc annis singulis in perpetuo dicto domino Montis

Jovis et suis a dicto domino de Draceyo et suis die dominica post festum beati Andree apostoli annuatim; adjecto et inter ipsos milites expresse concordato in tractatu conventionum predictarum quod si dictus dominus de Draceyo vel sui deficerent, quod absit, in solutione dicti annui redditus facienda dicto domino Montis Jovis et suis anno quolibet per terminum supradictum, ipse dominus de Draceyo et sui tenerentur dicto domino Montis Jovis et suis in quinque solidis dicte monete nomine pene pro quolibet die per quam starent in mora solvendi dictum annuum redditum post terminum supradictum. Insuper actum fuit et expresse in pactum deductum inter ipsos milites in tractatu supradicto quod si dictus dominus Montis Jovis possit invenire alibi dictum annuum redditum acquirendum, istud sibi et suis licebit, et dictus dominus de Draceyo vel sui tenebuntur solvere pretium emptionis ad usus et consuetudines Bourgondie actenus observatas. Et pro tanto tenetur et promittit dictus dominus Montis Jovis per juramentum suum super Dei sancta evangelia, etc. In quorum testimonium, nos officialis predictus, ad relationem dicti jurati nostri qui premissa nobis retulit ita esse, sigillum curie nostre Eduensis litteris istis dupplicatis duximus apponendum.

Datum et actum die martis post festum Resurrectionis Domini, anno ejusdem mill° CCC° quadragesimo quarto, presentibus nobilibus et honestis dominis Johanne de Antuilleyo, Guidone de Maligneyo, militibus. domino Petro de Sancto Theobaldo, canonico Sancti Symphoriani Eduensis, Johanne Triffonelli et Robino *de Cordesse*, testibus ad premissa vocatis et rogatis. J. MARTINI.

(Archives de Montjeu.)

XLII

31 mai 1347. — Amortissement par Eudes, duc de Bourgogne, de dix livrées de terre données au prieuré du Val-Saint-Benoît par Jean, sire d'Antully.

Nous Eudes, dux de Bourgoingne, conte d'Artois et de Bourgoingne, palatins et sires de Salins, faceons savoir à tous presens et advenir que comme nostre amez et feaux messire Johan, sires d'Antuilley, chevaliers, ait donné, laissié et quitté en heritaige perpetuel pour li ses hoirs et ceux qui de li auront cause à l'esglese du Vaul Saint Benoist, de l'ordre du Vaul des Choux, pour faire ung anniversaire chacun an en la dite esglese pour le salut de same et de ses predecesseurs dix livrées de terre à tournois de annuel et perpetuel rente à prandre et percevoir chacun an perpetuellement par les dis religieux le lendemain de la feste de monsseigneur Saint Ladre, en septembre, sur les tailles, rentes, issues et revenues du Chastel, ville et terre d'Antuilley appartenans audit seigneur et movans de nostre fié; et nos ait humblement supplié et requis icelluy seigneur que en ce nos vuillions consentir et icelles x livrées de terre amortir à la dite esglese; nos qui volons de tout nostre cuer et desierions tous jours le accroissement du devin service estre fait en nostre temps, considerans la grant devotion et bone volenté que le dit monsseigneur Johan ha à la dite esglese, enclinans à sa supplication por contemplation de li, loans son bon propos et aussi por ce que nos soions participans es bienfais et oraisons qui dorenavant seront fais et dites en icelli lieu, volons et ottroions pour nous, nos hoirs et successeurs, de nostre certaine science et grace especial que les dis religieux et leurs successeurs tienent, possedent et perçoivent paisiblement à tous jours mais les dites x livrées de terre à tournois sur les tailles, rentes et revenues dessus dites, non contrestant que les dites choses soient et meuvent de nostre fié. Et le dit don et toutes les choses dessus dites volons, loons, greons, ratiffions, approvons, conformons et nos y consentons en tant comme la chose nos toiche et puet appartenir, et icelles x livrées de terre amortissons à ladicte esglese pour nous et pour les nostres à tous jours mais, saul et retenu à nous et ès nostres es dites x livrées de terre nostre souveraineté, baronnie et ressort, et le droit d'autrui.

En tesmoignaige de la quele chose nous avons fait saaler de nostre grant seel ces presentes lettres qui furent faites et données à Ostun, le jeudy jour de la Feste Dieu, l'an d'icellui corant mil trois cens XL et sept.

(Archives de Montjeu.)

XLIII

26 décembre 1347. — Échange de la terre de Saint-Pierre-l'Étrier appartenant à Guy d'Ostun, sire de Dracy-Saint-Loup, contre les droits que le prieuré de Saint-Symphorien possédait sur la terre de Dracy.

Jehan de Marigny, docteur en decrets, prieur, et tout li couvent du prioré de Saint Symphorien d'Ostun, confessent que comme ils aient baillié pour eschange perpetuel à messire Guy d'Ostun, seigneur de Dracey Saint Luc, tous les droits, proffits et emolumens que ils et leur eglise avient en la terre de Dracey, lesquels estoient amortis à leur dite eglise, lesquels messire Guy pour l'eschange des droits, proffits et emolumens dessus dits leur a baillié sa terre de Saint Pierre de Lestrier de costé Ostun, ensamble tous les droits, proffits et emolumens appartenans à icelle, et avec la justice et seigneurie d'icelle terre, laquelle terre et justice meuvent anciennement du fié du Duc et de ses devanciers. Lequel monseigneur le Duc, à la requete desdits prieur et couvent et dudit messire Guy, a voulu et consenti ledit eschange et ladite terre estre de son fié et ycelle amortie au proffit desdits prieur et couvent, en retenant à lui le fié desdits droits, proffits et emolumens que ils avient en ladite terre de Dracey. Yceulx prieur et couvent, considerant le proffit et utilité de leur eglise, lesdits droits, proffits, emolumens qu'ils avoient en ladite terre de Dracey vuellent et consentent qu'ils soient et demeurent audit seigneur de Dracey pour l'eschange dessus dit, c'est à savoir pour ladite terre de Saint Pierre de Lestrier, pour les droits, proffits et emolumens appartenans à ycelle, et pour la seignorie et justice de ladite ville, et se consentent expressement lesdits prieur et couvent que lesdits droits, proffits et emolumens que ils avient en ladite terre de Dracey devant l'eschange dessus dit soient et demeurent du fié dudit Duc et de ses hoirs. Donné l'an 1347, le lendemain de la Nativité de Notre Seigneur.

(Mss. de dom Merle; extraits de la Chambre des comptes.) [1]

XLIV

28 juin 1349.—Acensement d'un quartier de bois par Guy d'Ostun, sire de Dracy-Saint-Loup et du Breuil des Barres, à Regnaut, de Varolles, charpentier, et à Jehannette, sa femme.

A tous ceux qui verront et orront ces presentes lettres, je Guy d'Ostun, sires de Dracy Saint Loup et dou Bruyl des Barres, chevaliers, fais savoir que j'ay baillé et delivré, bailles et delivres à touz jourz mais à perpetuel heritaige à Regnaut de Varroles, chapuis, et à Jehannete, sa femme, à perpetuel costume pour heux et pour leurs hoirs, pour peant à moy et es miens, perpetuemant à venir, un chascun an quinze deniers monoye corant par le temps de la paie, c'est asavoir le jour de la feste saint Silvestre, et pour huit livres monoye corant à present de antrayge, desquelles huit livres je me tiens pour bien paiez et por contant, et en quitte les diz Regnaut et

1. Bibliothèque de M. J.-G. Bulliot, à Autun.

sa femme, une rase de boys assise en ma justice et signorie de Dracy, tenent es terres dou dit Regnaut d'une part, à la couhe Gauterot de Porchelat d'autre part, et à la couhe de ma forest d'autre part; saulz tant reserve et retenu à moy et es miens que je porray por moy ou por les miens hoster ou faire hoster, gaster ou faire ma volunté de quatorze chaignes estant dedans les metes et finayge de ladite rase et dou fruit, proffit et emolumant d'iceux; et porra li diz Regnaut, sa femme et cil qui de heux auront cause garder em pasture ladite rase selom ce que l'om ha acostumé ancyennemant à garder em pasture les mes et tenemant de l'abergemant de Marcy ; et je Guy, sire dessus diz, promet em bonne foy à garantir audit Regnaut et es siens la chose dessus dite, comme dite est, et promet à non venir en contre par moy ne par les miens. Ou tesmoin de la quel chose j'ay mis mon seel en ces presentes lettres.

Donné le dimanche après la feste de la Nativité saint Johan Baptiste, l'am de Nostre Seigneur mil troys cens quarante et neuf.

(Archives de Montjeu.)

XLV

7 janvier 1349 (nouv. style 1350). — Reconnaissance de Hugues, dit Voilliez, fils de défunt Bernard Forestier de Saint-Léger-du-Bois, homme de Guy d'Ostun, chevalier, sire de Dracy-Saint-Loup.

In nomine Domini, amen. Anno incarnationis ejusdem millesimo trecentesimo quadragesimo nono, die jovis post festum Apparitionis Domini, ego Hugo, dictus Voilliez, quondam filius Bernardi forestarii Sancti Leodegarii de Bosco, omnibus notum facio quod ego non coactus, non deceptus nec in aliquo diffraudatus, sed spontaneus et providus, confiteor et recognosco me esse hominem taillabilem et servilis conditionis arte *(sic)* et basse justiciabilis nobilis viri domini Guidonis de Edua, militis, domini de Draceyo Sancti Lupi, et de tali conditione sicut sunt alii homines seu habitantes ville Sancti Leodegarii predicti, homines predicti domini Guidonis; promictensque per juramentum meum propter hoc ad sancta Dei evangelia corporaliter datum et sub obligatione omnium bonorum meorum mobilium et immobilium ubicumque existant me non posse advoare vel reclamare alium dominum temporalem preterquam predictum dominum Guidonem dominum de Draceyo vel heredes suos, et, in quasu quo ego alium dominum advoarem seu reclamarem, quod ipse dominus Guido possit a me levare quadraginta libras Turonensium bonorum parvorum; volens me compelli ad observantiam omnium premissorum quasi ex re adjudicata per curiam domini ducis Burgundie, cujus juridictioni suppono me et obligo corpus meum detinendo et imprisonendo, heredes meos quo ad hoc et omnia bona mea. In cujus testimonium, sigillum dicte curie hiis presentibus litteris rogavi et feci apponi.

Actum in presentia Robelini *Loyseaul,* clerici, coadjutoris Aymonis de Anoto, clerici, tabellionis Eduensis pro dicto domino duce, religiosi viri fratris Guillermi Pourcheti, curati *de Dracey,* domini Johannis *Damulers,* ejus vicarii, Johannis de Rossilione, domicelli, et dicti *Bourray,* de Draceyo, testium ad hoc vocatorum et rogatorum, anno et die predictis.

(Archives de Montjeu.)

XLVI

4 novembre 1351. — Reconnaissance faite au profit du Chapitre de la cathédrale d'Autun par Guy d'Ostun, sire de Dracy-Saint-Loup.

Saichient tuit cils qui verront ces presentes lettres que je Guyz dOstun, sires de Dracey, chevaliers, coignoye et confesse moy davoir et estre tenu perpetuellement paier chascun an le tier jour apres la feste monsieur saint Syphorien à veneraubles et discretes persones Dyen et Chapitre d'Ostun et à leur eglise cinquante souz viennois en la valour de quarente souz tournois commungs courant pour le anniversaire de mon tres chier pere monsieur monsieur Pierre d'Ostun, chevalier, jadix soignour de Dracey, les quelx cinquante soudées de terre a viennois il leur laissa pour son anniversaire faire chascun an ledit jour pour le remeide de same et de ses antecesseurs, pour quoy les diz cinquante souz de la dicte monoye je promets paier par mon serement es dyz dyen et chapitre chascun an ledit jour sur la obligacion de touz mes biens mobles et non mobles present et avenir senz jamais faire contredit, ensemble toutes missions, depens et interest que li diz veneraubles pourient encorre par deffaut de la dite paie, et quant à ce, je vuils estre contraint par queque jurisditions que li diz veneraubles voudront eslire tant espirituelle comme temporelle. Ou tesmoing de laquel chose je hay mis mon seaul de quoy je use en ces presentes lettres faictes et données le vendredi apres la feste de touz sains lan de grace mil CCC cinquante et hung.

(Archives de l'hôtel de ville d'Autun. Fonds de la Cathédrale. *Fondations.*)

XLVII

27 juin 1356. — Dénombrement donné par Huguette, veuve de Guy de Maligny, chevalier, à Guy d'Ostun, chevalier, sire de Dracy-Saint-Loup.

Universis presentes litteras inspecturis, nos officialis Eduensis notum facimus quod in presentia Bartholomei Perrini de Poilleyo, clerici jurati nostri, cui in hiis et majoribus fidem plenariam adhibemus, propter hoc specialiter constituta, domina Hugeta, relicta domini Guidonis de Maligneyo, militis, publice confessa est se tenere ad causam dotalici in feodo et per modum feodi legii et perpetui a nobili et potente viro domino Guidone de Edua, milite, domino de Draceyo, ea que secuntur, sita in villa et finagio de Maligneyo : videlicet turrim et chaffaudum situm apud Maligneyum, qui quondam fuerunt dicti militis quondam mariti sui; item, medietatem a parte furni domus nove que quondam fuit dicti militis deffuncti, cum medietate pro indiviso dicti furni; item, grangiam quamdam sitam prope fontem, cum curtili juxta et retro sito; item, mansos infra scriptos, cum aulis et pertinentiis eorumdem, et cum hominibus eosdem tenentibus, necnon et omnibus reddiventiis ejusdem domine supra dictos mansos debitis; videlicet mansum Perelli *Bunache;* mansum *à la Rabustelle;* mansum dicti *au Barberat;* mansum dicti *au Pillon;* mansum Jacobi Ade; mansum dicti *au Tixerant;* mansum Perrini Pageti; mansum Ponceardi *Le Tort;* mansum Regnaudi *Quarrey;* mansum dicti *au Quarroillat;* mansum Juhaudi Berthaudi; mansum Hugonis Jacobi; mansum dicti *Malarmé;* mansum dicti *Pailleret;* mansum dicti Berthillon; mansum dicti *au Jour;* mansum dicti au *Gaynlere;* mansum dicti *Binier;* mansum *à la Doucete;* mansum Michoti *Quarrey*; mansum dicte *à la Rane;* mansum Mathei prepositi; mansum Johannis *Petit;* mansum dicti *au Faure;* item, medietatem cujusdam ochie appellate l'*Oiche de la Bergerie*, cum quadam domo sita versus domum seu mansum dicti *Bonnaul;* item medietatem cujusdam pecie terre appellate *le Champ du Noy*, juxta terram et a parte terre Juhaudi *Bertheaul;* item, duas tillias terre, cum dimidia sitas in loco dicto *au Cerisier*, juxta terram dicte *à la Pasqueline;* item, medietatem pecie terre appellate *le Champ du Bruy*, juxta terram et a parte terre dicti *au Mastre des poles;* item, medietatem cujusdam pecie terre appellate *le Champ de la Planchete*, juxta terram et a parte terre Berthodi *des Poles;* item, medietatem cujusdam pecie terre appellate *Champ Richart dessus*, juxta terram et a parte terre Guiote Pynardi; item, quatuor tillias cum dimidia terre sitas in loco dicto *Champ Richart*, juxta terram Johannis *Bourgoin;* item, medietatem cujusdam pecie terre site in loco dicto *Champ Richart dessoubz*, juxta pratum *de Chourney;* item, duas tillias terre sitas in loco dicto *Champ Richart*, juxta Guillermi *Bourgoin;* item, medietatem cujusdam pecie terre site in dicto loco, a parte terralis juxta pratum ecclesie de Maligneyo; item, dimidiam secaturam prati sitam in loco dicto *à la Planchete*, juxta pratum dicto *à la Voissarde;* item, duas secaturas prati sitas in loco dicto *en la Moloise du Duhe*, juxta pratum Morelli Boulerii; item, medietatem cujusdam pecie prati appellatum prati *du Duhue*, juxta pratum et a parte prati liberorum dicti *Petit;* item, quamdam secaturam prati sitam in loco dicto *Prey Fouhace*, juxta pratum domini de Draceyo; item, medietatem duarum secaturarum et dimidie prati siti en loco dicto *Prey Quemin*, juxta pratum dicti Broilli; item, dua jornalia terre cum dimidio sita in loco dicto *Crene*, juxta iter quod tendit de Maligneyo ad nemus *de Beaul Vasseault;* item, medietatem pro indiviso terrarum appellatarum *les Romptures*, sitarum in finagio de Maligneyo; item, medietatem omnium terciarum quas habebat idem dominus Guido, dum vivebat, in finagio de Maligneyo; item, medietatem pro indiviso cujusdam pecie nemoris site in loco dicto *la Rutille*, juxta nemus heredum Johannis de Pratis et nemus *de Beal Vasseault;* item, medietatem cujusdam pecie nemoris pro indiviso site in loco dicto *ou Fougeroy*, juxta nemus de Canchia, et nemus heredum Johannis de Pratis; item, quamdam tilliam terre appellate *du Fexte*, juxta terram dicte *à la Bornelle;* item, octavam partem messerie de Maligneyo et jurium ejusdem; item, justiciam et dominium magnas et parvas in omnibus et singulis supradictis, et generaliter omnia alia et singula que ipsa domina Hugota habet et tenet in villa et finagio de Maligneyo, tam in domibus, terris, pratis, cultilibus, nemoribus, hominibus, mansis, tenementis, taillis, corveis, costumis, censivis, gallinis, usagiis, furnis, justicia et dominio quam omnibus aliis rebus quibuscumque et quocumque nomine censeantur. In quorum testimonium, nos officialis predictus, ad relationem dicti jurati nostri qui nobis premissa retulit esse vera, sigillum curie nostre Eduensis litteris istis duximus apponendum.

Actum in presentia dicti jurati nostri Ade, Raymundi de Arneto, Johannis Leodegarii, de Maligneyo, et Juhaudi Berthelli, dicti loci, testium ad hoc vocatorum, die lune post festum Nativitatis beati Johannis Baptiste, anno Domini millesimo CCC° quinquagesimo sexto. J. B. DE POILLEYO. Ita est.

(Archives de Montjeu.)

XLVIII

8 septembre 1359. — Traité entre Isabeau, femme de Regnault dit Coustelat, de Repas, et Jean Le Gaucherot, de Charbonnières, son père.

A tous ces qui verront et orront ces presentes lettres, nous, Perrin de Saint Frainchy et Bietrix de Montjeu, femme dou dit Perrin, seignour de Maigney et de Charboneres, façons assavoir que par devent Huguenin de Cordesse, nostre clerc et leutenent à Charboneres, por ce espiciaulment estaubliz, Ysebeaul, fille Jehan lou Gaucherot de Charboneres, femme Regnault dit Coustaulat, de Repas, c'est assavor ladite Ysebeaul dou loux et dou consentement dou dit Regnault, son mariz, et de l'autoritez à ley donée dou dit Regnault par devent lou dit Huguenin, comme par devent nous Perrin et Bietrix dessus dit, ha quictiez ladite Ysebeaul por ley et por ses hers à touz jours mais lou dit Jehan son pere et ses hers de touz mobles et heritaiges qu'elle pouhoit havor........ aveques lou dit son pere, tant de part lou dit son pere comme de par sa mere, tant por le temps present comme por lou temps advenir, tant en eschoytes comme autrement, et ha fecte ceste quictance por la moytié des biens mobles que le diz Jehans li Gaucherot havoit et por deuz beufz et cint florins de Florence que la dite Ysebeaul en a pourtez aveques la moytier de touz les mobles; des queiz mobles, deux beufz et cint florins elle s'est tenue por bien et leaulement payée, et lou dit son pere et ses hers en ha quictiez por ly et por ses hers; et des chouses desus dictes de l'auctoritez de son dit mariz s'est devestue por ley et por ses hers, et lou dit son pere en ha revestue por luy et por ses hers, etc.

Ou tesmoing de laquel chouse, nous Perrin et Bietrix havons mis nos seelx en ces presentes lettres, saulz nostre droict, faictes et donées lou dimanche après la Saint Ladre, l'an mil trois cens cinquante neuf, present Chevrier, de Charboneres, Rechart, son frere, et Juhin Ylote, de Repas.

(Archives de Montjeu.)

XLIX

17 juin 1361. — *Testament de Béatrix de Montjeu, femme de Perrin de Magny, damoiseau.*

In nomine sancte et individue Trinitatis Patris et Filii et Spiritus Sancti, amen. Cum propter delictum primi parentis monitu diaboli serientis quelibet generis humani successio sit transitoria et mortalis, et quilibet sit de morte certus, de hora tamen mortis incertus, idcirco ego Beatrix de Monte Jovis prope Eduam, domicella, uxor Perrini domini de Maigniaco domicelli, laude, consensu, licencia, voluntate et assensu dicti Perrini de Maigniaco mariti mei presentis michique in hiis que secuntur pagendis auctoritatem prestantis pariter et assensum, sana mente et corpore et in bona et sana memoria per Dei graciam existans, timens mundi pericula qui cothidie eminent, nolens decedere intestata, sed ad salutem anime mee cupiens providere, meum facio, dispono et ordino testamentum solum et unicum, seu hanc meam ultimam voluntatem aut disposicionem in modum qui sequitur et in formam; et cum non habeamus nisi tria scilicet animam, corpus et res, et quia a digniori incohundum est, in primis animam meam recommando altissimo Creatori qui eam creavit, sepulturam vero corporis mei eligo in monasterio beati Martini Eduensis, in capella beate Marie Virginis ejusdem monasterii, a parte de retro; de bonis eciam meis michi a Deo collatis, cum qua supra auctoritate dispono et ordino per hunc modum. Ex primo volo, precipio et ordino quod debita et clamores mei reddantur, solventur et pacificentur per manus executorum meorum quos inferius nominabo. Item, do, lego perpetuo Deo et predicto monasterio triginta septem solidos ad monetam bonorum parvorum Turonensium annui et perpetui redditus, videlicet triginta solidos dicte monete pro dicto monasterio pro anniversario meo in eodem monasterio quolibet anno perpetuo faciendo ac eciam celebrando pro remedio anime mee animarumque antecessorum et successorum meorum, et septem solidos pro quinque missis perpetuis quolibet anno perpetuo tali die qua obiero in eodem monasterio celebrandis, videlicet una missa de Spiritu Sancto, alia de beata Virgine Maria, et ceteris aliis missis de deffunctis seu de officio deffunctorum pro remedio anime mee animarumque antecessorum et successorum meorum; et dictos triginta septem solidos dicte monete annui et perpetui redditus assedeo et assigno cum qua supra auctoritate pro me et meis eidem monasterio et religiosis ejusdem monasterii super omnia et singula illa que habeo, habere possum et debeo in villa *de Charbonieres,* finagio, territorio et pertinenciis ejusdem ville *de Charbonieres* universis, tam in mansis, tailliis, censivis quam aliis rebus quibuscumque et quocumque nomine censeantur, quas res eidem monasterio et religiosis ejusdem monasterii cum qua supra auctoritate, retento beneplacito et consensu domini et fratris mei, domini Hugonis de Monte Jovis, militis, domini feodalis rerum predictarum, obligo propter hoc specialiter et expresse; volens et concedens pro me et meis quod dicti religiosi dicti monasterii et successores sui per se vel per mandatum aut procuratorem suum, nisi dictus redditus sibi annis singulis solutus fuerit, auctoritate sua propria et sine clamore alicujus curie, ad predicta sibi, obligata recurrant eaque teneant et possideant, fructusque et exitus cum emolumentis omnibus suos totaliter faciendo de eisdem sine condicione aliqua, quousque de dicto redditu pro quolibet termino ac quolibet anno quo solutus non fuerit et de dampnis ac interesse omnibus inde habitis et incursis sibi extiterit plenarie et integre satisfactum; rogans et supplicans cum qua supra auctoritate prefato carissimo fatri et domino meo feodali dictarum rerum domino Hugoni de Monte Jovis, ut ipse in premissis per me factis et ordinatis se velit consentire ac in hiis auctoritatem suam inter ponere dignetur, pariter et assensum. Propterea ego predictus Perrinus, dominus de Maigniaco, maritus dicte Beatricis, testamentum, seu disposicionem et ordinacionem hujusmodi ac omnia et singula predicta prout superius sunt expressa et divisa, volo, laudo, ratiffico et penitus approbo, ac me consencio totaliter in eisdem, ac eidem Beatrici uxori mee in hiis omnibus et singulis supra et infrascriptis pagendis auctoritatem et licenciam prebui et prebeo pariter et assensum, et de contra premissa non veniendo meum ad sancta Dei euvengelia prestiti et presto corporaliter juramentum. Nichillominus ego dictus Perrinus nec non ego Hugo de Tinisseyo, domicellus, pro me et Roberto de Tinisseyo, fratre meo, absante, pro quo manucapio et me fortem facio quo ad hoc sub bonorum meorum omnium obligacione, omnibus notum facimus quod nos et nostrum quilibet in solidum pro nobis et quo ad supra nomine, in casu quod dictus dominus de Monte Jovis non vellet se consentire in testamento et ordinacione hujusmodi, ac in donacione et assignacione predictis dictorum triginta septem solidorum dicte monete reddituralis, ipsos triginta septem solidos dicte monete reddituralis tenemur et ex pacto promictimus quilibet nostrum in solidum pro nobis et nostris et quo supra nomine per juramenta nostra propter hoc ad sancta Dei euvengelia corporaliter data, et sub obligacione omnium bonorum nostrorum mobilium et immobilium, presentium et futurorum quorumcumque, alibi eisdem religiosis assedere et assignare in terra nostra. Et hanc promissionem et obligacionem fecimus et facimus presente et stipulante ac quatenter acceptanti notario infrascripto nomine, et ad opus quorum interest, intererit aut interesse poterit quomodolibet in futurum. Et ego prefata Beatrix testatrix cum qua supra auctoritate in residuo omnium bonorum meorum mobilium et hereditagiorum quorumcumque et ubicumque existant heredes meos facio, constituo et ordino omnes illos et illas qui michi succedere debent tam de consuetudine quam de jure; hujus autem testamenti mei seu ultime voluntatis mee, executores meos facio, constituo et ordino dictum Perrinum, dominum de Maigniaco, maritum meum, et religiosum virum, dominum Petrum, ejus filium, nunc magnum priorem ejusdem monasterii Sancti Martini Eduensis, ac eorum quemlibet in solidum, in manibus quorum et cujuslibet ipsorum et in solidum pono et obligo generaliter omnia bona mea mobilia et immobilia, presencia et futura quecumque sint et ubicumque et quocumque nomine censeantur, pro retinendo, tenendo et possidendo eaque vendendo, distrahendo, et alienando perpetuo vel ad opus in foro vel extra pro hujusmodi testamento meo et omnibus contentis in eodem exequendis et totaliter adimplendis. Et hoc meum presens testamentum volo valere jure testamenti nuncupativi et in scriptum; volo eciam quod valeat secundum leges et canonicas sanctiones piasque consuetudines aut jure codicillorum ac omnibus aliis modis et formis quibus melius et securius valere poterit et debebit tam de consuetudine quam de jure, testans, invocans hic astantis. Volentes nos, Beatrix testatrix predicta, Perrinus maritus suus ac Hugo de Tinisseyo, prenominati, pro nobis et quo supra nomine et cum qua supra auctoritate ad omnium et singulorum observacionem premissorum, prout cuilibet nostrum competis, compelli quasi ex re adjudicata per curiam domini officialis Eduensis qui nunc est et qui pro tempore erit, juridictioni et cohercioni cujus curie quo ad hoc supponimus nos, heredes et successores nostros et omnia bona nostra. In quorum testimonium sigillum dicti curie Eduensis hiis presentibus seu huic presenti testamento rogavimus et obtinuimus apponi.

Datum et actum in presencia domini Hugonis Gavini de Edua, curati de Auciaco, dicte curie Eduensis notarii et jurati, religiosorum virorum domini Johannis Viridis, Hugonis *de Rouvroy,* monachorum dicti Sancti Martini, Hugonis de Sancto Franchisto, domicelli, Hugonis de Sancto Andrea, domine Marguerite sororis dicte Beatricis,

Agnetis de Tinisseyo monialis Sancti Johannis in burgo Eduensi, Perrelli dicti *Le Peletier,* Yolandis ejus uxoris et Girardi Valletis dicti magni prioris, testium ad hoc vocatorum specialiter et rogatorum, die jovis post festum beati Barnabe apostoli, anno domini millesimo CCC° sexagesimo primo. Nos vero officialis Eduensis prefatus, ad relacionem dicti jurati nostri qui omnia et singula predicta nobis fideliter retulit esse vera et cui in hiis et aliis maioribus fidem plenariam adhibemus, sigillum curie Eduensis predicte litteris presentibus seu huic presenti testamento duximus apponendum. Datum et actum anno et die predictis et presentibus quibus supra. N. Gavini. Ita est.

*Collacion faicte à l'original de mot à mot par nous Jehan de Clugny, consoiller de Monseigneur le duc de Bourgongne, et Pierre Barbet, clerc, licencié en lois, procureur de mondit seigneur ès dis bailliaiges, par le commandement et ordonnance de nos seigneurs les gens des comptes de nostredit seigneur estans à Dijon, appelé avec nous Thibault Coffin d'Ostun, eleve et juré de la court des diz bailliaiges soubz nos soings manuelz, le VIII° jour de may l'an mil CCC IIII*ˣˣ *et douze.* J. de Clugny. P. Barbet. T. Coffinet.

(Archives de la Côte-d'Or, B. 11708.)

L

27 mai 1365. — Dénombrement donné au duc de Bourgogne par Marguerite de Saillenay, veuve de messire Hugues de Montjeu.

Universis presentes litteras inspecturis, nos officialis Eduensis notum facimus quod in presentia Perrini Patoilleti, clerici juris nostri viceque in hac parte fungentis, propter hoc specialiter constituta, nobilis domina domina Marguarita de Soillenayo, relicta domini Hugonis de Monte Jovis, domina dicti loci, publice recognoscit et in veritate confitetur se tenere in feodum homagium legium ab illustrissimo principe domino duce Burgundie res infra scriptas; videlicet, domum fortem de Monte Jovis, fossata, grangias, stabulas dicte domus fortis, villam de Monte Jovis, villam de Campo et villam de Parvo Monte Jovis, terras, prata et nemora dictarum villarum, homines et habitantes dictarum villarum cum mansis et pertinenciis mansorum dictarum villarum universis, cum dominio, justicia magna et parva locorum et finagiorum predictorum; item, duas partes castri de Rivello, cum fossatis et pertinenciis fossatorum predicti castri; item, domum suam sitam subtus dictum castrum, cum ortis seu cultilibus in circuitu dicte domus; item, vineam retro dictam domum; item, censivam campi subtus dictam vineam; item, mansum qui quondam fuit Guioneti de Rivello, cum pertinenciis dicti mansi; item, stagnum subtus dictum castrum de Rivello cum campo et molandino subtus oichyam dicti stagni; item, prata subtus domum Guioneti de Rivello; item, prata sita juxta rippariam Arroti; item, tegulariam cum campo dicte tegularie, sitam prope stagnum domini episcopi Eduensis, cum justicia magna et parva et dominio in rebus predictis; item, usagia in nemoribus *de Planoyse*, cum usagiis aliorum nemorum usagiatorum desuper Eduam; item, gallice *les espaves* omnium animalium ferarum dictorum nemorum, cum venatione et usagiis chaacie seu venationis in dictis nemoribus, videlicet, a villa Quercus Sancti Symphoriani eundo ad molandinum *es Convers*, et ab eodem molendino prout ripparia *de Renceon* discurrit a predicto molandino usque ad rippariam *de Mevrain*, et a dicta ripparia *de Mevrain* usque ad stagnum dictum *des Choux*, et ab eodem stagno usque ad villam de Croyseyo in parochia de Brione, et a dicta villa de Croyseyo usque ad rippariam de Arroto eundo recte, et a dicta ripparia de Arroto usque ad rippariam *d'Aucourron*, et ab eadem ripparia *d'Aucourron* usque ad parvum stagnum de Auciaco, et a parvo stagno de Auciaco usque ad villam *de Charboneres*, et a dicta villa *de Charboneres* usque ad villam Quercus Sancti Symphoriani predicti; item, feodum ville *de Charboneres* hominumque et mansorum ejusdem ville, cum molandino de subtus dictam villam; item, nemora de Petra *de Lusere*, cum juribus et pertinenciis et justicia magna et parva dictorum molandini et nemorum predictorum et dominio eorumdem universis; item, villam *de Monmialle*, homines habitantes, nemora, terras, prata, cum pertinenciis dicti loci, cum dominio et justicia magna et parva rerum predictarum; item, domum fortem de Antuilleyo, cum pertinenciis ejusdem domus universis, cum omni jure feodali; promictens dicta domina per suum juramentum et sub obligatione rerum predictarum dictum feodum bene et fideliter deservire secundum usus et consuetudines Burgondie. In cujus rei testimonium, ad preces dicte domine, per relationem dicti jurati nostri qui nobis premissa retulit esse vera et cui in his et in majoribus fidem plenariam adhibemus, sigillum curie nostre Eduensis presentibus litteris duximus apponendum.

Datum et actum Edue, die martis ante festum Penthecostes anno Domini M° CCC° LX° quinto, presentibus nobili viro domino Jacobo de Sancto Germano, domino *de Uxalles*, milite, domino Hugone de

Cordossis, presbytero, Hugone *de Courdosses*, clerico, et pluribus aliis testibus ad hoc vocatis et rogatis.

(Archives de la Côte-d'Or, B. 10512.)

LI

11 décembre 1368. — Reconnaissance de fief faite par Marguerite de Saillenay, dame de Montjeu, à l'abbé et aux religieux de l'abbaye de Maisières.

Nos officialis Eduensis notum facimus quod in presentia Alixandri de Moleto, jurati nostri, nobilis domina domina Margareta de Saillenayio, domina de Monteiovis confessa est publice se tenere in feodum et homagium a religiosis viris, reverendo patre domino abbate de Maiseriis et ejusdem loci conventu, primo omnes res quas, tam in possessione quam proprietate, deffuncta domina Beatrix de Rivello, domina de Monteiovis, mater deffuncti domini Petri de Monteiovis, tenebat, possidebat de suo hereditagio in anno Domini M° CC° LXVIII°, videlicet : quidquid habet et habere potest in parochiatu de Breciis, videlicet in villis *de la Gravetiere, de Poisot, de Monfenaul, de Charnoul,* in villa et finagio *de Chanmartin* de Breciis, cum omnibus juribus que dicta sua mater habebat et habere poterat per jus hereditagii in locis et finagiis antedictis; item, quidquid habebat jure hereditagii in villa *de Montigney,* in finagio, pertinenciis dicte ville in parochiatu *de Brion*; item, quicquid habebat in hereditagio et proprietate in villa et finagio de Draceyo versus Colchas, in parochiatu et finagio de Capella Sancti Mauricii, tam in hominibus, in tailliis, in costumis, in censivis, in corveis, in terris, in vineis, in nemoribus, in justitia, in dominiis magna et parva quam in aliis quibuscumque; protestans dicta domina Margareta quod possit et ei liceat tradere et nominare et plus si reperiatur ipsam ad hoc tenere et etiam quod ei non prejudicet, si tradidit et nominavit ut est dictum plus quam teneretur, et hiis protestationibus salvis dicta domina Margareta promittit de predictis homagium facere eisdem religiosis et contra promissa non venire. In cujus rei, etc.

Datum die lune post festum Conceptionis beate Marie Virginis anno Domini M. CCC. LXVIII, presentibus domino Philiberto *Auquebet,* presbytero, et Pasqualino *de Chantelou,* testibus. A. DE MOLETO.

(Archives de l'évêché d'Autun. Charte communiquée par M. J.-G. Bulliot.)

LII

5 juin 1370. — Bail des moulins de Sainte-Anastasie, consenti par Marguerite de Saillenay, dame de Montjeu, à Guillaume et Hugues Langart frères, et à Germain le meunier.

En nom de nostre Seigneur, amen, l'an de l'incarnation d'iceluy courrant mil trois cens soixante et dix, le Ve jour du mois de juing, nous, Guillaume Longart, Hugues son frere, et Germain le munier, d'Ostun, et un chascun de nous pour soy et pour le tout, fasons savoir à touz que nos retenons de noble dame ma dame Marguerite de Saillenay, dame de Mongeu, des la feste de la Nativité sainct Jehan Baptiste prochain venant, jusques à l'autre dicte feste de la Nativité sainct Jehan Baptiste l'an revolu, les molins de ladicte dame assis à Sainct Naptace d'Ostun, l'un appelé le molin à la Dame et l'autre appelé le molin Thomas Vanner, pour le prix de treize sextiers de froment bon, pur, net, leault et marchant à la mesure de chastel d'Ostun, lesquex treize sextiers de froment à la dicte mesure nous somes tenuz et promettons, un chascun de nous pour soy et pour le tout, par nos sermens pour ce donnés sur saincts evangiles de Dieu corporellement, et sous l'obligation de touz nos biens mobles et non mobles presenz et advenir quelcomques, et par la prise, arestation et detention de noz propres corps, rendre et paier à ladicte dame ou à son certain commandement pourtant ces presentes, à une chascune septmaine ung bichot froment à ladicte mesure, en l'autre septmaine esuigant deux bichots froment, touz coux, dommaiges, nosmissions et interets pour ce echuz et encouruz. En renoncent en ce fait à toutes exceptions de droit et de fait que contre la teneur de ces presentes lettres pourroient etre dictes ou obiciées ; et voulons nous et ung chascung pour soy et pour le tout à tenir les chouses dessus dictes estre contrinz aussi comme de chouse adjugié par la court de Mgr le duc de Bourgogne, à la jurisdiction et cohercion de laquelle court quant à ce nous submettons noz, noz hoirs, touz nos biens ; et parmi ce ladite dame nous doit faire mettre en place tout ce que seray necessité es dits molins, et nous les devons maintenir à nos propres despens et missions ; et avec ce confessons avoir ehu et receu la molete pour le prix de sept francs demi de Chatel.

En la presence de Jehan de Neuchastel, clerc, coadjuteur de monsieur Jehan Bitoux, prestre, tabellion d'Ostun pour ledit monseigneur le duc, de Alexandre de Molay, de Gilot de Breul d'Ostun, de

Symon de Martigny, tesmoins à ce requis et appelés, l'an et le jour dessus dits. J. DE NEUFCHASTEL.

(Archives de Montjeu.)

LII*

10 décembre 1370. — Reconnaissance de fief faite par Étienne, fils de défunt Étienne Le Fort, citoyen d'Autun, à Marguerite de Saillenay, dame de Montjeu.

Universis presentes litteras inspecturis, nos officialis Eduensis notum facimus quod in presentia Regnaudi dicti *Pratat* de Edua, jurati curie nostre Eduensis, notarii nostri, cui in his et majoribus fidem plenariam adhibemus, propter hoc specialiter constitutus, Stephanus quondam filius Stephani Fortis, civis Eduensis, pro se et suis heredibus, sub obligatione omnium bonorum suorum, publice et in jure coram dicto notario nostro confessus fuit etiam recognovit se tenere et habere in feudum legitimum a domina domina Marguerita de Salenayo, domina de Monte Jovis res inferius nominatas; videlicet : et primo quemdam mensum vocatum mensum Henrieti *de Rivo* cum aliis juribus pertinentibus dicto manso, tam in domibus, terris, pratis, quam rebus aliis quibuscumque et quocumque nomine censeantur in loco dicto *au Molin de l'esclose,* situm apud Sanctam Anastasiam, quem quidem mansum nunc tenet et possidet dicta *Blanche* de Sancta Anastasia, relicta Colardi filii quondam Henrici de Rua; item, quamdam peciam terre cum arboribus sittam retro ecclesiam de Sancta Anastasia, sittam juxta terram heredum Johannis Gobileti ex una parte, et juxta terram Hugonis *de Rivo* ex altera; item, unam aliam peciam terre sitam ante ecclesiam Sancti Anastasii juxta terram heredum Johannis Gobilleti ex una parte, et juxta iter per quo vadit apud l'exclusiam, gallice *ecluse,* molendini Sancti Anastasii apud Anastasium ex altera; item unam aliam peciam terre sitam in loco predicto juxta grangiam decani et capituli Eduensis ex una parte, et juxta terram Perelli *Le Moine* ex altera; item, medietatem unius alie pecie terre site in dicto loco juxtaque predictos heredes Johannis Gobiletti ex una parte, et juxta heredes Guioneti Lombardi de Edua et *fontaines* Sancti Anastasii ex altera; item, medietatem nemorum vocatorum *le Bois de la Gaite* que partitur heredibus Johannis Gobilleti, juxta boscum domini ducis Burgundie ex una parte, et juxta campum dictum *à la Comole* ex altera parte; item, unum campum terre vocatum terram *le Champ de l'escluse,* juxta boscum domini ducis Burgundie ex una parte, et juxta clusiam molendini Sancti Anastasii ex altera; promittens idem Stephanus pro se et suis bona fide et sub obligatione omnium bonorum suorum futurorum contra hujusmodi declarationem et tenorem presentium de cetero non venire, etc. In quorum testimonium, ad rogationem dicti Stephani suo et nomine heredum suorum in hac parte, sigillum curie predicte Eduensis presentibus litteris pro his duximus apponendum.

Datum et actum die martis post festum beati Nicholay hyemalis, anno Domini millesimo trecentesimo septuagesimo, presentibus Clarembaudo dicto *Poupain,* de Edua, Regnaldo Mercierio et Johanne Barberio, clerico, testibus ad hoc vocatis et rogatis.

(Archives de Montjeu.)

LIII

Décembre 1370. — Échange de la terre de Vaux en Charollais contre la terre de Montgachot et de Montoy dans l'Autunois, fait entre Agnès et Marguerite de Cortiambles, et Jean de l'Espinasse, chevalier, sire de Saint-Léger.

Nos Petrus Aulasii, burgensis Cari loci, tenentes sigillum commune domini nostri regis Francorum in ballivia Sancti Gengulphi constitutum, notum facimus universis presentes litteras inspecturis quod coram Hugone Leporis de Paredo auttoritate regia notario publico juratoque dicti domini nostri regis et nostro, ad hoc et ad majora a dicto domino nostro rege et nobis deputato, propter hoc personnaliter constitute, Agnes et Margareta filie nobilis viri domini Johannis *de Cortiambles,* domini Comarreni, militis, de auttoritate, licencia, jussu, mandato et voluntate dicti domini Johannis patris ipsarum filiarum suarum presentis, ipsasque filias suas quo ad infra scripta expressu auttorizantis, dicta vero Agnete de auttoritate dicti patris sui manucapiente et se fortem faciente pro dicta Margareta sorore sua etate minore, ut dicitur, non vi, non dolo nec metu ad hoc indutte, nec in aliquo, ut ipse asserunt, circumvente, nec decepte, sed scienter, prudenter, spontane et provide et de factis suis ad plenum certiores, et maxime de consilio dicti domini Johannis patris et legitimi administratoris dictarum filiarum suarum, predicteque vero filie quelibet ipsarum in solidum et pro toto consentiunt, laudant, rattifficant, emologant et aprobant permutationes et excambia facta seu factas inter dictum dominum Johannem *de Cortiambles* patrem earumdem ex una parte, et dominum Johannem de Espinacia, dominum de Sancto Leodegario, milite, ex altera parte, de terra de Valle, prope Chipetram in Kadrellensi, ad terram prope Perrieriam et

Eduam, cum villagiis de Arboribus, *des Fosses, de Montoy, de Montgauchoux, de Fougeres et de Villebers*, prout plenius declarentur dicte terre et res permutate in litteris confectis supra dictis permutationibus seu excambiis quibus hec presentes littere sunt anexe; devestientes se dicte filie de auttoritate qua supra de dicta terra de Valle, pertinenciis et appendiciis dicte terre pro se et suis, et dictum dominum de Sancto Leodegario et suos heredes, licet absentem, tamen coram dicto notario stipulante et recipiente nomine et ad opus ipsius domini de Sancto Leodegario et suorum, investientes : volentes dicte filie quod dictus dominus de Sancto Leodegario de dicta terra de Valle et juribus, pertinenciis et appendiciis ejusdem possessionem corporalem, realem et de facto capiet et capere valeat auttoritate sua propria, ac etiam adipisci, omnimodam possessionem, saisinam et proprietatem transferunt totaliter et transportant de eadem in dictum dominum de Sancto Leodegario et suos heredes. Promittentes dicte filie, etc.

Anno Domini M° CCC° LXX°, mense decembris.

(Archives de Montjeu.)

LIV

20 avril 1372. — Donation faite au Chapitre de l'église d'Autun par Odile de Montjeu, chevalier, pour l'anniversaire de Hugues de Montjeu, son père.

En nom de N. S. amen. L'an de l'incarnation d'icelli mil CCC soixante et douze, le XX° jour d'avril, je Odile de Mongeu, chevalier, filz de feu mons. Hugue de Mongeu, chevalier, fais savoir à touz ceulx qui verront et ourront ces presentes lettres que je saichement et porveument, pour mon grant proffit evident considéré sur ce, presenz à ce veneraubles personnes Olivier de Martroil, dien de l'eglise d'Ostum, acceptant et agreant les chouses qui s'ensuignent, donne, cede, quitte, delivre et laisse perpetuelment pour moy et mes hors à la eglise d'Ostun et es seigneurs qui sont et seront ou temps avenir et à leurs successeurs seigneurs d'icelle eglise douze florins de Florence de bon our et de juste pois ou dix livres de monnoie courant es termes qui s'ensuignent, rendenz et payenz un chascun an de moy et des miens à la dicte eglise et es diz seigneurs, c'est assavoir cens soubz de' ladicte monnoye le secon jour de may, et cent soubz la voille de saint Symon et saint Jude, pour faire et celebrer un chascun an, en ladicte eglise d'Ostun doux anniversaires, c'est assavoir à chascun des diz termes ung anniversaire en la manire accoustumée, pour le remede de l'ame de mon dit pere, et a voulu et consentu le dit mons. le dien que por paient un chascun an perpetuelment à la dicte eglise les diz douze florins ou dix livres de telle monnoye qu'il courra es termes dessus diz, que je faice mettre et puis faire mettre la tombe estant en la dicte eglise sur le dit mons. Hugue, mon pere; et je le dit Olivier, dien dessus dit, tant pour moy que come pour les autres seigneurs de la dicte eglise, promet faire celebrer dehuement les diz anniversaires un chascun an porvu paient à nous seigneurs de la dicte eglise la dicte rante un chascun an aux termes dessus diz. Et pour ce nous les dictes parties, etc.

En tesmoing de la quel chouse nous avons requis estre mis le scel de la court de mon dit seigneur en ces presentes lettres faictes et données en la presence de Jacobt Serrurier, clerc, tabellion d'Ostun pour mons. le duc, de messire Jehain Maceot, prestre, Jehain de Vertuz, Jehain de Laisi, Gervais Daire et plusieurs autres tesmoins a ce requis et appellez, l'an et jour dessus diz. J. SERRURIER.

(Archives de l'hôtel de ville d'Autun. Fonds de la Cathédrale.)

LIV*

Dimanche 26 septembre 1372. — *Bail de la tour Coichet située au bourg de Saint-Jean-le-Grand, consenti par Marguerite de Saillenay et Pierre de Montjeu, à Jean de Saint-Romain.*

En non de nostre Signour, amen. En l'an de l'incarnation d'icelluy mil IIIe sexante et douze, le dyemange devant la feste de saint Michiel archange, je Jehan de Saint-Romain, filz Girart de Saint-Romain, chapuis, demorant à Ostun, fais savoir à tous que je pour mon profit evident retien et pranz à tous jours mais por moy et por mes hors de noble dame madame Marguerite de Salenat, dame de Moniehu et d'Antulley, de Perrin, son filz, escuyer, et de lours cohers et hors, por les quelx la dicte dame et Perrin se font fort et prennent en main, les chouses qui s'ansuignent : c'est à savoir une lor tourt appellée la tourt Coichot, assise ou bour Sainz Jehan d'Ostun, emsanble la maison et aisance d'ycelle tourt; item, du curtil tenant es dictes tourt et maison et appertenances et aisances d'entourt ycelles, et sont assises ou dit bourt, de costé le plastre Bertrant Mitton d'une part, et la maison au Lonbart Vouluz, et le chemin publique d'autre part, franchement et quittement; et ceste caption et retention je fais et pranz por moy et por mes hors de la dicte dame, Perrin, lours cohers et hours, por payant un chascunz an perpetuelement, le jour de Nostre Dame la Marsauche, de moy et des miens, à la dicte Dame et à dit Perrin, lours cohers ou à lors hors, trante soubz, monoye censable, c'est à savoir, un gros tornois d'argent viez de bon pois por quinze deniers et por dix frans d'our de bon pois et bon our de entrayge, de moy à la dicte ma dame et au dit Perrin payez et satisfaiz ; et pour tel que ou cas que la dicte maison cherroit par avanture je ne seroye tenuz à rediffier ou reffoire s'il ne me plaisoit, et ne devroye oster ne prandre la pierre d'ycelle maison ce n'estoit por ediffier la dicte tourt et appertenances d'ycelle, en tel meniere que je suis tenuz por moy et por les miens tenir et maintenir la dicte tourt et appertenances d'ycelle à tous jours mais en bon estat et competant. Et es [accordez] entre moy et la dicte ma dame et Perrin, por eulx et por non que dessus, que je puis desoler et abatre la dicte maison, s'il me plait, et non pas la dicte tourt, et faire mon profit du bois et de la tule d'ycelle, et non pas de la pierre, se n'est por ediffier la dicte maison et tourt, comme dessus est dit; item, est accordez entre la dicte ma dame et Perrin d'une part, et moy d'autre, que devant ung an dois la date de ces lettres ils feront obliger et consentir ad ces chouses noble homme monsieur Odile de Moniehu, chevalier, filz de la dicte ma dame Marguerite. Pour quoy je suis tenuz et promet por mon serment, etc.

Ou tesmoin de laquelx chouse j'a requis le seel de la dicte court estre mis en ces presentes lettres faites et données en la presence de Jehan Maulmenez de Noulay, coadjuteur de Guillermin Rousseau de Santhenay, tabellion du dit Noulay, por le dit mons. le duc, Alixandre de Mongehul, Hugues de Cordesses et Estienne Meustrot, tesmoins a ce appellez, l'an et le jour dessus dit. J. MAULMENEY.

(Archives de Montjeu.)

LV

Juin 1372.—Vente de Maligny et de Saint-Léger-du-Bois faite par Simon d'Ostun, sire de Dracy-Saint-Loup, à Guy et Guillaume de la Trémoille.

Philippe, filz de roy de France, duc de Bourgoingne, savoir faisons à touz presens et à venir nous avoir veu certaines lettres seellées du seel de la court de nostre chancellerie de Bourgoingne par lesquelles messire Symon de Dracey, chevalier, confesse avoir vendu et transporté à noz amez et feaulz chambellans messires Guy de la Tremoille, chevalier, et Guillaume de la Tremoille, chevalier, son frere, deux cens livrées de terre à l'assiette de Bourgoingne à prenre et asseoir sur les villes et terre de Maligny et de Saint Ligier pres d'Arney et es appartenances d'icelles et, ce elles n'y suffisent, en ses aultres terres au plus pres des dites villes, des quelles lettres la teneur s'en suit.

En nom de nostre Seigneur, amen. En l'an de l'incarnacion d'icellui mil trois cens soixante et douze le huitiesme jour du mois de may, je Symon de Dracey, chevalier, fais savoir à touz presens et à venir qui ces lettres verront et orront que je senz fraude, senz force, barrat ou decevance, mais de ma pure volenté, eu sur ce bonne et meure deliberacion, à mon proffit evidant, en eschevant mon domaige, ay vendu, ven, cede, quitte et delivre perpetuelement à nobles hommes messires Guy de la Tremoille, chevalier, et à Guillaume de la Tremoille, freres, pour eulx et leurs hers et aiens cause d'eulz deux cens livrées de terre à l'assiette de Bourgoingne, lesquelles deux cens livrées de terre je doy, suis tenuz et promet et me oblige à yceulx freres, à leur requeste, ou à la requeste de leur certain commandement asseter et asseoir bien et loyaument sur et en mes villes et terre de Malligny et de Saint Ligier pres d'Arney et appertenances d'icelles mes villes et sur et en ma autre terre au plus pres d'icelles villes de Malligny et de Saint Ligier, ce en icelles villes et appertenances ne se povoient parfaire et trouver selon la dicte assiete les deux cens livrées de terre por moy ainsi vendues, en hommes, femmes, tailles, censives, charnaiges, corvées, coustumes, rentes de blef et d'argent, bois, rivieres, prez, terres arables et en autres heritaiges, droiz et possessions, justice, seigneurie, haute, moyenne et basse et autre noblesce que je y ay, puis avoir et doy, retenu devant toutes euvres et por toutes ceste vendue le consentement de monseigneur le duc de Bourgoingne, seigneur du fié des dictes villes, et d'autre seigneur de quy fié pevent mouvoir, et sont les lieux ou seront assisses les dictes deux cens livrées de terre, aus quelx seigneurs et à chascun d'eulx je supplie que à ces choses leur plaise et ce vueillent consentir; et le consentement dudit monseigneur le duc doit et a promit le dit mons. Guy de la Tremoille à ce present stipulant et octroiant pour lui et son dit frere procurer et tant faire à son propre mission envers le dit monseigneur le duc qu'il lui donera le dit consentement et ce consentira à ceste vendue et leur en baillera ses lettres patentes; et ceste vendue je ay faicte et fais aux diz por le prix et somme de deux mille deniers d'or fran du coing du roy de France de bon pois, en rabat et diminucion de la quelle somme les diz freres achateurs pour moy et a ma requeste ont paié au dit monseigneur le duc quinze cens royaux d'or de bon pois les quelx je devoie au dit monseigneur le duc pour certainnes condemnations faictes en son darrenier parlement à Beaune et par arrest de parlement de Paris confermant ycelles, et d'iceulx quinze cens deniers d'or royaux les diz freres m'ont acquittié envers le dit monseigneur le duc qui d'icelles debtes me faisoit executer et mes biens et terre vendre et aliener, et le seurplus de la dicte somme me ont paié les diz freres achateurs en deniers comptans jusques à l'entiere et parfaicte satisfacion de la dicte somme de deux mille deniers d'or frans, et por ainsi d'iceulx me tieng por content et bien paiez, etc. En tesmoing de laquelle chose je ay requis le seel de la dicte court estre mis à ces lettres. C'est fait en presence de Guiot Monnot, clerc, tabellion de Semur, de messire Robert de Beaujeu, chevalier, maistre Michiel de Laynes, clerc, Robert d'Amancé, maistre Jaques de Vaulz, Jehan Le Mal et Guiot Belledent demourant à Semur, tesmoins à ce appellez l'an et jour dessus diz.

Lesquelles lettres dessus transcriptes et toutes les choses et singulieres qui y sont contenues nous avons fermes et agreables, etc.

Ce fut fait à Chalon sur Soone l'an de grace mil trois cent soixante douze, ou mois de juing.

(Archives de Montjeu.)

LVI

14 janvier 1374 (nouv. style 1375). — *Montre de Simon de Dracy, chevalier.*

C'est la monstre Monsieur Symon de Dracey, chevalier, et des autres compaignons estans avec li, recehus par nous Guy de Pontoiller, mareschal de Bourgoigne, presens Monsieur de Sombernon et Monsieur Guy le Baveux, chevaliers, le XIIIIe jour de janvier l'an mil CCCLXXIIII.

Premierement ledit Monsieur Symon, cheval bringers, armey entier.

Perrin de Domecey, chevalier, cheval tout noir armey entier.

Regnaut de Domecey, cheval bai armey sens piez et jambes.

Guy de Pontoiller chevalliers, mareschal de Monseigneur le duc de Bourgoigne à Huet Hanon, tresorier de notre dit seigneur, salut. Nous vous envoions enclouse soubs notre seel la monstre de Monsieur Symon de Dracey, chevalier, et de deux escuiers avec li, estans au mandement de notre dit seigneurs, qui fut à Chasteillon sur Seigne le IXe jour de janvier l'an mil CCCLXXIIII, recehue par nous, presens Monsieur de Sombernon et Monsieur Guy le Baveux, chevaliers, le XIIII° jour dudit mois l'an dessus dit, si comme vous le verrés par ladite monstre. Sy vous mandons de par notre dit seigneur que vous li faites prest et paiement si comme vous savé qu'il appartient. Donné soubs notre seel audit Chasteillon le XIIII° jour et l'an dessus dy.

(Archives de la Côte-d'Or, B. 11745.)

LVI*

9 février 1374 (nouv. style 1375). — Dénombrement donné par Simon, sire de Dracy-Saint-Loup, chevalier.

Universis presentes litteras inspecturis, nos officialis Eduensis notum facimus quod in presentia dilecti nostri fidelis Johannis Chauveleti, Edue commorantis, clerici jurati nostri et curie nostre Eduensis notarii ac tabellionis publici, viceque nostra in hac parte fungentis et cui eciam in hiis et majoribus fidem plenariam adhibemus, propter hoc personaliter constitutus, nobilis vir Symon de Draceyo Sancti Luppi, miles, publice recognoscit et in veritatem confitetur se tenere et debere tenere in feodum et homagium legium ab illustrissimo principe domino duce Burgondie res inferius nuncupatas : et primo videlicet domum fortem seu castrum de Draceyo Sancti Luppi et omnes ortos seu curtiles eidem castro pertinentes et vulgultum dicti loci stantem ante dictum castrum, cum omnibus juribus aisentiis et appendiciis eidem castro pertinentibus ; item, terras *de Montresey* quas singulis annis possunt valere per communi extimatione duo modia bladi selliginis et avene per medium ; item, omnia molendina dicte terre de Draceyo valentes quolibet anno circa sexaginta sextaria silliginis ad mensuram Eduensis ; item blaieriam in terra predicta de Draceyo valentem pro anno quolibet circa quadraginta sextaria silliginis ad mensuram predictam et viginti libras cere ; item, costumas avene in tota terra predicta videlicet in parrochiis de Courdossis, Reclainis, Sancti Ferreoli, Tavernani et Draceii, valentes quolibet anno duodecim viginti sextaria avene vel circiter cum sexaginta solidarium Turonensium parvorum censualium, videlicet uno grosso Turonense argenti pro quindecim denariis in annis singulis ; item, quatuor libras Turonensium censualium dicte monete in dicta terra que debentur quolibet anno ad festum beati Simphoriani, et unum communum galice *mangier*, valentem circa quatuor libras Turonensium annuatim in eadem terra debitas ; item, unam questam super homnibus franchis in villariis de Courdossis et de Draceyo quam eisdem facere et ponere potest idem miles a tribus annis in tres annos, que valet et valere potuit et potest et consuevit viginti quinque libras Turonensium forcium; item, taillias ad festum beati Lazari septembris quolibet anno in villis Draceii *du Fourchas*, Montis Tresiaci, sine molendino domini *de Layer*, boicheti Crisseii dicti *des Chasaul*, Liongiis, eidem militi debitas, cum villeriis et nemoribus de Courdessiis et aliquibus hominibus tailliabilibus suis qui sunt de villa, quorum valent circa sex viginti libras Turonensium parvorum, videlicet uno grosso pro quindecim denariis; item, in villis ante dictis sexaginta et decem libras tailliarium dicte monete ad terminum carnis privii; item, in omni terra et villis Abergamenti Marcei et de Courdossis in parochiis *Tavernain, Reclenc* et de Courdossis que debent quolibet anno ad diem certum seu nuncupatum : videlicet in die dominica post beatum Martinum yemalem et valent quatuor viginti et decem libras Turonensium parvorum monete ante dicte; item, omnia nemora existencia in parochiis de Courdossis, Draceii et Sancti Ferreoli; item, parva pannagia dictorum nemorum que debent homines dicte terre anno quolibet pro porcibus suis positis in dictis nemoribus : videlicet illi qui porci ponunt et existunt in domibus suis *de l'Auge de mars* : videlicet unum duos denarios et alter quatuor, et valent dicti exitus anno quolibet pro communi extimatione circa decem libras Turonensium parvorum, videlicet uno grosso Turonensis pro quindecim denariis; item, circa sex viginti gallinas qui eidem militi debentur anno quolibet ab hominibus terre predicte; item, super homines terre predicte corveias ad quadrigandum cum suis quadrigis et bobus vina dicti militis a provincia Belnensi in fortalicio de Draceiyo predictum, eciam ad quadrigandum ligna abtu ad califaciandum in hospicio dicti castri et ceteras courveias tam braichii quam alias per ipsos fieri consuetas sic et prout in provincia Burgundie fieri consuetas; item, tria stagna dicti militis in terra memorata existencia eciam et ripparias de Arroto et *de la Drée* sub suo dominio existentes. Item, eadem jura existencia recognoscit dictus miles coram dicto jurato nostro se preterea tenere in retro feodo a predicto domino duce res inferius nominandas : videlicet et omnia et singula que Johannes Triphonelli, domicellus, nomine ex causa *Marguerite* de Rigneyo, domicelle, uxoris sue, a dicto militi tenet etiam et tenere debet in feodum in parochiis Sancti Leodegarii de Bosco in rebus quibuscumque; item, res feodales alieque idem Johannes tenet et tenere debet a dicto milite in feodum de suo proprio hereditagio moventes in parochiatabus de Draceyo predicto et de Sancto Ferreolo situatas; item ea universa que Stephanus neutritus *de Monetoy* a dicto milite tenet in feodum nomine et ex causa Juhanne uxoris sue in finagiis de Chancignyeyo et parochiis Sancti Leodegarii de Bosco in rebus quibuscumque; item, ea omnia que Perrinus et Robertus de Chancigneyo, domicelli, a dicto milite tenent in feodum apud Chancigneyum in rebus quibuscumque; item, omnia illa que Bartholomeus de Chancigneyo a dicti milite tenet in feodum in ville de Chancigneyo in rebus quibuscumque; item omnia que tenet a dicto milite in feodum egregia domina domina de Monte Jovis in parochiis de Draceyo et de Curgeyo; item, ea que tenet in feodum a dicto milite Colinus de Chevigneyo in parochia de Draceyo predicto; item, omnia que tenet et tenere debet a dicto milite in feodum Martinus *Le Fournerat* nomine Johannis filii sui in parochia *de Reclanes* in rebus quibuscumque; item, omnia que tenet et tenere debet a dicto milite Johannes *de Baugiez* in villa *de Mayne* in parochia *de Reclanes* in rebus quibuscumque; item, omnia illa que Guiotus Triphonelli tenet a dicto milite in feodum apud Mellereyum in parochia *de Reclanes;* item, omnia que tenet Johannes *Gauveaul* a dicto milite in feodum apud Sanctum Feffreolum; item, omnia illa que Jaqueletus Sancti Ferreoli tenet a dicto milite in feodum in villa dicti loci; item, ea que tenet a dicto milite in feodum dicta *Libelle* Sancti Ferreoli in parochia seu finagio dicti loci; item, ea que tenet in feodum a dicto milite Johannes dictus *Li Viguier,* Edue commorantis, in parochiatibus Sancti Ferreoli et *de Reclanes,* que tenebant tempore quo vivebant Clarembaudus *Popain* et Droynus Georgis causa uxoris sue; item, ea que tenet a dicto milite in feodum Johannes de Rigniaco apud *Champescuillon* in parochia Sancti Leodegarii de Bosco; item, ea que tenet dicto milite in feodum Girardus filius Johannis *Le Fevre de Reclanes* in parochia dicti loci tam suo quam nomine uxoris sue; item, ea que tenet a dicto milite in feodum Richardus de Roicheta et soror sua in finagio *de Mayne;* item, ea que tenet a dicto milite in feodum Perrinus Baulerii in finagio *de Mayne;* item, ea que tenet a dicto milite in feodum Agnes quondam filia Johannis Humberti in parochia *de Reclanes;* item, ea que tenet a dicto milite in feodum *Colete* relicta Johannis de *Croussevaul* in parochia *de Reclanes;* item, ea que tenet a dicto milite in feodum filius Johanneti *Godart* in finagio *de Mayne;* item, ea que tenet a dicto milite in feodum Symonnus Ligonensis causa Juhanne uxoris sue in finagio *de Mayne;* item ea que tenet a dicto milite in feodum Jacobus *d'Essertenes* in dicto finagio; item, ea que tenet a dicto milite in feodum Johannes dictus *de Commegrain* in dicto finagio; item, ea que tenet a dicto milite in feodum Hugo dictus *Li Gentiz hons* in parochia de Draceyo; item, et omnia universa et singula alia que idem dominus de Draceyo habet tenet et possidet et tenere debet in villis et locis memoratis et in omnibus aliis locis in ducatu Burgundie a feodo et retrofeodo dicti domini ducis seu successorum suorum moventia et existantia antiquitus. Item, recognoscit idem miles se tenere et debere tenere in feodum et homagium ligium a predicto domino duce, omnimodam justitiam altam et bassam, meram, mistam et imperium in tota terra predicta; protestatione per dictum militem facta super hiis coram dicto jurato nostro de specificando et lacius declarando dum per dictum dominum ducem seu alterum ejus nomine debite requisitus fuerit res que superius compectantur non declaravit, eciam de addendo seu diminuando in premissis et premissis singulis ea que necessa fuerunt addendi seu diminuandi. Et promittit dictus dominus de Draceyo per juramentum suum ad sancta Dei evangelia datum et sub speciali et expressa ypotheca et obligatione rerum feodalium et retrofeodalium prelibatarum se dicto domino duci Burgundie et successoribus suis de premissis et per premissis de cetero esse feodalis et obediens facere que in talibus consuetum est et servitium feodalem eciam declarationem aliam unam vel plures sub consimili vel alia competenti forma eidem domino duci et sui si opus est et requisitus fuerit dare facere et prestare, etiam contra tenorem presencium de cetero non facere vel venire exceptionibus quibuscumque in hiis contrariis penitus, renunciando se eciam cum suis predictis juridictione curie nostre totaliter supponente. In cujus rei testimonium nos officialis Eduensis predictus ad preces et requisitionem dicti militis nobis oblatis per dictum juratum nostrum qui nobis premissa per suum juramentum retulit esse vera sigillum dicte curie hiis presentibus litteris duximus apponendum.

Datum die veneris post festum Purificationis Beate Marie Virginis anno Domini millesimo trecentesimo septuagesimo quarto presentibus domino Guidone de Thoireyo curato de Dracey, Philippo Boisserandi et Guioto Boisserandi, testibus ad hoc vocatis specialiter et rogatis, anno et die predictis. J. CHAUVELETE.

(Archives de la Côte-d'Or, B. 10525.)

LVII

11 juillet 1378. — Arrêt du parlement de Paris, maintenant Guy de la Trémoille, chevalier, en la possession de la terre de Dracy-Saint-Loup vendue par décret sur Simon d'Ostun, sire de Dracy-Saint-Loup, chevalier.

Lite mota in nostra parlamenti curia, inter Guidonem *de la Tremoulle*, militem, ex parte una, et Symonem de Edua, dominum de Draciaco Sancti Lupi, militem, ex altera, super eo quod dictus Guido certam executionem fieri fecerat contra dictum Symonem de summa sexcentum decem octo florenorum de Florentia eidem ut asserebat debitorum ratione et ad causam certi redditus annui et perpetui, videlicet quingentorum et sexagenta florenorum de Florentia ex una parte, et quinquagenta sex florenorum ex altera eidem Guidoni ad certam causam et ad certum titulum spectantis et pertinentis, ut dicebat, in et super castro, castellania, redditibus, revenutis et pertinenciis de dicto Draciaco, per quamquidem executionem dictum castrum de Draciaco una cum terris et pertinenciis supradictis per certum servientem carissimi fratris nostri ducis Burgundie venditioni ac sub hastationibus et proclamationibus expositum fuerat pro dicta summa debita, et tandem pro summa mille quingentarum librarum Turonensium venditum extiterat; dictus etiam Symon, certarum virtute litterarum a cancellario dicti ducis emanatarum adjornatus fuerat ad certam diem dudum lapsam coram cancellario predicto visurus dictam venditionem per eumdem cancellarium, juxta patrie consuetutidem, laudari et decretum apponi ac emptori tradi; de et super quibus adeo processum fuerat inter dictas partes, coram cancellario predicto, quiquidem cancellarius certam sententiam pro predicto Guidone et contra Symonem predictum protulerat, a qua prefatus Symon ad nostram parlamenti curiam appellaverat; in qua quidem curia nostra comparentibus partibus ante dictis vel earum procuratoribus in causa appellationis predicte, et eisdem auditis ac in factis contrariis super hoc appunctatis, procurator prefati Guidonis nomine ipsius et pro ipso ac pro acceleratione sue cause principalis ab utilitate vel defectu predicte sententie pro eodem Guidone ut predicitur late se destiterat, qua propter per eamdem curiam nostram fuerat inter cetera ordinatum quod partes predicte ad certam diem nuper lapsam in ipsa curia comparerint in et super causa principali processure et ulterius ut esset rationis; comparentibus igitur propter hoc in nostra curia predicta partibus ante dictis, prefatus Guido petebat quod dicta executio ad ipsius requestam ut premittitur debita incepta perficeretur et compleretur, dictumque decretum emptori rerum venditarum traderetur et deliberaretur, necnon et quod Symon predictus in ipsius Guidonis expensis condamnaretur, prout fieri debebat ut dicebat, pluribus aliis rationibus per eumdem super hoc allegatis; pro parte vero predicti Symonis propositum extitit ex adverso quod licet ipse tempore dicte executionis incepte plura bona mobilia possideret et haberet, in et super quibus executio predicta fieri debuisset et potuisset antequam ad venditionem suorum immobilium procederetur secundum consuetutidem patrie, dictus tamen serviens ad venditionem dicti castri et ejus pertinentiarum contra rationem et consuetudinem predictas processerat; terra etiam de Draciaco predicta, que ab antiquo magna et notabilis terra reputabatur et que adhuc erat et est de presenti valoris trecentarum librarum annui redditus ad assietam patrie Burgundie que bene valebant et valent quingentos francos redditus ultra redditum quem dictus Guido se habere pretendebat et pretendit in dicto castro et pertinentiis pro predicta modica pecunie summa mille et quingentarum librarum, tunc vendi non potuerat nec debuerat per consuetudinem in dictis partibus notorie observatam; et si non reputaretur notoria, dictus Symon eamdem probare se obtulerat, et adhuc offerebat; fuerat etiam dicta executio incepta et facta absente dicto Symone a patria Burgundie predicta, nec fuerant predicte proclamationes, si que facte fuerant, eidem saltem debite significate; preterea dictus Guido vel ejus gentes de fructibus terre predicte plures pecunie summas usque ad valorem trecentorum florenorum et amplius receperant; nichilominus dictus Guido executionem pro totali summa fieri requirebat, et preterea ille qui dictam summam mille et quingentarum librarum Turonensium pro dictis rebus subhastatis et venditioni expositis obtulerat siccus et exquisitus emptor ac pauper homo et non solvendo erat, ex quibus omnibus apparebat quod dictus Guido non erat nec est admittendus ad suas conclusiones et demandas ante dictas, et si esset admittendus sibi fieri non debebant, quodque executio predicta indebite et injuste incepta et facta fuerat, nec perfici seu compleri aut decretum super hoc tradi, sed dicta venditio et executio cum omnibus ex eadem secutis adnullari debebat, quodque etiam dictus Guido in ipsius Symonis expensis debebat condamnari ut dicebat, et sic dici et pronunciari petebat idem Symon plures alias rationes super hoc allegando. Tandem auditis dictis partibus de et super premissis per certum arrestum dicte nostre curie die vigesima octava novembris anno Domini millesimo trecentesimo septuagesimo septimo prolatum, dictum fuisset quod partes predicte non-poterant sine aliquibus factis per ipsos propositis expediri, et ideo facerent facta sua super consuetudinibus per dictum Symonem propositis, per quas dicebat et asserebat quod dictum castrum de Draciaco cum ejus pertinentiis non potuerat nec debuerat pro dicta summa vendi seu alienari, ac etiam super eo quod predictus Symon proposuerat quod dictus Guido aut ejus gentes pro ipso perceperant et habuerant de fructibus et emolumentis dicti castri et ejus pertinentiis usque ad summam trecentorum francorum auri vel circa, et etiam super propositis per dictum Guidonem ex adverso. Super quibus inquesta facta processuque ad judicandum, salvis reprobationibus dicti Symonis contra testes predicti Guidonis traditis, recepto, eo viso et diligenter examinato, repertoque quod sine reprobationibus poterat judicari, PER JUDICIUM dicte nostre curie dictum fuit quod dicta executio perficietur, tradeturque decretum emptori cum possessione et saisina predictorum castri et terre satisfaciendo de mille et quingentis libris Turonensium per ipsum emptorem pro dictis castro, terra ipsorumque revenutis oblatis, quodque summa sexcentorum decem octo florenorum de Florentia, pro qua dicta executio fuerat incepta, de premissis mille et quingentis libris Turonensium tradetur prefato Guidoni, deductis quatuor francis quos de venditione bonorum mobilium prefati Symonis ratione dicte executionis fuerunt recepti, qui quatuor franci tradentur dicto Guidoni, ipsumque Symonem in expensis hujus cause dicta curia condamnavit et condamnat, earum taxatione ipsi curie reservata.

Pronunciatum undecima die julii, anno Domini millesimo trecentesimo septuagesimo octavo.

Extractum a registris curie parlamenti, DUTILLET.

(Archives de Montjeu.)

LVIII

17 août 1379. — Vente des terres de Maligny et de Saint-Léger-du-Bois faite par Guillaume de la Trémoille et Marie de Mello, à Guy de la Trémoille, chambellan du duc de Bourgogne.

En nom de nostre Seigneur, amen. L'an de l'incarnation d'icellui mil trois cens soixante dix et neuf, le dix et septiesme jour du mois d'aoust, je, Guillaume de la Tremoille, escuiers, donnons et octroions à Marie de Mello, ma tres chiere et amée femme à ce presente, licence, auctorité et commandement especial de faire et dire, passer, accorder, consentir et octroier avec moi le vendaige et toutes les choses cy apres escriptes; et je Marie de Merlo *(sic)* dessus nommée prenons et recevons en moy les licence, auctorité et commandement à moy donnés quant à ce de Guillaume de la Tremoille mon mari devant escript; faisons savoir à tous ceulx qui verront et orront ces lettres que nous mariez dessus nommez, de bons et bien advisez propos, de nos bonnes volontez et certaines sciences, eu sur ce bon advis et deliberation pour nostre evident proufit, vendons, quittons, cedons, baillons et delivrons en heritaige perpetuel pour nous et nos hoirs à titre de pur et leal vendaige irrevocable à monseigneur Guy de la Tremoille, chevalier, nostre frere, chambellan de monseigneur le duc de Bourgoigne, nostre dit frere à ce present, stipulant et achetant pour lui, ses hoirs et aians cause de lui, toute nostre terre de Maligny et de Saint Ligier pres de Dracey Saint Loup, ensemble toutes les rentes, corvées, revenues, proufis et emoluments, appartenances et appendances d'icelle terre quelconques, comment que elles soient nommées et en quelque lieu qu'elles soient assises, pour icelle terre et choses dessus dites tenir, joyr, lever, posseder, avoir et percevoir par ledit monseigneur Guy acheteur et par ses hoirs et aiens cause à tous jours mais; et ce present vendage nous li faisons comme dit est pour le juste pris et somme de trois mille frans de bon or et de juste pois du coing de la forge du roy nostre sire, desquelz nous nous tenons de lui pour bien contens, et en quictons lui et ses hoirs et tous ceux à qui quictance en appartient et appartenra perpetuellement, etc. En tesmoing de ce nous avons requis et obtenu le scel de ladite cour estre mis en ces lettres.

C'est fait en la presence de Andrien Justot, tabellion de Saint Jehan de Lone pour monseigneur le duc, et en la presence de religieuse personne et honneste frere Guillaume Valon, confesseur de mon dit seigneur le duc, de honorables hommes et sages maistres Dreve Felice, licentié en lois, conseiller de mon dit seigneur, et maistre Jacques du Val, son secretaire, tesmoings à ce requis et especialement appelés. JUSTOT.

(Archives de Montjeu.)

LIX

17 août 1379.—Vente d'une rente de vingt livres parisis, assignée sur les revenus de la viérie d'Autun, faite à Guy de la Trémoille, chambellan du duc de Bourgogne, seigneur de Châtel-Guillaume et de Dracy-Saint-Loup, par Pierre d'Ostun, chevalier, seigneur de Chevigny-lez-Semur.

En nom de nostre Seigneur, amen. En l'an de l'incarnacion d'icellui courent mil trois cens soixante dix neuf le dix septiesme jour dou mois d'aoust, je Pierre d'Ostun, seigneur du chastel de Chevigny les Semur en Auxois, chevalier, fais savoir que je, non decehuz et non controins, mais pour mon besoing et evident profit, pour moy, mes hors et aiens cause de moy, vent, cede, baille, quitte et delivre en heritage perpetuel à noble homme messire Guy de la Tremoille, chevalier, chambellam de mons. le duc de Bourgongne, seigneur de Chastel Guillaume et de Dracey Saint Loup, pour lui, ses hors et les aiens cause de lui, vint livres parisis qui valent vint et cinq livres de tornois, à compter ung franc d'or du coing du roy pour vint soubz tornois qui me sont dehues et que j'a acoustumé de prandre, lever et percevoir chascun an, de rente sur les yssues, revenues, proffiz et emolumenz de la virie de la ville d'Ostun, laquelle vendue je fais pour le pris de trois cens florins d'or frans, du coing du roy de France, des quelx je me tien pour bien paiez et conten et satisfez, et en quitte perpetuelment le dit mons. Guy, acheteur, ses hors et aiens cause de lui, etc. En tesmoin de ce, je a requis et obtenu le scel de la dite court mons. le duc estre mis en ces presentes lettres faictes en la presence de André Justot, clerc, tabellion de Saint Jehan de Lone pour mon dit seigneur, de Girart Rosier, Poinsart Legier et Guillaume Moretin, demourant à Rovre, tesmoins à ce appellez et requis, l'an, jour, mois dessus diz. JUSTOT.

Archives de l'hôtel de ville d'Autun. F. de la Cathédrale.)

LX

21 novembre 1381. — Confiscation des dépendances de la terre de Dracy-Saint-Loup aliénées par Simon d'Ostun, sans le consentement du duc de Bourgogne, et donation de ces diverses aliénations, faite par le duc Philippe à Guy de la Trémoille.

Philippe filz de roy de France, duc de Bourgoingne, savoir faisons à touz presens et avenir que come le chastel de Dracey Saint Loup ensemble la terre et toutes les appertenances et appendences d'iceulx tant en fiez, rierefiez, foretz, bois, estangs, rivieres, cens, rentes, fours, molins, hommes et femmes, justice, seignorie, comme autres choses quelzconques soient meuvant de notre fié à cause de notre duchié de Bourgoingne et senz nostre volenté et licence n'en ait peu ne puisse aucune chose detrait, ameuté ou aliené; et ce non obstant nous ayons entendu que mons. Symon d'Ostun, chevalier, nagueres seigneur dudit Dracey et ses predecesseurs ont detrait, ameuté, aliené et transporté en autres mains, senz la volenté et licence de nous ou de nos predecesseurs dux de Bourgoingne, pluseurz manieres de choses de ladite terre de Dracey et des dites appertenances et appendances tenues de nous en fié comme dites est; c'est assavoir le fié de Gerart de la Chome, assis ou parroichaige de Reclennes; de rechief deux arpens et haulte forest venduz à Regnaut de Varioles ; de rechief de soitures de pré assis au parroichaige de Saint Furgeot lesquelles tient a present Guiot Robelin; de rechief le meix Maumarchié qui souloit devoir audit mons. Symon cent solz de taille par an, et ycelui mons. Symon l'a baillé audit Maumarchié pour dix sols seulement pour an; de rechief le meix Jean Naudin qui souloit devoir audit mons. Symon dix sols chascun an, et ycelui mons. Symon l'a baillé à Jean Le Mugne pour cinq sols seulement pour an; de rechief le dit mons. Symon a franchi de toutes choses excepté de tailles, Raoulot le mareglier et ses hoirs, qui estoient son homme mainmortable et li devoit pluseurs autres servitutes et redevances à cause de la dite terre; de rechief le dit mons. Symon a baillé et vendu franchement à Gaudry du Forchaz qui li devoit six bichoz avoine chascun an, et soiture et demie de pré; de rechief le dit mons. Symon a baillé à Guillaume de Curgey une piece de terre appellée le Champ de la Vigne contenant environ trois journaulx, et deux autres journaulx de terre ou lieu que on dit le Champ de Four; de rechief le dit mons. Symon a baillé franchement à Huguenin de Boulay le meix de la Fole Daules, le meix Martin Busoule, et le meix Tritau, qui souloient devoir chascun environ trente solz et deux sextiers avoine; de rechief le dit mons. Symon a baillé franchement au Friant, cousturier, demorant à Ostun, touz les heritaige que ycelui Friant tient ou finaige de Courdesse, les quieulx heritaiges devoient audit mons. Symon pluseurs servitutes et redevances; de rechief le dit mons. Symon a baillé franchement au curé de Courdesse pluseurs meix et autres heritaiges que ycelui curé tient ou finaige de Courdesse, les quieulx meix et autres heritaiges povoient valoir chascun an au dit mons. seigneur Symon environ soixante solz de taille; de rechief le dit mons. Symon a vendu et baillé pour deniers qu'il en a receuz au dit curé son usaige en touz les bois et sa pescherie en toutes les rivieres dudit Dracey; de rechief le dit mons. Symon a vendu et baillé à Guiot Triforneau environ dix livrées de terre qu'il tient, les quelles le dit mons. Symon avoit à Meilleray; de rechief le dit mons. Symon a baillé à Jehan de Vertus parmi vint solz pour an une maison qu'il avoit au bourt Saint Jehan d'Ostun, laquelle vault plus assez de rente par an, et si lui a baillé franchement une piece de terre seant sur Saule qui souloit devoir chascun an au dit mons. Symon six bichoz de froment de rente et douze deniers; de rechief le dit messire Symon a vendu à Huguenin de Clugny l'ainsné, maitre Jehan et Huguenin de Clugny ses nepveux, une maison qu'il avoit au cloistre d'Ostun, laquelle vault dix livres de rentes par an ou plus, ensemble les vignes qu'il avoit à Givry; de rechief le dit mons. Symon a baillé et vendu à Guillaume Le Fevre de Lucenay la vigne de Longchampt, ensemble vint cinq solz de censives qu'il avoit Urseau; de rechief le dit mons. Symon a vendu et baillé à Jehan des Baugis une piece de pré, contenant environ quatre soitures, seant en la praerie de Moris, et six journaulx de terre ou environ que ycelui mons. Symon avoit; de rechief le dit mons. Symon a vendu et baillé à mons. Regnaut, chanoine d'Ostun, son usaige es bois du dit Dracey; de rechief il a baillé et vendu à Jehan Le Roy usaige es ditz bois pour lui et pour ses bestes, et aussi a baillé et vendu à Guiot Robelin son usaige es ditz bois; de rechief le dit mons. Symon a baillé et vendu à Guillemin Le Charie pour lui et pour ses hoirs environ quatre journaulx de terre assis au bois de la Vendue; de rechief le dit mons. Symon a baillé à Huguenin de Courdesse pluseurs meix pour cinq solz par an et deux livres de cire tant seulement, lesquelx meix valoient et povoient valoir chascun an au dit seigneur de Dracey cent solz et plus; de rechief le dit mons. Symon a baillé et vendu à feu Estienne de Courdesse ou à ses hoirs pluseurs meix qui a ycelui mons. Symon valoient ou povoient valoir environ quarante solz pour an, et environ quatre journaulx de terre assis en Mien; de rechief le dit mons. Symon a baillé et vendu à Loys de Mimande de Ygournay environ dix livrées de terre que il avoit en la dite ville de Ygournay et ses appertenances; de rechief le dit mons. Symon a franchi et abonné à dix frans pour an tant seulement les hoirs du Gentil homme du dit Dracey de pluseurs rentes et autres redevances qu'ilz lui devoient qui montaient à vint frans pour an et plus; de rechief le dit mons. Symon a quittez et franchiz à touz jours pour vint frans pour une foiz qu'il a euz Guillaume Prenant, Raoulot le maraeglier, Jehannot Gastelier et Jaquot Migot de la garde des prisonniers du dit Dracey à laquelle eulx et leurs hoirs estoient tenuz; de rechief ledit mons. Symon a vendu à Symon de Langres environ trois journaulx qui peuvent valoir environ dix solz de rente par an, et aux hoirs Raoulin de la Chaume environ quatre arpens de haulte forest et environ vint journaulx de terre; de rechief le dit mons. Symon a vendu à feu Guiot de Nanteuil les fiez de toute sa terre qu'il tenoit es parroiches de Maligny et de Saint Pri, laquelle terre et fiez tient à present Oudot de Nanteul, filz du dit feu Guiot de Nanteul; de rechief vendi feu mons. Guy de Dracey, pere du dit mons

Symon, à Huguenin et feu Guillaume de Clugny, freres, une maison seant à Givry en Chalonnois, ensemble quatrevins ouvrées de vignes ou plus; toutes lesquelles choses ainsi baillées, vendues et alienées et quant à celles qui sont baillées pour meme pris que elles valoient le seurplus que elles valent, nous soient par ce confisquez et appartiennent, nous pour consideracion des bons et aggreables services que nostre amé et feal chevalier et premier chambellan monseigneur Guy de la Tremoille à present seigneur du dit nous a faiz par long temps et fait de jour en jour, à ycelui monseigneur Guy, pour lui, ses hoirs, successeurs et ceulx qui de lui auront cause avons donné et donnons de grace especiale et de certaine science à touz jours en heritaige perpetuelle tout le droit, raison, action, qui pour les causes dessus dites nous est ou peut estre acquis es choses dessus declarées ou en aucunes d'icelles, sauf toutevoies en ycelles choses le fié, souveraineté et ressort, et les autres drois que d'ancienneté nous et nos predecesseurs y avions, lesquieulx nous retenons et reserrons par devers nous. Si donnons en mandement à noz bailli et receveur d'Ostun et de Montcenis et à touz noz autres justiciers et officiers presens et avenir ou à leurs lieutenans, et à chascun d'eulx si comme à lui appertenra que de nostre presente grace ilz facent et laissent le dit mons. Guy, et ses diz hoirs, successeurs et ceulx qui de lui auront cause, perpetuelment et paisiblement joir et user, et contre la teneur d'icelle ne les contraignent, molestent ou empeschent, ou seuffrent estre contrains, molestez ou empeschez en aucune maniere. Et que ce soit ferme chose et estable à touz jours, nous avons fait mettre nostre seel à ces lettres, sauf en autres choses nostre droit et l'autruy en toutes.

Ce fu fait à Meleun sur Saine le XXIe jour de novembre l'an de grace M CCC quatre vin et un. Par monseigneur le duc, FERVOL.

(Archives de Montjeu.)

LXI

14 mai 1390. — Vente de quatre meix du village du Foul faite par Huguenin Porchet, écuyer, à Garnier de Bèze de Dijon.

En nom de nostre Seigneur, amen. L'an de l'incarnation d'icelluy courant mil troys cens quatre vins et dix, le lundy apres la feste de sainct Nicolas d'estey, quatorziesme jour du mois de may, je Huguenin Pourchot, escuyer, faiz scavoir à tous ceulx qui ces lectres verront et orront que je, non deceu, non contrainct, ne circumvenu, mays de ma certaine science, bon propos, comme bien conseillé et advisey en ce faict, pour mon grant et evident prouffit, et pour mes besougnes et negoces reformer en mieulx, vend, cedde, quicte, baille, transporte et delivre pour moy, mes hoirs et ayans cause de moy, à Garnier dit de Beze, de Dijon, pour luy, ses hoirs et ayans cause de luy, quatre meix estans et assis en la ville du Foul ou parochiage de Broye, c'est assavoir : le meix Guillaume du Foul qui me debvoit chascun an seize gros de taille au terme de la Sainct Ladre en septembre, etc ; item, le meix Jehan du Foul qui doibt, etc.; item, le meix Mathey du Foul, etc.; item, le meix Huguenin Bourcey, etc.; item, tout le droit, raison et action que j'ay puis ne doibs avoir es dits quatre meix ne es appartenances ne circumstances d'iceulx, tant en tailles, coustumes, censives, hommes, femmes, meix, maisons, terres, preys, boys, usaiges, corvées, gelines, mainmortes, la justice haulte, moyenne et basse, en blayrie comme en toutes aultres choses quelzconques appartenans ausdicts quatre meix, ensemble tous les fonds, droicts, aisances et appartenances des meix dessusdicts et des droicts et appartenances d'iceulx. Et ceste vendue, je Huguenin vendeur faiz pour moy et mes hoirs et les ayans cause de moy audict Garnier, à ses hoirs et ayans cause de luy, ou cas qu'il plaira au seigneur du flé de qui sont et meuvent les choses dessusdictes, c'est assavoir monseigneur Odile de Montjeu, chevalier, seigneur dudict fied et les ayans cause de luy, pour le pris et somme de cent frans d'or du coing du roi nostre sire et de bon poix, pour ce payez dudict Garnier ou de son certain commandement à moy ledict vendeur, en la presence du coadjuteur et des tesmoingts cy apres escripts, desquels cent frans d'or je me tien pour content et en quicte ledict acheteur et ses hoirs. Et le consentement dudict seigneur dudict fied, je Huguenin promet et suis tenu de procurer et pourchasser à mes missions et despens envers ledict seigneur dudict fied ; faisant mention que je loe et consen ledict vendaige perpetuellement et veult et consen que ledict Garnier ou ses hoirs puissent vendre, bailler, cedder, quicter, alyener et transporter les choses dessusdictes, par moy vendues, à Guyote, fille d'icelluy Garnier achepteur, femme de maistre Jehan de Clugny, citoyen d'Ostun, licentié es loix, etc.

En tesmoing j'ay requis et obtenu le seel de ladicte court estre mis à ces lesttres faictes et données en la presence de Legier d'Orche, clerc, demeurant à Ostun, coadjuteur de Guillemin Clement d'Arney, clerc, tabellion d'Ostun pour ledict monseigneur le duc, de maistre Jehan Piennes, maistre Jehan de Clugny, licentiez en loix, et..... Bobin, tesmoings ad ce requis et appelé.

(Archives de Montjeu.)

LXII

7 septembre 1392. — Reconnaissance de fief faite par Marie de Saulx, veuve d'Odile, sire de Montjeu, tant en son nom qu'au nom de ses enfants mineurs, à Jean de Vienne, sire de Chazeu.

Universis presentes litteras inspecturis, nos officialis Eduensis notum facimus quod in presentia dilecti nostri et fidelis domini Guillermi *de Gois*, presbyteri, Edue commorantis, jurati nostri ac curie nostre Eduensis notarii viceque nostra in hac parte fungentis, ob hoc personnaliter constituta, nobilis domina domina Maria *de Saulx*, domina de Montejoco et de Antulleyo, quondam uxor domini Odilis domini de Montejoco et de Antuilleyo predictis tempore quo vivebat, tam nomine suo quam nomine et ad causam Hugonis, Philiberti, Margarite, Nicholaï et Admedei liberorum suorum, tutrix que et legitima administratrix, tuterioque et administratorio nomine predictorum suorum liberorum a prefato domino Odilone ipsius quondam marito in corpore ipsius Marie procreatorum, quequidem domina Maria de auctoritate qua supra, sponte, scienter et provide confitetur et recognoscit se declarare et tenere ac habere in feodum, fidelitatem et homagium legium a nobili et potente viro domino Johanne de Vienna, domino *de Paigney* et *de Chaseul,* nomine et ad causam castri seu fortalicii sui *de Chaseul* predicti, res, bona et hereditagia que secuntur, videlicet : primo, mansum et tenementum quod quondam fuit Roberto et Radulpho *Coraul* fratribus situata in parochiatu *de Broies,* quod debet quolibet anno de tallia ad festum beati Lazari septembralis quadraginta solidos franco auri computato pro quindecim solidis Turonensium; item, mansum et tenementum vocatum *de la Plahonote* quem tenent Robinetus *de la Plahonote,* Perrinus *Billault*, Guillelmus *Coraus* et Guillelmus *Le Lorete* quod debet quolibet anno de taillia XL solidos predicte monete; item, mansum et tenementum Roberti *Asart* et Perelli *Gallart,* quod debet quolibet anno de taillia quadraginta solidos predicte monete, una cum justitia moyenna et bassa in dictis mansis et pertinenciis ejusdem, una cum etiam cum hominibus, courveis, gallinis, manibus mortuis quam aliis rebus quibuscumque nuncupatis et quocumque nomine censentur, que res fuerunt deffuncti Girardi *de Cheuvilley,* domicelli, sitas in parochiatu *de Broies.* Et protestatus fuit per dictam dominam Mariam de auctoritate qua supra, etc.

Datum et actum die sabbati ante festum Nativitatis beate Marie

Virginis anno Domini Mº CCCº nonagesimo secundo, presentibus dominis Petro de Vico, curato de Antuilleyo, et Hugone *Le Bault*, presbyteris, testibus ad premissa vocatis specialiter et rogatis. GUILLELMUS DE GOIS.

(Archives de Montjeu.)

LXIII

28 mars 1393 (nouv. style 1394). — Bail perpétuel fait par Marie de Saulx, dame de Montjeu, à Jean Jacob, aliàs Marchandot, du Chêne-Saint-Symphorien.

A touz ceulx qui verront et orront ces presentes lettres, nous Marie de Saulx, dame de Montjeu et d'Antuilley, femme de feu monseigneur Odile de Montjeu, chevalier, Huguenin et Marguerite, enfans procreez dudict chevalier ou corps de moy ladicte Marie, tant en nostre nom, comme prenans en main et nous faisans fors quant ad ce pour Philibert, Jehan, Nicholas et Aymé, enfans de moy ladicte Marie, procreez dudict feu monseigneur, faisons savoir que nous avons baillié, ceddé, quicté et delivré, et par ces presentes lettres baillons, cedons, quictons et delivrons pour nous et nos hoirs en heritaige perpetuel à Jehan Jacob, *alias* Marchandot, du Chaigne Sainct Symphorien, nostre homme, pour lui et pour ses hers, une piece de pré, contenant environ sex soitures, seans en nostre justice d'Antuilley, ou lieu que l'on dit es Jaisseries, pres de la justice d'Epirey, ensemble une piece de terre contenant environ cinq journaulx de terre, tenant à chemin por lequel l'on vait de chez la Burelle vers le molin d'Espirey, et dure jusque à la vevre de Guillaume de la Troiche, ensemble les aisances et appartenances, droits et sens d'iceulx prey et terres par my paient et rendant à touz jours mais chascung an, ou terme de la feste de sainct André, apostre, dudict Jehan ou de ses hers à nous ou à nos hers demie livre de cire; des quelles pieces de prey et terre nous, tant en nostre nom comme prenans en mains et nous faisans fors pour lesdiz Philibert, Jehan, Nicholas et Aymé, nous devestons par ces presentes et en avons revestuz et revestons ledict Jehan Jacob, etc.

En tesmoing de laquelle chouse, nous, Marie dessus dicte, avons scellez ces presentes lettres de nostre propre seel et avons requis le seing manuel de monsieur Pierre de Vy, curé de Antuilley, notaire et juré de la cour d'Ostun, estre mis en ces presentes lettres faites données en la présence dudict notaire, de monsieur Hugues Barat, prestre, de Jehan de la Gravetiere et de Jehan Renaul de Villaines, tesmoins ad ce appelez et requis, le jeudy devant le diemanche que l'on chante en saincte eglise *Judica me*, l'an mil CCC IIII^{xx} et treze. P. DE VY.

(Archives de Montjeu.)

LXIV

11 septembre 1408. — Reprise de fief de Marie de Saulx, dame de Montjeu, par Jean de Clugny, licencié ès lois, pour la terre du Foul dans la paroisse de Broye.

En nom de Nostre Seigneur, amen. L'an de l'incarnation d'icelli courrant mil quatre cens et huit, le mardi apres la feste de la Nativité Nostre Dame, je Jehan de Clugny, licencié en loys, tant en mon nom comme en nom et à cause de Guillaume, Goffroy et Alips mes enffans procreés ou corps de feu Guiote de Bese, ma femme, moindres d'aage, fais savoir à touz ceulx qui verront et ourront ces presentes lettres que je au nom que dessus cognois et confesse tenir en fyé et homaige de noble dame madame Marie de Saulx, dame de Montjeu et d'Antuilly, à cause de son chasteaul de Montjeu, les choses qui s'ensuignent; c'est assavoir le mex et tenement du Petit Guillaume du Foul; item, le mex et tenement de Guillaume du Foul; item, le mex et tenement de Jehan du Foul; item, le mex et tenement de Huguenin Le Teney; item, le mex et tenement de Bernart du Foul; ensemble touz droiz, aisances et appartenances desdiz mex et tenementiers d'iceulx, tant en terres araubles, preys, boys, usaiges, pasquis, que lesdiz hommes tiennent et povent tenir à cause de leur diz mex en quelconque maniere que ce soit en toute la paroiche de Broyes et en aultre territoire appartenant esdiz mex et tenemenz, avec les courvées, tailles, coustumes, gelines, avenes, vins, dehues sur lesdiz mex et appertenances et la mainmorte, avec la justice et juridition par tous lesdiz mex et tenemenz d'iceulx jusques à la somme de soixante et cinq soubz, comme en aultres choses quelconques appartenant esdiz mex et tenemenz; item, l'escluse d'ung molin avec la place dudit molin assise au rup qui sault de l'estang du Foul; item, les places de deux estangs assis au Foul avec les appertenances d'iceulx estangs, et generalement toutes aultres choses quelconques appartenant à ladite terre du Foul, excepté le mex Huguenin du Foul, etc.

Ces presentes lettres faites et données en la presence de messire Pierre Le Brun, prestre, coadjuteur du tabellion d'Ostun pour ledit monseigneur le duc, de Symonnot Lamet, clerc, et messire Philibert, curé de Saint Sernin du Plain, tesmoings ad ce appelez et requis, l'an et jour dessus diz. LE BRUN.

(Archives de Montjeu.)

LXV

30 juillet 1412.—Lettres de Huguenin de Montjeu mettant Huguenin de Mazoncle, son vassal, en possession de la terre de Préau.

A touz ceulx qui verront et ourront ces presentes lettres, je Huguenin, seigneur de Montjeu, salut. Saichent tuit que pour la grant affection et amour que j'ay à mon tres chier et bien amé et feaul Huguenin de Masoncle, sire de Preaulx soubs Montjeu, et pour ce aussit qu'il a repris de moy en foy et en hommaige la maison, ensemble les mex et heritaiges, hommes et femmes, justice et aultres appartenances quelconques à ladite maison de Preaulx, qui sont et movent de mon fyé à cause dou chasteaul de Montjeu, et m'a promis et promey de moy bailler ou à mes gens declaration des choses avant dictes en temps dehu, et de desservir ledit fyé et hommaige selon la coustume de Bourgogne, j'ay donné et ottroyé par le teneur de ces presentes congié, licence, auttorité et mandement especial de pranre la saisine et possession de ladite terre, de lever, cuillir, recevoir et percevoir touz les fruiz, yssues, proffiz et emolumenz appartenans à ladite terre qui est de mondit fyé, pour mettre et convertir à son proffit comme de son propre heritage senz contredit. Pour la quelle chose je mande et commande de par moy à touz chastellains, officiers et sergens de la chastellenie dudit Montjeu et à touz aultres mes officiers qui sur ce seront requis que audit Masoncle baillent et delivrent la possession de ladite terre et d'icelle le facent et laissent joyr et user paisiblement saul mon droit et l'aultruy.

C'est fait et donné soubs mon scel le samedi avant la feste de sainct Pierre en aoust, l'an mil quatre cens et douze, en la presence de messire Pierre Lebrun, mon chapelain, notaire, de messire Guillaume de Champloual et messire Henri Charvy, prestres, à ce faire appelez et requis l'an et jour dessus diz.

(Archives de Montjeu.)

LXVI

10 juillet 1412. — Montre de Huguenin, seigneur de Montjeu, bailli d'Autun et de Montcenis.

C'est la monstre de Huguenin, seigneur de Mont Jeu, bailli d'Ostun et de Moncenis, de ung chevalier bacheler, et de quarante sept escuiers estans en sa compaignie, receuz à monstre au siege de Chastel Chignon par messire Guillaume de Mailley, seigneur de Masieres, chambellan de monseigneur le duc de Bourgoingne, ayant ad ce puissance par mondit seigneur, le Xe jour du mois de juillet l'an mil CCCC et douze.

Premièrement ledit bailli escuier :

Messire Jehan de Saulx, chevalier baicheler,

Jehan de Lugny,
Jehan de Buffieres,
Pierre de Braigny,
Guillaume du Verne,
Jehan de Montarmain,
Guiot d'Aigrevaul,
Guillaume de la Vesvre,
Jehan Borde,
Symon du Fresne,
Othenin de Barnay,
Symonnot Leuret,
Hugues Guigeon,
Le bastard Noblot,
Pierre de Chancigny,
Guillemin de la Forest,
Anthoyne Dueley,
Jaquot Quaroillon,
Jehan d'Avou,
Huguenot de Beze,
Jehan de Villeneufve,
Jehan de Nevers,
Jehan de la Mote,
Jehan Denisot,
Colas d'Aguilly,
Le bastart de Clugny,
Guillaume Vauceri,
Robert de Lugny,
Jehan de Marrey,
Guillaume d'Ocle,
Guillaume Viot,
Guillaume de Clugny,
Pierre Lombard,
Regnaut de Han,
Jehan de Vareroy,
Hugues de Monceaulx,
Pierre Regnard,
Germain Loillier,
Estienne de Montholon,
Aubertine de Meresauges,
Jehan de Monfaulcon,
Bartholomy Mareschault,
Girart Borne,
Pierre Mareschault,
Guillemin Perrin,
Guillaume de Bley,
Jehan d'Estrabone,
Adam de Cour Jaulcour.

— 247 —

G[uillaume de Mailley, seign]eur de Masieres, chambellan de Monseigneur le duc de Bourgoingne, commis en ceste [partie ....
...... bien amé Jehan de Pressy, tresorier des guerres du roy notre sire ou à son [commis..... .... je vou]s envoye cy dessus la monstre de Huguenin, seigneur de Mongeu, [bailli d'Ostun et de Mon]cenis, d'ung chevalier baicheler et de quarante sept escuiers [lesquels ont esté passes à mon]stre au siege de Chastel Chignon [le Xe jour du] mois [de juillet], etc...... *(Le reste est déchiré.)*

PIÈCES ANNEXÉES.

Je Huguenin, seigneur de Mont Jeu, bailli d'Ostun, confesse avoir eu et receu de Jehan [de Pressy, tresorier des guerres du] Roy notre sire, par la main de Regnault de Thoisy, receveur general des duchié et conté de Bourgoingne [la somme] de deux cens cinquante frans, pour les gaiges de dix jours de moy escuier, un chevalier baicheler et quarante sept escuiers [qui ont esté passées et] receues en montre à Chastel Chignon le Xe jour de juillet mil CCCC et douze pour servir [le Roy soubs] l'ordonnance de monseigneur le duc de Bourgoingne au siege mis par l'ordonnance du Roy oudit mois de juillet mil CCCCXII devant le chastel dudit Chastel Chignon. De laquelle somme II c L frans, je tant en mon nom comme pour et en nom des.......... je] me tien pour bien content et paié et en quicte et promet acquiter le Roy, mondit seigneur de Bourgoingne............ appartient. Tesmoing mon seel cy mis le XIe jour dudit mois de juillet l'an mil CCCC et douze.

Je Huguenin, sire de Mont Jeu, escuier, bailli d'Ostun, confesse avoir eu et receu de Jehan [de Pressy, tresorier des] guerres pour le roy notre sire, par la main de Regnault de Thoisy, receveur general des duché et conté de Bourgoingne, la somme de quatre vins frans pour les gaiges de dix jours entiers de seze paies de............... passez et receuz en monstre à ma compaignie à Chastel Chignon ou mois de juillet mil CCCC XII............. gouvernement de Monseigneur de Bourgoingne au siege mis par l'ordonnance du Roi devant le chastel dudit Chastel Chignon............... ledit chastel a esté rendu, ont vacqué en ma compaignie avecques pluseurs autres par l'ordonnance de........... Bourgoingne et de pluseurs autres du conseil de mondit seigneur estans audit siege, l'espace desdiz......
...... pour ledit chastel aidier à desroichier et abatre. De laquelle

somme de IIII^{xx} frans je pour et en nom de.....................
tien pour content et en quicte le Roy, mondit seigneur le duc et tous
autres et promes acquiter envers..................... Tesmoing
mon seel cy mis le XXVIIIe jour dudit mois de juillet, l'an mil CCCC
et douze.

(Archives de la Côte-d'Or, B. 11779.)

LXVII

12 novembre 1418. — Bail d'un meix, consenti par Guillaume de Clugny à Jean Guillaume, homme serf et mainmortable du village du Foul.

A tous ceulx qui verront et ourront ces presentes lettres, je Guillaume de Clugny, filz de feu maistre Jehan de Clugny d'Ostun, licenciez en lois, fais savoir que je, tant en mon nom comme ou nom et à cause de Geoffroy mon frere et de Alips ma seur, seigneurs avec moy de la ville et lieu du Foul, et comme prenant en main et moy faisant fort quant à ce pour mesdiz frere et seur, baille, cedde, quicte, transporte et delivre, pour moy et mesdiz frere et seur et pour nos hoirs, à Jehan Guillaume dudit lieu du Foul, homme sers de condition et de mainmorte, comme sont les autres hommes et habitans dudit lieu, hommes de moy et de mesdiz frere et seur, icelli Jehan Guillaume present acceptant et stipulant pour luy et pour ses hoirs legitimes procreez de son propre corps tant seulement, le mex et tenement qui fut Jehan Descombert, assis et situé audit lieu du Foul, ainsi comme ledit mex se comporte, ensemble les fonds, droiz, aisances et appertenances dudit mex, tant en maisons, murailles, maisieres, hosches, terres, curtilz, prez, pasquiers, bois, buissons, usaiges comme en autres choses quelconques; pour paiant et randant par ledit Jehan Guillaume et par sesdiz hoirs à moy ledit Guillaume de Clugny et à mesdiz frere et seur ou à nos hoirs, chacun an, quarante et cinq soubs tournois monnoie courante de taille, et deux bichoz avoine de costume à la mesure d'Ostun, avec les autres charges deues et accoustumées, à paier chacun an pour raison dudit mex et appartenances d'icelli aux termes accostumés de paier les tailles, costumes et autres charges, en ladite ville du Foul; parmi ce que ledit Jehan Guillaume et sesdiz hoirs sont et seront tenuz de accroistre ledit mex et de le mestre en bon et suffisant estat par tout leur povoir et en icelli bon et suffisant estat le garder et maintenir à ses propres missions et depens, etc.

En tesmoing de ce j'ay mis mon propre scel à ces presentes lettres faictes et donnees en la presence de messire Jacques de Communes, prestre, notaire publique, et presens Germain de Villers, Jehan Moyne, Goorge Taignerot et Gauthier de Povrey, tesmoings à ce appellez et requis, le samedi apres la feste de saint Martin d'iver, l'an mil quatre cens dix et huit. J. DE COMMUNES.

(Archives de Montjeu.)

LXVIII

2 septembre 1436.—Décision arbitrale au sujet de la terre de Préau que Huguenin de Mazoncle, écuyer, tenait en fief de Jean de Montjeu.

En nom de Nostre Seigneur, amen. L'an de l'incarnation d'icellui courant mil quatre cens trente six, le dimanche landemain de la feste Saint-Ladre, second jour de septembre, en la presence de moy Jehan Maire, demourant à Ostun, notaire publique et coadjuteur du tabellion d'Ostun pour monseigneur le duc de Bourgoingne, et des temoings cy dessoubz escrips, en l'église Saint Ladre dudit Ostun, et pardevant nobles seigneurs messires Girard seigneur de la Guiche, Pierre de Traves seigneur de la Pourcheresse, chevaliers, Huguenin de Montjeu seigneur d'Anthuilly, Regnault de Thoisy, maistre Henri de Clugny, licencié en lois, et Aubert Lobbat, arbitres, arbitrateurs et amiables compositeurs esleus, ordonnez et depputés, comme ils disoient, par les parties cy apres escriptes, se sont presentés et comparuz noble homme Jehan seigneur de Montjeu, d'une part, et nobles hommes Huguenin et Gillet de Masoncles, escuiers, freres, tant en leurs noms comme prenans en main pour demoiselle Huguette de Masoncles, dame de Preaul, leur sœur germaine, d'autre part. Lesquelx arbitres ont appointié et ordonné que au regart de ce que ledit seigneur de Montjeu disoit et pretendoit la terre de Preaul et appertenances d'icelle estre et mouvoir de son fief à cause de sa seigneurie dudit Montjeu, icellui Huguenin de Masoncles tant pour lui comme pour ses perçonniers en reprendroit dudit seigneur de Montjeu et lui en feroit les foy et homaige en tel cas deuz et pertinens, et lui monstreroit et justifieroit des lettres, tiltres et enseignemens des droiz que lui et sesdiz perçonniers auroient en ladite terre de Preaul, deans sept sepmeines prouchain venans, et tout sans prejudice de sesdiz perçonniers, mesmement sans prejudice de Guillaume Boisserant l'ung desdiz perçonniers à ce present; item, et en tant que touche la garde de la basse cour dudit chastel de Montjeu, que les hommes et habitans de la terre dudit Preaul estoient tenuz de faire, comme disoit ledit seigneur de Montjeu, lesdiz arbitres ont appointié, en assignant jour ausdites parties à comparoir pardevant eulx audit Ostun, au lundy apres la Revelace Saint Ladre prouchain venant, à avoir leurs advis, savoir moult ce lesdits habitans sont tenuz de garder ladite basse court dudit chastel ou non, et à les appointier sur ce ainsi que de raison appertera; et au regart de la justice haulte, moyenne et basse pretendue par ledit seigneur de Montjeu à lui appartenir ou mex de la Planchette, que tient Jaquot Billaut, avec la haulte justice et les epaves en ladite terre de Preaul, et de certaines censes que lesdiz freres et leur seur de Masoncles querellent et demandent aux habitans dudit Montjeu, iceulx arbitres ont appointié et ordonné que lesdites parties et chacune d'icelles en droit soy mettront es mains d'iceulx arbitres deans ung mois prouchain venant tout ce dont elles se vouldront aidier l'une contre l'autre pour la justification de leurs droiz, et en especial bailleront certaines enquestes que l'on dit sur cette matiere avoir esté pieça faictes; et aussi bailleront par escript d'une partie et d'autre deans ung mois leurs faiz et entention et ce que chacune desdites parties demande et querelle l'une contre l'autre tendans à leurs fins. Sur lesquelx faiz et entention desdites parties seront faictes enquestes d'une partie et d'aultre par moy ledit Jehan Maire et par Jehan Lefort, clerc, notaire public, que lesdiz arbitres ont à ce commis, en donnant audit Jehan Lefort et à moy ledit Jehan Maire plain pouvoir, puissance et auctorité de faire et parfaire lesdites enquestes diligemment, secretement et par escript, et lesquelles enquestes lesdiz arbitres et aussi lesdites parties et chacune d'icelles ont voulu et veuillent valoir en tous jugemens contradictoires et estre de tel effect et valeur ainsi et pareillement que se par juge ordinaire ou par auctorité d'icellui elles estoient faictes et parfaictes. Lesquelles enquestes ainsi faictes et parfaictes seront apportées par devers lesdiz arbitres deans la journée dudit lundi apres la Revelace prouchain venant pour les publier audit jour et proceder ou surplus en et sur ladite cause amiable mehue et pendant pardevant lesdiz arbitres entre lesdites parties comme il appertera par raison. Ausquelx appoinctemens et ordonnances dessus declairées lesdites parties et chacune d'icelles ont obtemperé et acquiescé et iceulx ont eu et ont agreables, et d'iceulx appointemens ont lesdites parties et chacune d'icelles requis et demandé à moy Jehan Marie, notaire publique devant nommé, publique instrument, lequel je leur ay ottroyé et ottroye par ces presentes.

En tesmoing desquelles choses, je, ledit Jehan Maire, ay requis et obtenu le scel de la court de mondit seigneur le duc estre mis à ces presentes lettres faictes et passées en la presence de honnorables hommes et saiges maistre Jehan Le Boiteux, clerc, licencié en lois, Pierre Lauret et austres tesmoings à ce appelez et requis, les an, jour et lieux dessus diz. J. MAIRE.

(Archives de Montjeu.)

LXIX

3 septembre 1436. — Hommage de la terre de Préau fait par Huguenin de Mazoncle à Jean de Montjeu.

Johan, seigneur de Montjeu, escuier, savoir faisons à touz que adiourduy en nostre chestel dudit Monjeu noble homme Huguenin de Masoncle, escuier, nos a fait foy et homage de la maason de Preaul et des appertenences d'icelle, laquelle feu Johan de Lazé, jadis escuier, à laquelle foy nos l'avouons receu saul nostre droit et l'autruit; lequel nos a juré et promis de desservir ledit fiez comme il appartient et celon la coustume de Bourgoingne, et li avouons ordonné que dans tamps dehu il nos en baille son denombrement, comme il appartient. Si donné en mandement à tous nos officiers que de ladite maison et des appertenences laissent joir ledit Huguenin sans lui pour ce donner empechement.

Donné à Montjeu le IIIe jour du mois de septembre li am mil IIII^c trante et six. Present Gillet de Masoncle, escuier, Guillaume Sainct Estanes et Jean Ducerne. QUARRILLON [1]. JEHAN MAIRE.

(Archives de Montjeu.)

LXX

22 octobre 1452.—Bail perpétuel du moulin de Montjeu, en la paroisse de Broye, et du meix Garchière, consenti par Philiberte Pioche, dame de Montjeu, et par Odile son fils, à Jeannot Mathenet et Pierre Patin.

A tous ceulx qui ces presentes lettres verront et ourront, nous Philiberte, dame de Montjeu, Odile son filz, seigneur dudit lieu, tant en mon nom comme moy faisant fort quant à ce pour maistre

---

1. Quarrillon, châtelain de Montjeu.

Anthoine de Montjeu, mon frere, à present estudiant en la faculté des loiz à Ferrare en Lombardie, et Anne de Montjeu leur seur germaine, tous enffens de moy ladite dame de Montjeu et communs en biens, savoir faisons à tous presens et avenir que de nos certaines sciences et pour nostre tres cler et evidant prouffit nous avons baillé, cedé, quitté, renuncé, transporté et delivré et par ces presentes baillons, cedons, quittons, renunceons, transportons et delivrons perpetuelement pour nous, nos hoirs et ayans cause de nous ou temps avenir, à Jehannot Mathenet, Pierre Patin son gendre, à ce presens, prenans et retenans pour eulx, leurs hoirs et ayant [cause] procreés de leurs propres corps et pour les descendens d'iceulx d'hoir en hoir en droite ligne et leal mariage, les heritages qui s'ensuivent : et premierement, ung nostre molin, appellé le molin de Montjeu, assis au dessoupz de la forest dudit Montjeu, et les deux escluses estans au dessus dudit molin; item une piece de terre assise au dessus de la pescherie dudit Montjeu, contenant environ huit journaux estans en la cloux dudit Jehannot et tenans es prez et terres du mex dudit Jehannot; item un mex, maison, prez, terres, bois, buissons, eaulx, cours de eaulx, pasquiers, pastures, appellés le mez Garchiere, ou à present demourent lesdits Jehannot, son gendre, assis et situé audeour de Montjeu et ou parroichaige de Broye, fondz, droiz, aisances et appartenances d'iceulx molin, terres et mez, parmi payant et randant chacun an pertuelement desdits reteneurs et de leurs hoirs à nous et es notres deux francs quatre gros de taille, par moitié aux termes de Karimentrent, la feste de Saint Ladre, ung denier de sens au terme de la feste de Nostre Dame de mars, pourtant loux et remuages, sans amende, de sectiers demi soigle et quatre boisseaux froment, mesure d'Ostun, par moitié aux termes de la feste de la Nativité Nostre Seigneur et la feste Saint Ladre..... *(déchirure portant sur trois ou quatre mots)* quatre boisseaux et ung rez dicte mesure au terme de la feste Saint Martin d'iver de coustume, les courvées, les gelines... *(déchirure sur quatre ou cinq mots)* et comme sont les autres hommes de la terre dudit Montjeu, quatre poucins au terme de la Nativité saint Jehan-Baptiste, quatre... *(déchirure sur quatre ou cinq mots)* au terme de ladite Saint Martin, etc........

En tesmoin de ce nous avons fait mettre nostre propre seel armoyé aux armes dudit Montjeu à ces presentes lettres faites et données le vingt et deuxieme jour du mois d'octobre l'an mil CCCC cinquante et deux, en la presence de Johannes Des Chasaux, clerc, notaire et coadjuteur du tabellion d'Ostun, pour mons. le duc de Bourgoigne, presens Nicolas Cotin, Guillaume de Champmartin dit Sainte Mary,

Pierre Baudeaul, Lambert Lauvernet. Guillaume de Champmartin dit Redigue et autres tesmoings à ce appellés et requis. J. DES CHASAUX.
(Archives de Montjeu.)

LXXI

25 février 1458 (nouv. style 1459).—Bail perpétuel du foulon de Sainte-Anastasie, consenti par Philiberte Pioche, veuve de Jean de Montjeu, à Guillaume d'Agrevault, aliàs de Ceul.

En nom de Nostre Seigneur, amen. L'an de l'incarnation d'icelluy courent mil quatre cens cinquante huit, le vint cinquiesme jour du moye de feuvrier, nous Philiberte Pyoche, veuve de feu Jehan jadis seigneur de Montjeu, tant en mon nom comme tutresse et administratresse des corps et biens de Anne, ma fille, pupille moindre d'ans, Odile et Anthoyne de Montjeu, freres germains, enffans dudit feu seigneur de Montjeu et de ladite damoiselle Philiberte Pyoche, jadis sa femme, et je Guillaume d'Agrevault, alias de Ceul, demorant à Ostun, tant en mon nom, comme prenant en main et moy faisant fort quant à ce pour Symone, ma femme, d'aultre part, savoir faisons à tous ceulx qui verront et ourront ces presentes lettres que nous avons faiz et faisons entre nous les bail, retenue..... qui s'ensuigient ; c'est assavoir que nous lesdits mere et enffans en noms et qualités que dessus, de nos certaine science et pures volontés baillons...... à Guillaume d'Agrevault, c'est assavoir : le boutteur de Sainte Anastasce assis sur le reu Boutoiller et au dessous du molin de l'Escluse, ensemble le cours de l'eau et la place du tireur qui souloit estre, et deux soillons de terre ou l'on a accoustumé de faire et ensemencer chardons, avec toutes les aisances et appartenances, lesquelles furent ja pieça baillés par le dit feu Mgr de Montjeu à Jehan André de La Vault et à Jehanne sa femme auxquels est réservé ledit boutteur et aultres heritaiges dessus dits le cours de leur vie, non obstant ce present traicté et sans prejudice de leurs droicts durant ledit cours de leur vie, et ce present bail...... nous lesdits bailleurs es noms et qualités que dessus avons faiz et faisons perpetuellement pour nous et nos hoirs audit Guillaume d'Agrevault et à ladite Symone sa femme à la forme et maniere avant dicte.... paiant.... à nous la somme de huict francs et trois gros tournois monnoie courant au païs et duché de Bourgoingne d'annuelle et perpetuelle rante chascun an perpertuellement à deux termes, dont le premier terme commencera au terme de la feste de la Nativité Nostre Seigneur prochain venant, la moitié desdits huit francs et trois gros, et l'autre moitié au terme de la Nativité saint Jean-Baptiste. En la presence de Jehan Lefort d'Ostun, clerc, notaire public.

(Archives de Montjeu.)

LXXII

5 novembre 1467. — Accord entre Humbert de Busseul, prieur de Saint-Sernin, et Marie de Montjeu, dame d'Antully et de Brandon, par lequel Marie de Montjeu reconnaît tenir en fief du prieuré de Saint-Sernin le château de Brandon.

Nos Nicholaus, in legibus licenciatus, domini nostri regis et domini ducis Burgundie consiliarius custosque sigilli communis regii in ballivia et judicatura regia Matisconensi constitutus, notum facimus universis presentes litteras inspecturis et audituris, quod cum lis seu questio moveretur seu moveri speraretur inter venerabiles et religiosos viros, fratrem Humbertum *de Beusseul*, priorem et administratorem perpetuum Sancti Germani Brionnensis et Sancti Saturnini de Bosco annexorum, ad causam dicti prioratus Sancti Saturnini, et religiosos dicti loci, ex una parte, et nobilem domicellam Mariam de Montejoco, dominam de Antuileyo et de castelleto *de Brandon*, viduam nuper deffuncti nobilis viri Guillermi quondam domini de Serceyo, *d'Ygornay et de Champallement,* parte ex altera; de et super eo quod dicti religiosi, prior et conventus dicebant et pretendebant dicuntque et pretendunt plures mansos et tenementa sitos et existentes locis et finagiis dicti castelleti *de Brandon* et de Lucheyo, seu finagiis et territoriis sicut plenius declarantur in quadam nominatura seu denombramento sub data dii mercurii post festum Penthecostes Domini, anni currentis Domini millesimi tricentesimi quinquagesimi secundi, traditis per deffunctum bone memorie dominum Guillermum *d'Essertene*, militem, dum vivebat dominum tunc de dicto castelleto *de Brandon*, signatis signo manuali Petri de Buxiaco, cujus copia tradita fuit predicte domine de Antuilleyo, movere de feudo et hommagio dicti prioratus Sancti Saturnini ac in feodo legio, secundum alia feoda ducatus Burgundie; et quod dicta domicella domina de Antuilleyo cepit possessionem realem et actualem aut ejus predecessores de quibus causam habet in hac parte, absque recapiendo de dicto feodo, et, ex inde quod dicti mansus sibi committebantur, predicta domicella domina de Antuilleyo predicto e contrario dicente videlicet quod ipsa est tertia possessor et quod non tenet omnes mansus predictos in dicta nominatura seu denombramento, ymo quod verius est ipsa tenet majorem partem; quare ipsa domicella seu venerabilis et scientifficus vir, magister Anthonius *de Laye,* in decretis licenciatus, decanus et canonicus Matisconensis et Eduensis, pro se et nomine ipsius domicelle, requirens ipsam domicellam admitti recipi ad dictum feodum et homagium faciendum maxime de hiis que potest tenere in dictis locis de castelleto *de Brandon* et de Lucheyo moventibus de feodo dicti prioratus, se offerendo tradere nominaturam seu denombramentum de hiis que potest tenere de quibus..... sit, dicit ulterius quod ipsa domicella est vidua et quod non est verum quod ipsa tenet dictum castelletum *de Brandon;* quibus omnibus contraveniebant predicti domini prior et conventus, maxime dicendo quod ipsa domicella ceperat possessionem predictam absque recipiendo ab ipsis, et quod plus est ipsa non declarabat hoc quod ipsa tenebat in feodum et homagium. Hinc est quod hodie data presentium que est quinta mensis novembris anni currentis Domini millesimi quatercentesimi sexagesimi septimi, in loco dicti Sancti Saturnini de Bosco, in presentia Anthonii *Bernardon,* clerici, auctoritate regia notarii publici ad hoc et majora a regia magestate deputati necnon et testium presentium subscriptorum, personaliter constituti, predicti domini prior et conventus pro se ex una parte, et predictus magister Anthonius *de Laye,* in decretis licenciatus, decanus et canonicus Matisconensis et Eduensis, pro et nomine dicte domicelle domine de Antuilleyo et de castelleto *de Brandon* pro qua se fortem facit in hac parte, ac ipse presentibus litteris et contentis in eisdem consentiri et ratificari facere promittit per suum juramentum dum totiens et quando foret requisitus parte ex altera, dicte partes tractaverunt de et super differenciis et debatis predictis in modum qui sequitur, videlicet : quod favore et contemplatione dicte domicelle, ipsa domicella tenebitur recapere in feodum et homagium ad personam predicti domini prioris et in loco dicti loci Sancti Saturnini, si commode fieri possit in ejus persona, infra quindecimam diem mensis februarii proxime futuri de omnibus mansibus et hereditagiis que ipsa tenet tam per ipsam quam per suos homines sitis et existentibus in dictis locis de castelleto *de Brandon* et de Lucheyo ac finagiis et territoriis ipsorum locorum de dicto feodo dicti loci Sancti Saturnini, aut alium ejus procuratorem specialem fondatum de procuratione speciali et sufficienti ad hoc, casu quo non posset venire, et tenebitur ipsa domicella facere scire dicto domino priori per octo dies ante dictum diem, et insuper tenebitur ipsa domicella tradere suam nominaturam seu denombramentum predictorum mansorum et rerum moventium de dicto feodo infra festum Ascensionis Domini proxime venturum, talem qualem pertinebit, et declarare nominatim omne illud quod tenebit et tenere poterit veluti et quodadmodum consuetum est facere in tali casu secundum usus et communes observantias ducatus Burgundie in tali casu consuetas, et hoc ad penam commisie de illis que non declarabit infra dictum tempus, etc.

Actum et datum anno, die et loco quibus supra, presentibus honorabili viro magistro Guillermo de Voyo, in legibus licenciato, domino *Noël de Pousseaux*, presbitero, Jacobo *Maistre Johan,* loci *de Champitaul*, et pluribus aliis testibus ad premissa vocatis et rogatis.

(Archives de Montjeu.)

LXXIII

Jeudi 3 août 1480. — Curatelle des enfants de Odile II de Montjeu.

A tous ceulx qui ces presentes lettres verront et oiront, nous, Anthoine Goujon, licencié en lois et en décret, bailli général du temporel de messieurs les vénérables Doyen et Chappitre de l'eglise d'Ostun, savoir faisons que estans et comparans en jugement à Ostun, par devant nous, au cloistre d'Ostun le jour et au date de cestes, auxquels jour mesdits seigneurs ons toute justice et juridiction haulte, moyenne et basse en toute la cité dudit Ostun et suburbes d'icelle, nobles Claude et Philibert de Montjeu, escuiers, freres, enfans de feu noble homme Odile de Montjeu, en son vivant seigneur d'Onay, moindres d'ans, lesquelz nous ont fait et exposer que à cause de leur feurent pere et mere ilz avoient et ont plusieurs biens, terres, seigneuries et chevances, lesquelz ils ne seroient et pourroient d'en la mesmes conduire, gouverner ne maintenir en bon estat, comparoir en jugement, ne passer aucuns tractiers ou contraulx vailliables, ne faire chose que enfans estans hors de toute puissance peuvent et doivent faire, pour laquelle cause avoient et ont fait assembler par devant nous pluseurs de leurs prouchains parens et amis charnelz, pour eslire entre eux ung curateur ou deulx, pour la conservation et gouvernement de leurs dits biens, terres et chevances, et par la licence et auctorité desquelz pourront comparoir en tous jugemens et pardevant tous juges tant d'eglise que seculiers, arbitres, commissaires et autres, deleguez ou subdeleguez, tant en demandant comme en defendant, faire, passer et consentir tous traictiez et contraulx licites et honnestes et faire toute autre chose que homme estant hors de puissance peult et doit faire, desquelx parens et amis illec assemblez et d'un chacun d'eulx avons receu le serment aux sains evangilles de Dieu de eslire entre eux cellui ou ceulx qui selon Dieu et conscience leur semblera estre les plus ydoines et souffisans à estre curateurs desdits enfans mineurs d'ans. Apres lequel serment fait, les dits parens et amis, en advis entre eulx, ont esleu et nommé pour estre curateurs desdits Claude et Philibert noble homme Jean de Montjeu, escuier, seigneur d'Onay, leur frere, et venerable et scientifique personne messire Anthoine de Salins, docteur en droit canon, doyen de Beaulne, leur oncle, pour avoir la charge de ladicte curatelle. Pour quoy, ouys les choses dessus dictes et chacune d'icelles, et sur icelles en advis consultation et deliberation avec plusieurs clercs à ce expers et congnoissans du consentement desdits prouches parens et amis d'iceulx moindres d'ans, avons donné, declairé et decerné, donnons, declarons et decernons par ces presentes auzdits moindres et leurs biens lesdits Jehan de Montjeu et messires Anthoine de Salins leurs curateurs. Auxquels et chacun d'eulx avons donné et octroyé donnons et octroyons par ces presentes plain pouvoir puissance auctorité etc...........

En tesmoing des quelles choses nous avons fait mettre le seel du dit bailliage avec le seing manuel de Jehan de Laiguemorte, clerc, notaire public, à ces presentes lettres de curatelle faites et passées audit Ostun judicialement par devant nous seans par jugement le jeudi apres la feste saint Nazaire et saint Celse, troisiesme jour d'aoust l'an mil quatre cens quatre vings, et presens noble homme Jehan de Salins, maistre Jehan Regnault, Guillaume Regnault, Guillaume Buffot, Jean Barbet, maistre Jean de la Chaume, prestre beneficié en l'eglise d'Ostun, et autres tesmoins à ce requis.

(Archives de l'évêché d'Autun. Protocoles de J. d'Aiguemorte.)

LXXIV

3 août 1483. — Vente de la terre de Mouillon faite au Chapitre d'Autun par Claude-Philibert de Montjeu.

En nom de Nostre Seigneur, amen. L'an de l'incarnation d'icelluy courant mil quatre cens quatre vings, le jeudi troisiesme jour du mois d'aoust, nous Jehan de Montjeu, Claude et Philibert de Montjeu freres, enfans de feu noble homme Odile de Montjeu, à son vivant seigneur d'Onay, c'est assavoir nous lesdits Claude et Philibert, moindres d'ans, des loux, licence, auctorité et consentement dudit

Jehan de Montjeu notre frere, et aussi de venerable et scientifique personne maitre Anthoine de Salins, docteur en droit canon, doyen de Beaune, nostre oncle, nos curateurs, comme par les lettres de curatelle incorporées de mot à mot en la fin de ces presentes peult clarement apparoir, à ce presens et à nous donnés et octoyés quant à faire, passer, consentir et accorder les choses cy apres escriptes et chacune d'icelles, savoir faisons à tous ceulx qui verront et orront ces presentes lettres que nous et un chacun de nous en droit soy, de loux, licence et auctorité que dessus, de nos certaines sciences, franches, pures et liberales voulentés, et pour nostre tres grant evident proffit, sans force, contraincte, ou deception, mais pour nos urgentes necessités et nos besoignes en mieulx reformés et nous acquiter de plus plusieurs debtz, vendons, cedons, quittons, renonceons, transportons et delivrons perpetuellement pour nous, nos hoirs et aians cause de nous ou temps à venir, à Messieurs les venerables, doyen et chappitre de l'eglise d'Ostun, venerables et discretes personnes maistres Jehan Charvot, abbé seculier de Saint Estienne de l'Estrier, Nicolas Goguet, prevost de Beligny, Jehan de la Roichete, doyen d'Avalon, et Lienard des Rues, chanoines de ladite eglise, avec le notaire cy dessoups escript, presens, stipulans et acceptans perpetuellement pour eulx et les autres de ladite eglise et leurs successeurs doyen et chappitre d'icelle eglise, toute notre part et portion qui nous compete et appartient et à chacun de nous en la terre et seigneurie de Moillon assise et située ou pays d'Auxois, partant par moitié et par indiviz avec noble homme Claude Du Bos, escuier, seigneur de Commune, notre oncle, tant soit en hommes, femmes, tailles, rentes, cens, courvées, costumes, gelines, mainmorte, grains, espaves, bois, buissons, aulx, cours d'eau, prez, terres, osches, granges, maisons, maisieres, que en autres choses quelxconques, ensemble la justice et juridiction haulte, moyenne et basse, estant en icelle terre et seigneurie, sans riens retenir ne reserver à nous en petitoire ou possessoire d'icelle notre terre et seigneurie de Moillon et appertenances d'icelle, ne autrement en quelque maniere que ce soit, et generalement tout le droit, action, propriété, possession, cause, querelle et raison qui peult et doit competer et appartenir par quelconque voiye ou maniere que ce soit en ladite terre que ce soit, fonds, droitz, aisances et appertenances d'icelle. Et ceste presente vendition, cession, transport et renunciation nous lesdits vendeurs, des loux, licence et auctorité que dessus avons faiz et faisons perpetuellement pour nous, nosdits hoirs et ayans cause de nous es dits venerables, doyen et chappitre, acheptours pour eulx, leurs dits hoirs et ayans cause d'eulx ou temps à venir perpetuellement pour le prix et somme de mille livres tournois valant mille francs, etc.

(Archives de l'évêché d'Autun. Protocoles de J. d'Aiguemorte.)

LXXV

24 avril 1483. — Contrat de mariage de Jean de Montjeu et de Claude de Ferrières.

En nom de Nostre Seigneur, amen. L'an d'icelluy courant mil quatre cens quatrevings et trois, le jeudi apres la feste de saint George, vingt et quatriesme jour du mois d'avril, nous, Jehan de Montjeu, ecuier, seigneur dudict lieu et d'Onay, pour moy d'une part, et Jehan de Ferrieres, chevalier, seigneur dudict lieu, de Preelle et de Champlevaz, conseiller et chambellan du roi nostre sire et son lieutenant ou pays de Languedoc, et damoiselle Claude de Ferrieres sa fille, c'est assavoir, je ladicte Claude des loux, licence, auctorité et consentement dudict sieur de Ferrieres mon seigneur et pere, à moy donnés et octroyés quant à faire passer et consentir et accorder les choses cy apres escriptes et une chascune d'icelles, pour nous d'autre part, savoir faisons à tous presens et à venir, que nous et ung chascun de nous en droict soi, des loux, licence et auctorité que dessus, de nos certaines sciences, franches, pures et liberales voulentez, avons fait et faisons entre nous les tractier de mariage, accors, promesses, renunciations et autres choses qui s'ensuignent : c'est assavoir que je ledict Jehan de Montjeu prometz prandre à femme et loyale espouse, dans tamps deu ladicte damoiselle Claude selon la loi de Rome, si Dieu et saincte mere Eglise s'i accordent; et semblablement je la dicte Claude de Ferrieres des loux, licence et auctorité que dessus, promes prendre à mary et loial espoux ledict Jehan de Montjeu, dans temps deu, selon la loi de Rome, si Dieu et saincte mere Eglise s'i accordent, et en faveur et pour contemplation dudict mariage à venir qui s'acomplira ce Dieu plaist, je ledict seigneur de Ferrieres donne en dot et mariage à ladicte damoiselle Claude ma fille, pour tous ses droits paternelz et maternelz la somme de trois milles frans monnoye à present courant, dont les mille frans sortiront nature de meubles, et les autres deux sortiront nature d'eritaiges, lesquelz mille frans sortissans nature de meubles se payeront par moy ledict seigneur de Ferrieres le jour de la solemnizacion des nopces, et le surplus se payera à la voulenté du dict seigneur d'Onay, et seront acquises chevances desdicts deux mille frans sortissans nature d'eritaiges au proffit de ladicte damoiselle Claude ma fille et de ses hoirs, ou sera tenu ledict seigneur d'Onay les assigner au dict des parens et amis desdicts mariés à venir, etc.

Ou tesmoing de ce nous avons requis et obtenu le seel de la court de ladicte chancellerie du duchié de Bourgogne estre mis à ces presentes lettres et aux semblables doubles d'icelles, faictes et passées en la maison de Champlevaz en Nivernois, en la presence de Jehan d'Aiguemorte, demourant à Ostun, clerc, notaire roial juré de ladicte court de ladicte chancellerie pour le roy nostre dict sire, et presens noble seigneur messire Loys de Damas, chevalier, seigneur de Montagu, nobles hommes Jehan Boudault, bailli de Chastel Chignon, Noé de Gasse, seigneur de Rouvray, Jeoffroy du Bruillat, seigneur d'Arcy, escuier, honorable homme Jehan Chappuis et pluseurs autres tesmoings à ce appellez et requis l'an et jour dessus dict.

(Archives de l'évêché d'Autun. Protocoles de J. d'Aiguemorte.)

LXXVI

28 juillet 1487. — Bail perpétuel d'une maison située à Saint-Jean-le-Grand, près la tour Coichet, consenti par Claude de Montjeu, chanoine d'Autun et de Lyon, seigneur d'Antully et de Montjeu-en-Autun.

En nom de Nostre Seigneur, amen. L'an de l'incarnation d'icellui courant mil quatre cens quatre vins et sept, le vint huitiesme jour du mois de juillet, je Claude de Monjeu, seigneur d'Antuilly, de Monjeu deans Ostun, prebstre, chanoyne de Lyon et dudit Ostun, pour moy d'une part, et je Guillaume Broichot, tanneur dudit Ostun, pour moy d'autre part, savons faisons à tous ceulx qui ces presentes lettres verront et orront que nous lesdictes parties et une chascune de nous en droit soy et par tant que à une chascune de nous touche et peut touchier, competer et appartenir, tant conjoinctement comme divisement, de noz certaines sciences, pures, franches et liberalles voulentés, avons faiz et faisons entre nous les bail, retenue, traictiés, accordz, promesses et autres chouses quilz s'ensuignent : c'est assavoir que je ledit seigneur de Monjeu baille, transporte et delivre perpetuellment pour moy, mes hoirs et aians cause de moy, audit Guillaume Broichot à ce present, retenant, stipulant et acceptant perpetuellment pour lui, ses hoirs et aians cause de luy, une maison assise et située au bourg Saint Jehan le Grant dudit Ostun, qui fut à feu Jehan Martenot, et depuis à feu Guillaume Cornu, en son vivant corduanier demeurant ou dit bourg Saint Jehan, tenant pardessus à une tour appellée la tour Coichet, pardessoubz à la rue publique tendant de la ville de Marchault à la maison de la confrarie dudit Saint Jehan, et d'autres costés à une autre rue publique par laquelle l'on va de ladicte ville de Marchault à l'eglise dudit Saint Jehan, et d'autres costés pardessoubz à la maison qui fut à feu François Gallotin, soy vivant tixerand de draps demeurant audit Saint Jehan, qui compete et appartient de present es curez dudit Saint Jehan; item une piece de prey contenant environ une soicture, assise et située en la prée d'Arroul tenant d'une part es prez des hoirs de feu maistre Claude Chappet, que tiennent de present honnorables hommes et saiges maistres François de la Boutiere et Nicole de Monthelon, licenciés en lois, d'autre part es prez de Ligier Billeroux et Philibert Pariche, d'autre part es prez de Guillaume Regnault et Jehan Bouchard, et d'autre part es prez des hoirs de Jehan Motin et de Jehan Esperon d'Ostun, etc. Pour paiant, et rendant un chacun an perpetuelment par lui sesdiz hoirs et aians cause de lui à moy et es myens dix huit gros monnoie courant ou pays et duchié de Bourgoingne tournois d'annuel et perpetuel rente aux termes des Nativités Nostre Seigneur et de saint Jehan Baptiste, par moitié et esgale portion, et ung denier tournois d'annuel et perpetuel cens pourtout loux, retenue, vente et remuaige, sans esmende, à la marsauche, etc.

Et presens honnorables hommes Guillaume Buffot, citoyen dudit Ostun, Claude Polot, Jehan Deschasaux le jeune, et plusieurs autres tesmoings à ce appellés et requis, l'an et jour dessuz diz. J. DESCHASAUX.

(Archives de Montjeu.)

LXXVII

31 juin 1491. — Lettres patentes du roi accordant à Claude de Montjeu l'établissement d'une foire annuelle à Antully.

Charles, par la grace de Dieu, roy de France, à tous presens et advenir sçavoir faisons que nous inclinant liberalement à la supplique et requeste de notre amé et feal conseiller chambellan, Claude de Montjeu, seigneur d'Anthully, en faveur des services que luy et ses freres, parens et asmis, nous ont faicz par cy-devant, font encore et continuent journellement en plusieurs maintes manieres, voulons iceulx services recognoistre envers luy et ses subjects dudit Anthully. Pour ces causes, et afin que ledit lieu d'Anthully, ou iceluy a tout droict de chastellenie et justice haute, moyenne et basse, se puisse de bien en mieux repopuler accroistre et augmenter, et sesdits subgects plus aisement avoir deslivrance de leurs biens, etc..... mesmement que audit lieu y a souventes foys grant affluence de gens et de marchands, et pour aultres considerations à ce movans, avons creé, institué, ordonné, establi, creons, instituons, ordonnons, establissons audit lieu d'Anthully une foire par chacun an, le unziesme jour de juillet, pour doresnavant y estre tenue, entretenue et continuée perpetuellement et à toujours audit jour, et en icelle estre vendues et acheptées, troquées, changées, deslivrées et distribuées toutes manieres de danrées et marchandises licites, etc... permettant iceluy notre conseiller faire, construire, bastir, enlever une halle audit lieu pour y servir et tenir ladite foire, etc.

Donné au Motifs-les-Tours, ou moy d'aout, l'an de grace mil CCCC. IIII^{xx} et dix.

Enregistré par la chambre des Comptes le penultieme jung mil CCCC IIII^{xx} et unze.

(Archives de la Côte-d'Or.)

LXVIII

15 novembre 1508. — *Hommage de la terre du Foul fait par Loys d'Alonne à Philibert de Montjeu*

En nom de Nostre Seigneur, amen. L'an de l'incarnation d'icelluy courant mil cinq cens et huit, le lundi apres la feste Saint Martin d'ivers, quinziesme jour du mois de novembre, nous Philibert de Montjeu, seigneur dudit lieu, d'Anthuilley et de Sivry, savoir faisons à tous ceulx qui ces presentes lectres verront et ourront que ce jourd'hui, date de cestes, nostre bien aymé et feal Loys d'Alonne, seigneur dudit lieu, de Villers et du Foul, se soit tiré par devers nous en nostre chastel et maison-fort dudit Montjeu; lequel seigneur d'Alonne nous a humblement requis et supplié que nostre plaisir fust le prendre et recevoir en foy, fied et hommaige de la terre et seigneurie dudit Foul mouvant et estant en fied de nous à cause de nostre dit chastel et maison fort dudit Montjeu. Or est ainsi que nous inclinans à sa requeste, icelluy seigneur d'Alonne avons prains et receu en foy, fied et hommaige de ladite terre et seigneurie du Foul qu'il tient de nous et en nostre haulte justice de nostre dit chastel de Montjeu; et lequel seigneur d'Alonne nous a cedit jour fait les devoirs de reprinse de fied et hommaige ainsi qu'il est accoustumé faire en tel cas. Parmi et moyen ce qu'il nous a promis et juré en foy de feaulté de nous bailler et mettre en nos mains, ou de nostre chastellain et juge dudit Montjeu, le denombrement et declaration de ladite terre et seignorie dudit Foul deans quarante jours à compter de la date de cestes, sur peine d'y riens comettre et de assoir nostre main sur ladite terre comme mouvant de nostre dit fied, et aussi de nous servir envers et contre tous, eviter notres dommaige et procurer nostre proufit à son pouvoir ainsi que bon et loyal vassal est tenu le faire. Sy mandons à nostre dit chastellain et juge dudit Montjeu et autres nos officiers dudit lieu que ledit seigneur d'Alonne lessent et souffrent joyr et user de ladite terre et seigneurie dudit Foul, laquelle y tient en fied de nous et en nostre haulte justice, etc.

(Archives de Montjeu.)

LXXIX

8 février 1572 (nouv. style 1573). — *Bail perpétuel à cens et à rente d'une portion du jardin de Montjeu-en-Autun et du meix de la fontaine Saint-Blaise, consenti par Loyse de Poupet, dame de Montjeu, et par ses enfants, à Claude Deschasaux, citoyen d'Autun et châtelain de Montjeu.*

A tous ceulx qui ces presentes lettres verront et orront, nous Jehan de Rochefort, chevalier, seigneur dudit lieu, conseiller du roy nostre sire et gouverneur de la chancellerie de son duché de Bourgongne, salut. Savoir faisons que pardevant messire Pierre Perrin, prebstre, notaire real et juré de la court de ladite chancellerie pour le roy nostre dit seigneur, auquel quant ad ce nous avons donné et commis nostre pouvoir, pour ce personnellement establiz en leurs propres personnes, les an et jour date de ceste, ou chastel et maison fort d'Anthully, noble dame Loyse de Poupet, vefve de feu noble seigneur Philibert de Montjeu à son vivant seigneur de Sivry et desditz lieulx de Montjeu et d'Antully, Phelippe et Jehanne de Montjeu, enffans dudit feu Philibert de Montjeu et de ladite dame Loyse, mesmement ladite dame Loyse es noms et comme baliste ayant le gouvernement des corps et biens de Jehan, Huguet et Drée de Montjeu, aussi ses enffans et dudit feu seigneur son mary, et lesditz Phelippe et Jehanne de Montjeu en leur chef et usans de leurs droiz, lesqueulx et chascun d'eulx es noms et en la qualité que dessus, ont donné, cedé, renoncé et delaissé, et par la teneur de ces presentes lettres donnent, cedent, renoncent et delaissent perpetuellement pour heulx, leurs hoirs et les ayans d'eulx cause ou temps advenir, à rente et cens annuel et perpetuel, à Claude Deschasaulx, clerc, cytoien d'Ostun, chastellain et juge pour ladite dame et sesditz enffans en leurs terres, chevances et seigneuries d'Ostun, d'Anthully, Champitault, Raveloux et Montgaichot, absent, ledit messire Pierre Perrin, prestre, comme notaire real et juré de la court de ladite chancellerie, pour et au proffit dudit Claude Deschasaulx, ses hoirs et ayans de ly cause ou temps advenir, stipulant et acceptant, c'est assavoir une partie et portion du grand gerdin de leur maison de Montjeu assise et située audit Ostun, à prandre du costé et au long de la maison et gerdin de monsieur le chanoine de Clugny, prieur de Colches, mesmement puis les meurs de la ville jusques à la rue publique tendant du cloistre d'Ostun au chastel de Riveaul, et de l'aultre des long à prandre au coing et quart de la tour que l'on dit le Fert de cheval, en tirant au long et pres du puys estant audit grand gerdin, et des ledit puys en tirant à ladite rue au droict et à l'egal de la maison basse des enffans de feu Anthoine Chasteaul ; en payant par ledit Claude Deschasaulx et sesdiz hoirs à ladite dame et à sesditz enffans, ou à leur recepveur, chascun an, à chascune feste de la Nostre Dame en mars, un denier tournois de cens pourtant loux, retenue et remuaige sans emende ; item, plus sera tenu ledit Deschasaulx faire à ses depends deans trois ans une muraille qui fera separation et devision du grand gerdin et de ladite portion, laquelle muraille sera tellement levée et ediffiée qu'elle passera au long dudit puys, ensorte que le rond dudit puys demeurera entierement audit grand gerdin, excepté que la margene d'icelluy fera payrement avec ladite muraille; item, plus sera tenu ledit Deschasaulx et sesditz hoirs soustenir à ses despens les murailles et alées de la ville, c'est assavoir puys le quarré de ladite tour jusques au mur qui fait separation du gerdin dudit prieur de Colches, du porpris et gerdain de la maison dudit Montjeu appartenant à ladite dame et sesditz enffans. Item plus donnent, cedent et delaissent perpetuellement audit Deschasaulx, pour ly et sesditz hoirs, ung mex que l'on appelle communement le mex de la Fontaine Saint Blaise, à heulx appartenant, tout ainsi que ledit mex se extend et comporte, tenant d'ung costé au chemin et aisance tendant de la chapelle Saint Blaise à ladite fontaine, d'aultre costé au mex de Jaques Piffaut, et d'aultre à l'aisance des molins de Montjeu appartenans à icelle dame et sesditz enffans; en payant par ledit Deschasaulx et sesditz hoirs à ladite dame et sesditz enffans, ou à leur recepveur, chascun an, à chascune feste Saint Ladre, premier jour de septembre, six gros vaillans dix sols tournois d'annuel et perpetuel rente. Du quel mex ensemble de la portion de gerdin ainsi que dessus confinée ladite dame ou dit nom et lesditz Phelippe et Jehanne de Montjeu en leur chef se sont devestuz et dessaisis et ledit Deschasaulx sous les charges et condicions dessus declairées en ont investu et saisi, etc. Reservé à heulx la justice haute, moyenne et basse en tout et partout lesditz mex et portion de gerdin, lesditz six gros de rente et un denier de cens, etc.

.... Faictes et passées audit chastel d'Anthully pardevant ledit juré, comme personne publicque et juré d'icelle court, le dix huictiesme jour du moys de feuvrier, l'an de grace courant mil cinq cens et douze, presens Anthoine Du Cerne, homme de la seigneurie dudit Montjeu, et Jehan Bergeret, clerc de Fercey, tesmoings ad ce appelez lesditz an et jour dessus ditz. PERRINI.

(Archives de Montjeu.)

LXXX

3 avril 1585. — Billet de criée de la terre et seigneurie de Montjeu à vendre par décret.

Qui vouldra avoir par achapt la terre et seigneurie de Montjeu, meubles et dependances d'icelles en la paroisse de Broye, Estang, Brion, Saint Symphorien, ensemble les mex de vignes assises à Cromey, Santhenay, Voulnay et Pommard, rapportées aux cryées sur ce faictes, laquelle se vend par decret de la cour de la chancellerie d'Ostun, à la requeste de honnorable homme Pierre Humeau, appoticquaire audit lieu, qu'il se treuve le samedy apres le dimanche de Quasimodo, quatriesme jour du moys de may, au greffe de ladite chancellerie, heure de midi, pardevant le s' lieutenant général en icelle, ou illec en sera faicte la deslivrance au plus offrant et dernier encherisseur. Faict à Ostun le troisiesme jour du moys d'apvril mil cinq cens octante cinq.

Je soubz siné curé de Santhenay certiffie avoir publié ce present billet par deux dimanche subsequtifs au prône de l'eglise dudit Santhenay, assavoir le 21 et 30 avril mil cinq cens quatre vin et cinq.

Recepi XX deniers. ROY.

(Archives de Montjeu.)

LXXXI

4 avril 1596.—Vente de la seigneurie de Montjeu-en-Autun par Louis de Brancion, seigneur de Visargent, au nom de sa femme Françoise de Villers de Gerland et de son neveu Louis de Villers de Gerland, à messire Pierre Jeannin, président au parlement de Bourgogne et seigneur de Corcelle et de Montjeu-en-Montagne.

En nom de Nostre Seigneur, amen. L'an de l'incarnation d'icelluy courant mil cinq centz quatre vingtz et seize, le quatriesme jour d'apvril, devant midy, fut present noble sieur Loys de Brancion, seigneur de Visargent et de Frangey, tant en son nom que comme mary et procureur special de damoiselle Françoise de Villers, fille de feu noble sieur Claude de Villers, seigneur de Gerlans, et de feue damoiselle Jehanne de Mont Jeu, faisant foy de sa procuration specialle du vingt cinquiesme jour du moys de mars dernier passé, laquelle sera inscerée à la fin des presentes, ayant esté l'original d'icelle retiré par ledict sieur de Brancion d'aultant qu'elle sert à aultre chose; et tant es dictes qualitez que comme ayant charge et soy faisant fort pour noble sieur Loys de Poilly, seigneur de Bessey, et pour damoiselle Jaanne de Lenoncour, vesve de noble sieur Philibert de Villers, seigneur dudit Gerlans, tutrix de noble personne Loys de Villers, filz dudict feu sieur Philibert de Villers et de ladicte demoiselle Jehanne de Lenoncour; lesdictz damoiselle Françoise de Villers et Loys de Villers par representation de sondict feu pere, heritiers de feu noble Alexandre de Villers dict de Monjeu, quand vivoit seigneur de Monjeu en Ostun et de Civry en partie; promectant ledict sieur Loys de Brancion faire ratiffier, consentir et appreuver le contenu es presentes tant à ladicte damoiselle Françoise de Villers, sa femme, que audict sieur Loys de Poilly et à ladicte damoiselle de Lenoncour, sa femme, tutrice de Loys de Villers, comme aussy audict Loys de Villers quand il sera en aage competent à peyne de tous interestz, domages et despens par cause d'insolidité et sans aulcune division: lequel de sa certaine science, pure, franche et liberalle volonté, a vendu et par ces presentes vend, cedde, quicte, renonce, transporte et delivre perpetuellement pour luy et les dessus dictz, leurs hoirs et ayans cause, à noble seigneur messire Pierre Jeannin, chevallier, conseiller du roy en ses conseils privé et d'estat, seigneur de Corcelles et de Monjeu en la montagne, president en sa cour de parlement à Dijon, combien qu'il soit absent, noble et scientifique personne, messire Nicolas Jeannin, abbé de Mothier Sainct Jean, prieur de Sainct Vivant et de

Larrey, chanoyne d'Ostun, son frere, present et avec le notaire royal soubsigné stipulant et acceptant aussy perpetuellement pour ledict seigneur chevalier, ses hoirs et ayans cause, la terre et seignorie dudict Monjeu en Ostun, membres, halles, circonstances et deppendances d'icelle, tant soit en la maison seignorialle dudict Montjeu en Ostun, cours, jardins, estableries, aisances et deppendances situez au chastel dudict Ostun en la rue de Ryveaul, en toute justice haulte, moyenne et basse, que en rentes, censes, hommes, femmes, mainmortes, justice haulte, moyenne et basse avant dicte, tant au bourg de Sainct Blaise que lieux circonvoisins et generalement toutes choses provenans et qui deppendent de ladicte seigneurie de Montjeu en Ostun, sans aulcune chose en retenir ou reserver, et tout ainsy que ledict sieur vendeur pour et au nom dudict Alexandre de Villers dict de Montjeu, et comme son tuteur, en a jouy jusques à present. De laquelle seignorie, fondz, tresfondz, droictz, aisances et appartenances ledict sieur de Brancion es dictz noms s'est devestu et dessaisy, et icelluy seigneur president investu et saisy perpetuellement comme dict est, mis et mect en son lieu et place et luy en a baillé, transferé et delaissé par cestes sa vraye, vuyde, reelle, actuelle et corporelle possession, jouyssance et saisine, confessant icelle tenir à tiltre de simple constitut et precaire pour et au nom dudict sieur achepteur jusques à ce qu'il en ayt pris et apprehendé ladicte reelle et actuelle possession; et icelle terre et seignorie luy a promis et promect perpetuellement conduire, garantir, deffendre et en paix faire tenir envers et contre tous en general sans estre tenu à aulcune conduicte des rentes ou debvoirs particuliers d'icelle seigneurie; et neanlmoingtz a promis et promect ledict sieur vendeur rendre et delivrer audict sieur achepteur tous tiltres, papiers, registres, documentz et enseignementz qu'il ha et peult avoir concernans les droictz et revenuz d'icelle seignorie et de ce se purger par serment quand il en sera requis, chargée ladicte seignorie de fief envers le roy à cause de son duché de Bourgongne, ne sachant ledict vendeur qu'il soit dehu aultre fief ou arriere fief selon qu'il a juré et affermé par serment, et neanlmoings es cas qu'il s'en treuve sera et demeurera à la charge dudict sieur achepteur, comme aussy toutes charges foncieres et anciennes si aulcunes sont, jurant et affermant ledict sieur vendeur n'en scavoir aulcunes; et c'est pour et moyenant le pris et somme de mil escuz solz vaillans trois mil francs, laquelle somme ledict sieur messire Nicolas Jeannin a promis et promect payer audict sieur de Brancion en la ville de Dijon, en la maison de Villers, deans le quinziesme jour de may prochain, en bonne monnoye du roy, sans que ledict sieur de Brancion soit tenu de prendre ou recepvoir plus de la tierce partie d'icelle somme en solz tournois, et deans lequel temps ledict sieur de Brancion apportera la rattiffication par luy cy dessus promise, le tout a peyne de tous interetz; car ainsy a esté traicté, convenu et accordé entre lesdictes parties, dont elles sont contantes, promectans respectivement en bonne foy par leurs sermentz n'aller jamais au contraire des choses dessus dictes, pour l'observance desquelles ont es dicts noms submis, ypothecqué et obligé tous et chacungs leurs biens, céulx de leurs dictz hoirs et ayantz cause, par les cours du roy, celle de la chancellerie de son duché de Bourgongne et toutes aultres cours, renonceans à toutes choses contraires à ces dictes presentes, qui furent faictes et passées audict Ostun pardevant Loys Des Places, notaire royal audict Ostun, en son office assis devant l'église dudict lieu, presens nobles et saiges maistre Philibert Venot, seigneur de Drosson, avocat, et maistre Nicolas Garnier aussy advocat audict Ostun, tesmoingtz ad ce requis qui se sont soubsignés avec lesditz contrahans et notaire au prothocolle. Signé : DE BRANCION VISARGENT, NICOLAS JEANNIN, P. VENOT, N. GARNIER et DESPLACES, notaire royal.

(Archives de Montjeu.)

TABLE DES MATIÈRES

PREMIÈRE PARTIE
LES SIRES DE MONTJEU

AVANT-PROPOS	1
I. — ORIGINE DE MONTJEU ET DE SES PREMIERS SEIGNEURS. — FIEF ET CHATEAU DE MONTJEU	3
Les Riveau *(De Rebello)*	4
Béatrix de Riveau, dame de Montjeu	5
II — FAMILLE FÉODALE D'OSTUN *(DE EDUA)*	8
Ostun de l'Avallonnais	10
Ostun de l'Autunois	13
Ostun, seigneurs de Dracy-Saint-Loup	15
Ostun, seigneurs de Chevigny	21
Ostun, seigneurs d'Arconcey et de Beauvoir	26
III. — GÉNÉALOGIE DES SIRES DE MONTJEU	32
Guillaume d'Ostun, seigneur de Montjeu-en-Montagne	32
Perrin de Montjeu, seigneur de Montjeu-en-Montagne, de Montjeu-en-Autun dit le Petit-Montjeu	34
Hugues I de Montjeu, seigneur des deux Montjeu, d'Antully, etc., maître d'hôtel des ducs de Bourgogne	42
Pierre de Montjeu, chanoine d'Autun, doyen de Lyon	47
Odile I de Montjeu, seigneur des deux Montjeu, d'Antully, etc.	48
Hugues II de Montjeu, seigneur d'Antully, bailli d'Autun et de Montcenis	51
Philibert de Montjeu, chanoine d'Autun, archidiacre de Beaune, évêque de Coutances, président du concile de Bâle	56
Jean I de Montjeu, seigneur des deux Montjeu, écuyer et échanson de Jean sans Peur	69
Antoine de Montjeu, seigneur de Montjeu-en-Montagne, conseiller, chambellan et ambassadeur de Charles le Téméraire	73
Odile II de Montjeu, seigneur de Montjeu-en-Autun, de Sivry, de Montgachot et de la Tour-du-Bos en partie	76
Claude de Montjeu, chanoine d'Autun, archidiacre de Chalon, conseiller et chambellan de Charles VIII	79

Jean II de Montjeu, dit *Pioche*, seigneur d'Aunay...............	80
Philibert de Montjeu, seigneur de Montjeu-en-Montagne et de Sivry.	82
Jean de Montjeu, chanoine d'Autun, curé d'Écuisses	84
Hugues III de Montjeu, seigneur des deux Montjeu, d'Antully, de Sivry, d'Aisey, de Raveloux, de Montgachot, de Vilaine, etc......	84
IV. — LES VILLERS DE GERLAND. — RUINE DE LA PREMIÈRE MAISON DE MONTJEU	90
Jeanne de Montjeu, veuve de Claude de Villers de Gerland........	92
Saisie et vente de Montjeu-en-Montagne (1586)..................	95
Vente de Montjeu-en-Autun (1596).............................	100

NOTES

SUR LES SEIGNEURIES DE L'AUTUNOIS AYANT APPARTENU AUX OSTUN ET AUX MONTJEU.

DRACY-SAINT-LOUP	101
MONTJEU-EN-AUTUN	115
MONTJEU-EN-MONTAGNE ET SES DÉPENDANCES.................	131
Préau	132
Le Foul	134
Vilaine	137
Montgachot et Montoy	139
AISEY ET RAVELOUX...	141
ANTULLY	142
SIVRY..	152

PIÈCES JUSTIFICATIVES

I. — Mars 1243 (nouveau style 1244). — Échange entre Josserand, sire de Brancion, et Guillaume, sire de Loges	157
II. — Septembre 1261. — Accord entre Guillaume de Torcy, dit Peaudoie, damoiseau, et Arnulphe et Guy de Loges, frères, chevaliers............	158
III. — Avril 1279 (nouveau style 1280?). — Fondation faite par Guillaume de Montjeu, chevalier, en l'église du Val-Saint-Benoît................	159
IV. — Juillet 1284. — Affranchissement de Robert dit Saladins des Chargeleaux, par Guillaume d'Antully, chevalier, fils de défunt Guy de Loges, chevalier..	160
V. — Février 1286 (nouveau style 1287). — Don fait par Robert, duc de Bourgogne, à Pierre d'Ostun, bailli d'Auxois, du fief que Hugues de Saint-Léger et Guy de Lally tiennent en la châtellenie de Glenne	162

VI. — Septembre 1288. — Échange entre Huguenin d'Antully et Jean de Loges, damoiseaux, d'une part, et Guillaume d'Antully, chevalier, d'autre part... 162

VII. — Mars 1289 (nouveau style 1290). — Partage de Charbonnières et de Chailly entre Guillaume d'Antully, chevalier, et Guillaume Peaudoie, chevalier... 164

VIII. — 28 juillet 1291. — Accord entre Johannin de Charbonnières et son frère Guiniot... 168

IX. — 19 août 1296. — Vente de sept meix situés en les paroisses de Dracy-Saint-Loup et de Curgy, par Guite, Agnès et Huguette, filles de Perrot d'Essarton, damoiseau, et Symon et Huguenin de Visigneux, fils de Michel Arbalestrier de Visigneux, à Pierre d'Ostun, chevalier... 169

X. — Août 1297. — Fondation faite en l'abbaye de Saint-Martin d'Autun, par Béatrix, dame de Montjeu, veuve de Guillaume d'Ostun, chevalier... 170

XI. — 30 novembre 1297. — Vente de cinquante sous dijonnais de cens sur les hommes de l'Abergement de Cordesse, faite par Isabelle, fille de Symon de Barnay, veuve de Colonet de Cordesse, à Pierre d'Ostun, chevalier, bailli d'Auxois... 170

XII. — Mars 1299 (nouveau style 1300). — Reconnaissance de Huguenin de Chantere, demeurant aux Chaumottes, et de quinze autres s'avouant les hommes de Pierre d'Ostun, bailli d'Auxois... 171

XIII. — Mars 1303 (nouveau style 1304). — Reconnaissance de Jean dit Groselers de Luse (aujourd'hui Saint-Émiland) et de sa femme Jeanne, à Perrin de Montjeu, damoiseau... 172

XIV. — Décembre 1303. — Vente faite par Isabelle, veuve de Colonet de Cordesse, et par son fils Jean, à Pierre d'Ostun, sire de Dracy, chevalier, des droits qu'ils avaient dans les bois de Cordesse, dits les bois du Duc.. 172

XV. — Août 1304. — Accord entre Jean, sire d'Antully, damoiseau, et Théobald de Traves, sire de la Porcheresse, damoiseau... 173

XVI. — Juillet 1305. — Reprise de fief par Huguenin, fils de Guillaume dit Male-Clerc, d'Autun, pour ce qu'il tenait à Saint-Forgeot et Dracy-Saint-Loup de Simon d'Ostun, chevalier... 175

XVII. — Janvier 1305 (nouveau style 1306). — Vente de Vilaine et de ses dépendances, par Othenin de Riveau, damoiseau, à sa tante Béatrix, dame de Montjeu... 176

XVIII. — Décembre 1306. — Partage et accord faits entre Jean, sire d'Antully, damoiseau, et Béatrix, enfants de feu Guillaume, sire d'Antully, chevalier... 177

XIX. — Mai 1307. — Acquisition du Petit-Montjeu, faite par Perrin de Montjeu, damoiseau, sur Perreau de Varennes, damoiseau, et Damerone, dame de Broye... 178

XX. — Juillet 1307. — Remise de droits de fief par Hugues dit Cahins de Varennes, damoiseau, à Perrin de Montjeu et Jean sire d'Antully, damoiseaux. 179

XXI. — Mai 1308. — Échange entre Guillaume de Bourdeaux, damoiseau, et Perrin de Montjeu... 180

XXII. — 1er août 1308. — Reprise de fief pour la terre d'Illand relevant de l'évêque d'Autun, par Pierre d'Ostun, chevalier, seigneur de Chevigny près Semur... 181

XXIII. — 7 avril 1309. — Lettres d'amortissement données par Hélie, évêque d'Autun, de dix livres de rente léguées à l'église d'Autun par Béatrix, dame de Montjeu, et que Pierre de Montjeu demandait à asseoir sur ce qu'il tenait en fief de l'évêque à Autun.. 182

XXIV. — 21 avril 1311. — Échange entre le Chapitre de l'église d'Autun et Jean d'Antully, damoiseau.. 183

XXV. — 28 mai 1311. — Vente de douze meix dans les paroisses de Saint-Forgeot et de Dracy-Saint-Loup, faite par Marguerite de Tenarre, femme de Hugues de Souterrain, chevalier, à Guiot et Perrin d'Ostun, frères, fils de feu Symon d'Ostun, chevalier... 185

XXVI. — 5 septembre 1312. — Lettres de Hugues de Sauvement à Guy d'Ostun, seigneur d'Arconcey... 186

XXVII. — 14 décembre 1314. — Donation d'un moulin assis sur la rivière de Mesvrin, faite par Pierre de Montjeu à Margot, prévôte de Vilaine..... 187

XXVIII. — 15 décembre 1314. — Analyse d'une lettre sous les sceaux de l'official d'Autun et de la cour de l'archidiacre de Beaune, Jean de Varennes. 188

XXIX. — Décembre 1318. — Vente de la maison de Vilaine, en la paroisse d'Étang, faite par Margot de Vilaine, damoiselle, femme de Jean dit Panaye, damoiseau, à Jean Aynard de Néronde, clerc, mari de sa sœur Félicie ... 189

XXX. — 18 novembre 1319. — Reprise de fief pour Vilaine, par Jean Aynard et sa femme Félicie de Vilaine, de Pierre d'Ostun, chevalier, sire de Montjeu. 190

XXXI. — Septembre 1320. — Remise d'une rente de vingt-quatre sols tournois, sur la manse du Martroy, faite par Guillaume d'Alonne, damoiseau, à Aynard de Vilaine... 191

XXXII. — 20 octobre 1321. — Quittance donnée par Archambaud de Montauches, chevalier, à son beau-frère Jean d'Antully, chevalier............ 192

XXXIII. — 5 mars 1323 (nouveau style 1324). — Constitution de rente par Gilète, fille de Blainchart, d'Autun, femme d'Hélie Bretenat, d'Autun, à Alix de Montjeu, damoiselle, sœur de Pierre, sire de Montjeu............ 192

XXXIV. — 14 novembre 1326. — Fondation de messes faite en l'église de Dracy-Saint-Loup par Guy d'Ostun, sire de Dracy-Saint-Loup, damoiseau. 194

XXXV. — 26 mai 1327. — Dénombrement donné au duc de Bourgogne par Pierre d'Ostun, sire de Montjeu, chevalier.............................. 198

XXXVI. — 29 décembre 1328. — Accord entre Alix, fille de défunt Girart de Saint-Léger, damoiseau, femme de Guiot de la Forest, damoiseau, et Guiot et Perrin, frères, enfants de défunt Symon d'Ostun, chevalier....... 199

XXXVII. — 13 septembre 1330. — Reconnaissance de Gauthier de Varennes s'avouant l'homme de Guy d'Ostun, chevalier, sire de Dracy-Saint-Loup .. 200

XXXVIII. — 27 novembre 1331. — Droits d'usage dans la forêt des Miens, octroyés par Guy d'Ostun, chevalier, aux habitants de Dracy-Saint-Loup.. 202

XXXIX. — Mardi 24 août 1333. — Dénombrement des biens que Pierre d'Ostun, sire de Montjeu, tient en fief de l'évêque d'Autun 204

XL. — 26 avril 1338. — Reconnaissance de deux habitants de Dracy-Saint-Loup s'avouant les hommes de Guiot d'Ostun, damoiseau 205

XLI. — 6 avril 1344. — Vente de Villez, Abost et Chamborre, dans les paroisses de Dracy-Saint-Loup, Cordesse et Saint-Forgeot, par Hugues de Montjeu, chevalier, à Guy de Dracy-Saint-Loup, chevalier 206

XLII. — 13 mai 1347. — Amortissement par Eudes, duc de Bourgogne, de dix livrées de terre données au prieuré du Val-Saint-Benoît par Jean, sire d'Antully 207

XLIII. — 26 décembre 1347. — Échange de la terre de Saint-Pierre-l'Étrier appartenant à Guy d'Ostun, sire de Dracy-Saint-Loup, contre les droits que le prieuré de Saint-Symphorien possédait sur la terre de Dracy-Saint-Loup. 208

XLIV. — 28 juin 1349. — Accensement d'un quartier de bois par Guy d'Ostun, sire de Dracy-Saint-Loup et du Breuil-des-Barres, à Regnaut, de Varolles, charpentier, et à Jehannette, sa femme 209

XLV. — 7 janvier 1349 (nouveau style 1350). — Reconnaissance de Hugues, dit Voilliez, fils de défunt Bernard, forestier de Saint-Léger-du-Bois, homme de Guy d'Ostun, chevalier, sire de Dracy-Saint-Loup 210

XLVI. — 4 novembre 1351. — Reconnaissance faite au profit du Chapitre de la cathédrale d'Autun par Guy d'Ostun, sire de Dracy-Saint-Loup 211

XLVII. — 27 juin 1356. — Dénombrement donné par Huguette, veuve de Guy de Maligny, chevalier, à Guy d'Ostun, chevalier, sire de Dracy-Saint-Loup 212

XLVIII. — 8 septembre 1359. — Traité entre Isabeau, femme de Regnault dit Coustelat, de Repas, et de Jean Le Gaucherot, de Charbonnières, son père. 214

XLIX. — 17 juin 1361. — Testament de Béatrix de Montjeu, femme de Perrin de Magny, damoiseau 215

L. — 27 mai 1365. — Dénombrement donné au duc de Bourgogne par Marguerite de Saillenay, veuve de messire Hugues de Montjeu 218

LI. — 11 décembre 1368. — Reconnaissance de fief faite par Marguerite de Saillenay, dame de Montjeu, à l'abbé et aux religieux de l'abbaye de Maisières 220

LII. — 5 juin 1370. — Bail des moulins de Sainte-Anastasie, consenti par Marguerite de Saillenay, dame de Montjeu, à Guillaume et Hugues Langart, frères, et à Germain le meunier 221

LII*. — 10 décembre 1370. — Reconnaissance de fief faite par Étienne, fils de défunt Étienne Le Fort, citoyen d'Autun, à Marguerite de Saillenay, dame de Montjeu 222

LIII. — Décembre 1370. — Échange de la terre de Vaux en Charollais contre la terre de Montgachot et de Montoy dans l'Autunois, fait entre Agnès et Marguerite de Cortiambles, et Jean de l'Espinasse, chevalier, sire de Saint-Léger 223

LIV. — 20 avril 1372. — Donation faite au Chapitre de l'église d'Autun par Odile de Montjeu, chevalier, pour l'anniversaire de Hugues de Montjeu, son père 224

LIV*. — Dimanche 26 septembre 1372. — Bail de la tour Coichet située au bourg de Saint-Jean-le-Grand, consenti par Marguerite de Saillenay et Pierre de Montjeu à Jean de Saint-Romain 225

LV. — Juin 137?. — Vente de Maligny et de Saint-Léger-du-Bois faite par Simon d'Ostun, sire de Dracy-Saint-Loup, à Guy et Guillaume de la Trémoille 226

LVI. — 14 janvier 1374 (nouveau style 1375). — Montre de Simon de Dracy, chevalier 228

LVI*. — 9 février 1374 (nouveau style 1375). — Dénombrement donné par Simon, sire de Dracy-Saint-Loup, chevalier 229

LVII. — 11 juillet 1378. — Arrêt du parlement de Paris, maintenant Guy de la Trémoille, chevalier, en la possession de la terre de Dracy-Saint-Loup vendue par décret sur Simon d'Ostun, sire de Dracy-Saint-Loup, chevalier. 233

LVIII. — 17 août 1379. — Vente des terres de Maligny et de Saint-Léger-du-Bois faite par Guillaume de la Trémoille et Marie de Mello à Guy de la Trémoille, chambellan du duc de Bourgogne.................................. 235

LIX. — 17 août 1379. — Vente d'une rente de vingt livres parisis, assignée sur les revenus de la viérie d'Autun, faite à Guy de la Trémoille, chambellan du duc de Bourgogne, seigneur de Châtel-Guillaume et de Dracy-Saint-Loup, par Pierre d'Ostun, chevalier, seigneur de Chevigny-lez-Semur. 236

LX. — 21 novembre 1381. — Confiscation des dépendances de la terre de Dracy-Saint-Loup aliénées par Simon d'Ostun sans le consentement du duc de Bourgogne, et donation de ces diverses aliénations, faite par le duc Philippe à Guy de la Trémoille....................................... 237

LXI. — 14 mai 1390. — Vente de quatre meix du village du Foul faite par Huguenin Porchet, écuyer, à Garnier de Bèze, de Dijon 240

LXII. — 7 septembre 1392. — Reconnaissance de fief faite par Marie de Saulx, veuve d'Odile, sire de Montjeu, tant en son nom qu'au nom de ses enfants mineurs, à Jean de Vienne, sire de Chazeu..................... 242

LXIII. — 28 mars 1393 (nouveau style 1394). — Bail perpétuel fait par Marie de Saulx, dame de Montjeu, à Jean Jacob, *alias* Marchandot, du Chêne-Saint-Symphorien 243

LXIV. — 11 septembre 1408. — Reprise de fief de Marie de Saulx, dame de Montjeu, par Jean de Clugny, licencié ès lois, pour la terre du Foul dans la paroisse de Broye... 244

LXV. — 30 juillet 1412. — Lettres de Huguenin de Montjeu mettant Huguenin de Mazoncle, son vassal, en possession de la terre de Préau............. 245

LXVI. — 10 juillet 1412. — Montre de Huguenin de Montjeu, bailli d'Autun et de Montcenis... 246

LXVII. — 12 novembre 1418. — Bail d'un meix, consenti par Guillaume de Clugny à Jean Guillaume, homme serf et mainmortable du village du Foul. 248

LXVIII. — 2 septembre 1436. — Décision arbitrale au sujet de la terre de Préau que Huguenin de Mazoncle, écuyer, tenait en fief de Jean de Montjeu. 249

LXIX. — 3 septembre 1436. — Hommage de la terre de Préau fait par Huguenin de Mazoncle à Jean de Montjeu........................... 251

LXX. — 22 octobre 1452. — Bail perpétuel du moulin de Montjeu en la paroisse de Broye, et du meix Garchière, consenti par Philiberte Pioche, dame de Montjeu, et par Odile son fils, à Jeannot Mathenet et Pierre Patin. 251

LXXI. — 25 février 1458 (nouveau style 1459). — Bail perpétuel du foulon de Sainte-Anastasie, consenti par Philiberte Pioche, veuve de Jean de Montjeu, à Guillaume d'Agrevault, *alias* de Ceul 253

LXXII. — 5 novembre 1467. — Accord entre Humbert de Busseul, prieur de Saint-Sernin, et Marie de Montjeu, dame d'Antully et de Brandon, par lequel Marie de Montjeu reconnaît tenir en fief du prieuré de Saint-Sernin le château de Brandon 254

LXXIII. — Jeudi 3 août 1480. — Curatelle des enfants d'Odile II de Montjeu. 256

LXXIV. — 3 août 1483. — Vente de la terre de Mouillon au Chapitre d'Autun par Claude et Philibert de Montjeu.................................. 257

LXXV. — 24 avril 1483. — Contrat de mariage de Jean de Montjeu et de Claude de Ferrières... 259

LXXVI. — 28 juillet 1487. — Bail perpétuel d'une maison située à Saint-Jean-le-Grand, près de la tour Coichet, consenti par Claude de Montjeu, chanoine d'Autun et de Lyon, seigneur d'Antully et de Montjeu-en-Autun. 260

LXXVII. — 31 juin 1491. — Lettres patentes du roi accordant à Claude de Montjeu l'établissement d'une foire à Antully......................... 261

LXXVIII. — 15 novembre 1508. — Hommage de la terre du Foul fait par Loys d'Alonne à Philibert de Montjeu 262

LXXIX. — 8 février 1572 (nouveau style 1573). — Bail perpétuel à cens et à rente d'une portion du jardin de Montjeu-en-Autun et du meix de la fontaine Saint-Blaise, consenti par Loyse de Poupet, dame de Montjeu, et par ses enfants, à Claude Deschasaux, citoyen d'Autun et châtelain de Montjeu ... 263

LXXX. — 3 avril 1585. — Billet de criée de la terre et seigneurie de Montjeu à vendre par décret... 265

LXXXI. — 4 avril 1596. — Vente de la seigneurie de Montjeu-en-Autun par Louis de Brancion, seigneur de Visargent, au nom de sa femme Françoise de Villers de Gerland et de son neveu Louis de Villers de Gerland, à messire Pierre Jeannin, président au parlement de Bourgogne, seigneur de Corcelle et de Montjeu-en-Montagne 266

ERRATA.

Page 5, note 4, *au lieu de* p. 180, 263, *lire* : p. 180, 262.

Page 7, ligne 25, *au lieu de* Deschaseaux, *lire* : Deschasaux.

Page 8, ligne 17, *au lieu de* Commune, *lire* : Communes.

Page 9, ligne 23, *au lieu de* Tallard, *lire* : Tallart.

Page 12, note 8, *au lieu de* Pièce justificative n° LV, *lire* : Pièce justificative n° LVI.

Page 16, note 5, *au lieu de* La Vesvre, territoire de Barnay, *lire* : La Vesvre, commune de Dracy-Saint-Loup.

Page 25, lignes 10 et 11, *au lieu de* et d'un sautoir d'azur accompagné de quatre étoiles d'or, *lire* : et d'un sautoir d'or accompagné de quatre étoiles.

Id. ligne 17, *au lieu de* Tallard, *lire* : Tallart.

Page 32, note 6, *au lieu de* Pièce justificative n° LIII, *lire* : Pièce justificative n° III.

Page 47, notes 4 et 6, *au lieu de* Pièce justificative n° LIV, *lire* : Pièce justificative n° LIV*.

Page 57, ligne 6, *au lieu de* archidiacre de Pontivy, *lire* : archidiacre de Ponthieu.

Page 72, note 7, *au lieu de* Gissy-le-Vieil, *lire* : Gissey-le-Vieil.

Page 104, note 3, *au lieu de* La Forêt, commune d'Épinac, *lire* : La Forêt, commune de Saizy, canton d'Épinac.

Page 109, note 4, *au lieu de* Ravelon, commune de Curgy, *lire* : Ravelon, commune de Dracy-Saint-Loup.

Page 113, note 2, *au lieu de* Les Gouffier portaient d'or à trois cottices de sable, *lire* : portaient d'or à trois jumelles de sable.

Page 142, note 1, *au lieu de* Chevanes, commune de Dracy-Saint-Loup, *lire* : Chevannes, commune de Curgy.

Page 144, note 7, *au lieu de* La Verrerie, près Chailly, commune d'Antully, *lire* : La Verrerie, commune de Saint-Émiland.

Id. note 11, *au lieu de* après la mort de son père, *lire* : avant la mort de son père.

Page 153, note 3, *au lieu de* Ogny, commune de Marcilly, canton de Pouilly (Côte-d'Or), *lire* : Ogny, aujourd'hui Oigny, canton de Baigneux-les-Juifs (C.-d'Or).

Page 156, ligne 13, *au lieu de* Louis-Joseph de Sacres de l'Aigle, *lire* : Louis-Joseph des Acres de l'Aigle.

Page 210, ligne 20, *au lieu de* défunt Bernard Forestier de Saint-Léger-du-Bois, *lire* : défunt Bernard, forestier de Saint-Léger-du-Bois.

Page 257, ligne 32, *au lieu de* Claude-Philibert de Montjeu, *lire* : Claude et Philibert de Montjeu.

Page 262, ligne 14, *au lieu de* donné au Motifs-les-Tours, *lire* : donné au Montils-lès-Tours.

Id. numéro d'ordre de la charte de 1508, *au lieu de* LXVIII, *lire* : LXXVIII.

Autun, imp. Dejussieu père et fils.

www.ingramcontent.com/pod-product-compliance
Lightning Source LLC
Chambersburg PA
CBHW070747170426
43200CB00007B/681